本书为广东省哲学社会科学"十三五"规划项目"《广东华侨史》特别委托项目"（课题编号：GD16TW08 – 20）研究成果

JINDAI YILAI

YUEQIAO YU GUANGDONG TIYU

FAZHAN YANJIU

# 近代以来
# 粤侨与广东体育
## 发展研究

钮力书　著

暨南大学出版社
JINAN UNIVERSITY PRESS

中国·广州

图书在版编目（CIP）数据

近代以来粤侨与广东体育发展研究/钮力书著 . —广州：暨南大学出版社，2020.5
ISBN 978 - 7 - 5668 - 2813 - 2

Ⅰ.①近…　Ⅱ.①钮…　Ⅲ.①体育事业—发展—研究—广东—近代
Ⅳ.①G812.765

中国版本图书馆 CIP 数据核字（2019）第 276661 号

近代以来粤侨与广东体育发展研究
JINDAI YILAI YUEQIAO YU GUANGDONG TIYU FAZHAN YANJIU
著　者：钮力书

- - - - - - - - - - - - - - - - - - - - - - - - - - - - - - - - - - - - - - - - - - - - - - - - - - - -

出 版 人：张晋升
责任编辑：冯　琳　姜琴月
责任校对：刘舜怡　梁念慈
责任印制：汤慧君　周一丹

出版发行：暨南大学出版社（510630）
电　　话：总编室（8620）85221601
　　　　　营销部（8620）85225284　85228291　85228292　85226712
传　　真：(8620) 85221583（办公室）　85223774（营销部）
网　　址：http://www.jnupress.com
排　　版：广州市天河星辰文化发展部照排中心
印　　刷：广州市穗彩印务有限公司
开　　本：787mm×1092mm　1/16
印　　张：11.75
字　　数：204 千
版　　次：2020 年 5 月第 1 版
印　　次：2020 年 5 月第 1 次
定　　价：50.00 元

（暨大版图书如有印装质量问题，请与出版社总编室联系调换）

# 前　言

中国共产党历来十分重视侨务工作。为国家发展大局服务是侨务工作的基本任务之一，也是改革开放以来我国侨务工作得以不断发展的基本经验和做法之一。20世纪80年代后期，侨务部门的工作重心开始从拨乱反正和落实政策转移到以经济建设为中心的三大任务上来，到90年代已基本确立了侨务工作为经济建设中心任务服务的指导思想。为此，从经济、科技、文化、教育、体育、宣传以及联谊等各个方面开展了形式多样、内容充实的工作，尤其是在积极引进华侨华人资金、技术和人才方面，取得了明显成效，为国家的对外开放和经济建设等方面作出了十分重要而独特的贡献。邓小平、江泽民、胡锦涛等领导人都对华侨华人在我国改革开放和现代化建设中所起的重要作用给予了高度的评价。邓小平赞扬海外几千万"爱国同胞"是中国大发展的"独特机遇"；江泽民在《江泽民论侨务》一书中反复强调："分布于世界各地的广大华侨华人，是中华民族一个重要的人才资源宝库"；胡锦涛在接见全国侨务工作会议代表讲话时指出：侨务工作在凝聚侨心、发挥侨力，为实现全面建设小康社会宏伟目标作贡献方面大有作为。

新世纪以来，海外华侨华人一如既往地为国家发展建设和体育事业积极作出贡献，正如2009年1月20日时任国务院侨办主任李海峰在新春贺词中所说："在中国改革开放历史进程中，广大海外侨胞和归侨侨眷是最积极、最热情的开拓者、参与者和贡献者。……百年期盼，一朝梦圆，奥林匹克运动第一次将盛典的舞台，搭建在中华沃土上。历史悠久的奥林匹克与源远流长的东方文明交融汇聚，为中国今年的不平凡，增添了绚丽的色彩。13亿中国人民用绿色奥运、科技奥运、人文奥运的核心理念，为奥林匹克注入了属于中华民族自己的梦想。精彩绝伦的开闭幕式，周到热情的组织服务，美轮美奂的奥运场馆，百枚奖牌的拼搏佳绩，中国用自己的努力，实现了向世界做出的办一届高水平、有特色奥运会的郑重承诺。在这里，海外侨胞功不可没。在支持中国申办、筹办和举办奥运会、护卫奥运圣火在境外传递、大会志愿者服务等大量工作中，我们到处都可以看到海外侨胞活跃的身影。由海外侨胞、港澳台同胞捐资9.3亿元人民币修建的标志性奥运场馆'水立方'，已经成为海外侨胞建设奥运、参与奥运的历史丰碑。"

截至2019年底，全球有6 000多万华侨华人分布在世界190多个国家和地区，人数之多，堪称世界之最。自中国人移民海外始，华侨与体育就结下了不解之缘，体育以其特殊的亲和力和影响力，成为华侨生存、固结的一种需要，是华侨在国外自身发展、成功的一种途径，是华侨融入当地文化与政治的一种手段，是华侨与祖国联系、弘扬中华民族文化的一个载体，无时无刻不体现着强大的民族凝聚力。华侨华人无论过去还是现在，对中国乃至世界的体育发展都作出了卓越的贡献，他们始终是东西方体育文化交流的桥梁，为传播中华民族体育和引进西方近代体育提供了一个交流的平台，他们是洗刷"东亚病夫"之耻的艰辛历程中不可或缺的一部分。华侨华人从踏上移民之路之日起，致力于振兴中国的体育事业、宣扬中华民族的传统体育、引进和发展国内外的体育项目的工作便从未停止。

党和政府及其领导的侨务工作机构和工作者秉承"为侨服务，为国家发展大局服务"的方针，在引导和组织华侨华人对中国体育事业的促进与发展的工作中作出了重大贡献。党的十九大报告提出，将广泛团结联系海外侨胞和归侨侨眷，共同致力于中华民族伟大复兴。2017年6月14日，国家体育总局召开新闻发布会，盛邀世界各地的华侨华人运动员参加中华人民共和国第十三届运动会。然而，目前国际反华势力有所抬头，一些国家对我国孔子学院的开办采取遏制措施，对热爱祖国的华侨华人恶意误导，少数分裂主义者也制造不良舆论以混淆视听。因此，本研究对于国家的宏观发展、统战政策、侨务工作等方面都有较好的历史意义和现实意义。此外，体育是华侨华人生存、团结、发展的一种需要；是与祖（籍）国维系、联络的一种手段；是弘扬爱国主义精神的一个载体；是海外华侨华人赖以维系、联络感情，增强民族凝聚力和实现民族认同的特殊工具。忠实反映华侨华人的历史功绩，是体育史学研究责无旁贷的重要任务，也更具有重要现实意义及历史启示作用。

中华人民共和国成立初期，海外华侨华人由于不了解国内情况，受到一些反华势力的误导，对党和政府心存疑虑。在这种情况下，侨务工作者积极主动地通

过各种渠道和方法与他们取得联络，进行沟通和交流，经过努力和感召，许多华侨、港澳优秀运动员、体育工作者，抱着报效祖国的意愿，毅然回到内地，奠定了新中国体育事业的基础，为振兴中国体育事业作出了杰出贡献。

据统计，1951—1958 年，从香港、澳门回内地的运动员有 40 人左右。例如，从香港回来的梁卓辉、姜永宁、傅其芳、容国团和从澳门回来的王锡添、丘文岭、林金源等知名乒乓球选手，为我国乒乓球运动的腾飞作出了很大的贡献。其中，容国团取得了"三个第一"：在 1959 年第 25 届世乒赛中，夺得男子单打冠军，成为中国有史以来第一个体育世界冠军；其后，他又为我国第一次夺得乒乓球男子团体世界冠军作出了重大贡献；另外，在他的率领和指挥下，中国赢得了第一个女子乒乓球团体冠军。还有原香港岛中学体育教师吴宣昭（1952—1958年担任第一任国家女子篮球队教练），曾加盟国家女子篮球队并担任队长、领队等职务的李丹扬、彭家颐、杨洁以及曾加盟中南区体工队女篮红队的何冰、李汀莹、李维思等香港知名女子篮球运动员。从香港回来的罗荣满、张植元、罗北、李锦根和从澳门回来的吴添来等足球名宿，后都加盟广东球队，并担任主力队员；从香港回来的足球国际裁判曾培福，曾任广州市足球队教练兼裁判员；从香港回来的朱明，曾加盟广东田径队，在全国田径比赛中夺得跳远冠军。[①]

吴传玉是归侨中第一个在重大国际比赛中获得冠军的游泳选手；举重运动员黄强辉（祖籍福建）不仅多次打破轻量级挺举世界纪录，任教练后还培养了一批优秀选手，其中有 5 人 11 次打破世界纪录，他曾获国家体育运动荣誉奖章。还有汤仙虎（羽毛球，印度尼西亚华侨）、林慧卿（乒乓球，印度尼西亚华侨）、容志行（足球，印度尼西亚华侨）、刘庭怀（体操教练，印度尼西亚华侨）、楼大鹏（中国奥委会，英国华侨）等，他们中的一些人至今还以教练或体育官员的身份活跃在体坛上，为中国培养了一批世界级水平的选手，使中国在相应项目上立于世界强国之列。

近代中国的许多单项运动如田径、排球、篮球、羽毛球等运动项目，是华侨华人首先把它们引入中国，并生根发芽的。中华人民共和国成立之初，东南亚国家特别是印度尼西亚的一批华侨运动员、教练员北上，将中国羽毛球运动水平迅速提高，汤仙虎、王文教、陈福寿、侯加昌、梁秋霞、陈玉娘等人的名字已经永

---

① 　蔡扬武：《华侨华人在体育传播中的作用》，《体育文化导刊》1993 年第 5 期。

载中国体育史册。在他们的带动下，广东和福建等地出现了一批运动之乡，如：广东中山被称为"体育之乡"，台山被称为"排球之乡"，梅县被称为"足球之乡"，东莞被称为"游泳之乡"和"举重之乡"；福建莆田被称为"田径之乡"，晋江被称为"篮球之乡"，等等。

体育之乡与区域体育的发展有着密切的关系。一般来说，体育之乡发展得好，该地区的体育也就发展得好。体育之乡的美称，蕴含的不只是几枚奥运奖牌和几个运动冠军，更是对一个地区热爱体育的运动精神和健身意识的褒扬！截至2013 年，广东已拥有 30 个国家级体育之乡，几乎占了全国的一半。充分挖掘和发挥众多体育之乡的潜力和独特优势，对加快广东体育强省建设具有重要意义。

本书共分为六章。第一章"粤侨支持家乡发展体育事业的概述与动因分析"分别从粤侨与侨乡两个维度出发，着重探讨华侨华人对广东体育事业的支持；第二章"体育场馆设施的捐建"与第三章"体育赛事活动的资助"，具体而真实地表现粤侨对广东体育事业物质层面的支助；第四章"民族传统体育项目的传承"与第五章"现代竞技体育项目的引入与发展"通过对几项具有代表性的运动项目的继承、发扬进行分析，突出粤侨在体育项目实际操作层面中的贡献；第六章"粤侨支持家乡发展体育事业的可持续性探析"则从全局出发，探讨广东体育发展过去的不足以及未来的发展，鉴往开来。本书章节设置主要从体育发展的外在条件与内在传承展开，以期对近代以来粤侨与广东体育发展的相关研究贡献绵薄之力。

著　者

2020 年 4 月

# 目　录

# 第一章　粤侨支持家乡发展体育事业的
# 概述与动因分析

　　华侨文化是华侨出国，侨居异地，将中国文化与居住国文化交流、结合的产物。华侨文化的载体是华侨，他们有的借助于探亲、书信与家乡保持联系，有的回国办实业、教育、医院、体育设施及其他福利慈善事业，影响或改变当地文化景观或结构，同时也将本土文化流布侨居地。这种由华侨兴起和传播的特殊文化，称为华侨文化。[①] 它作为一种文化类型，应是鸦片战争以后形成的。华侨这个特殊社会群体，生活在国外，但根又在祖国，一方面他们保留原有语言、习俗、伦理道德和价值观念，有着深厚的本根文化基因；另一方面，又深受侨居地文化浸染，接受、吸收当地异质文化，加以创新，使之成为自己文化的一部分。所以，华侨文化具有国内和国外两个源头，具有明显的跨文化、跨地域的特点，处于内外两种或多种地域文化边缘，是一个特殊的文化系统。

　　华侨华人作为一个特殊的群体，在中西方体育文化的传播上起着桥梁的作用，在提高中国体育的国际地位，增强中华民族传统体育的国际影响力以及提高中国体育的竞技水平等方面起到重要的作用，他们是中国乃至世界体育史上不可或缺的一部分。

　　海外华侨致力于振兴祖国的体育事业，宣扬中华民族的传统体育，引进和发展国外的体育项目，这从他们踏上异国他乡之日起便从未停止。

---

[①] 许桂灵、司徒尚纪：《广东华侨文化景观及其地域分异》，《地理研究》2004 年第 3 期。

# 第一节　粤侨与体育

广东是我国对外开放历史最为悠久、开放程度最深的省份。在海外 6 000 多万华侨华人中，广东籍的占了多数。根据侨乡文化特质的相对一致性和侨居地文化背景相对共同性相结合的原则，可以将广东省划分为珠江三角洲广府、五邑、潮汕、东江—兴梅共四个华侨文化区。作为华侨在国内分布的地域类型的侨乡，在广东，是以华侨人口数与当地人口总数比例来界定的，以 10% 为界。按 1994 年的行政区划，广东地级市有 80% 为侨乡；按土地面积，侨乡占全省总面积 72%；按人口，侨乡人口约为全省总人口的 75%。① 这样一个华侨群体和地域分布格局，对当地社会的经济、文化等各个层面都产生了深刻影响。

据相关统计，广东归侨侨眷人数约 2 000 万，其中分布在珠江三角洲粤语系地区的约 617 万，潮汕语系（汕头、潮州、揭阳、汕尾）地区的约 580 万，粤东北和东江流域客家语系地区的约 429 万，各占 30.8%、29%、21.5%。② 这三个地区恰是广东主要侨乡，也是三个文化区域。华侨文化与归侨侨眷多少有直接联系。著名侨乡台山，1998 年总人口约 100.95 万③，境外台山籍人口 129.6 万④。后者大于前者，因此有"两个台山"的说法。另一个著名侨乡潮阳，当地人口 180 万，而华侨约 170 万，几乎对等。⑤ 而非侨乡的阳江，1987 年总人口 123.67 万，同年，华侨（人）仅 1 371 人⑥，只及总数 1.1%。这样，地方文化景观大相径庭，前两县市异国风情引人注目，而后者则一派本土文化格调。

"念祖爱乡"——崇文化育：无论身在世界何处，粤侨始终传承中国传统文化，桑梓情浓，一直怀着热切的"中国梦""家乡梦"，坚持不懈地在居住国传扬中华文化、岭南文化，发展华文教育，组织青年一代回乡寻根问祖，矢志不渝

---

① 广东年鉴编纂委员会编：《广东年鉴 1995》，广州：广东年鉴社，1995 年，第 427 页。
② 刘权：《广东华侨华人史》，广州：广东人民出版社，2002 年，第 175 页。
③ 广东省统计局主编：《1999 年广东统计年鉴》，北京：中国统计出版社，1999 年，第 631 页。
④ 刘权：《广东华侨华人史》，广州：广东人民出版社，2002 年，第 427 页。
⑤ 刘权：《广东华侨华人史》，广州：广东人民出版社，2002 年，第 91 页。
⑥ 阳江市地方志编纂委员会编：《阳江县志》，广州：广东人民出版社，2000 年，第 1020 页。

地把念祖爱乡的精神薪火相传。[①] 在新民主主义革命中，华侨也是积极投身其中。如被毛泽东赞扬为"华侨旗帜，民族光辉"的著名爱国侨领陈嘉庚先生，就是最早受孙中山影响加入同盟会的；红军最早的参谋长印尼归侨朱云卿等，是广东梅县人。

1872—1875 年，我国派出四批留美学生共 120 人。曾国藩、李鸿章奏折说，派幼童赴美留学"属中华创始之举，抑亦古来未有之事"[②]。据有关资料，清末中国留美学生地区如表 1-1 所示：

**表 1-1 清末留美学生情况统计表**

| 批次 | 年份 | 全国（人） | 广东（人） | 占比（%） | 其他省区（人） | 占比（%） |
|------|------|-----------|-----------|-----------|---------------|-----------|
| 1 | 1872 | 30 | 24 | 80.0 | 6 | 20.0 |
| 2 | 1873 | 30 | 24 | 80.0 | 6 | 20.0 |
| 3 | 1874 | 30 | 17 | 56.7 | 13 | 43.3 |
| 4 | 1875 | 30 | 19 | 63.3 | 11 | 36.7 |
| 合计 | | 120 | 84 | 70.0 | 36 | 30.0 |

据广东省侨办资料显示和不完全统计，改革开放以来，广大海外侨胞、港澳同胞热心支持广东省各项社会慈善公益事业，在广东省捐赠款物超过 500 亿元人民币，占全国侨捐总数约六成。全省接受华侨、港澳同胞捐赠 1 000 万元以上的镇（街道）共 248 个，受赠额 1 亿元以上的镇（街道）29 个。华侨捐赠兴办公益项目 3.2 万宗，捐建教育、卫生、体育、基础设施、扶贫济困等项目逾 4 万个，建立各类公益基金近 3 000 个。[③]

体育是华侨生存、团结、发展的一种需要，是与祖国维系、联络感情的一种手段，是弘扬爱国主义精神的一个载体。华侨华人体育的发展，大体从 20 世纪初期开始，20、30 年代初具规模，40、50 年代已达到相当水平，60—80 年代涌现出了一大批世界级运动员。[④]

---

① 周峰主编：《岭南文化集萃地》，广州：广东人民出版社，2016 年，第 167 页。
② 周一良主编：《中外文化交流史》，郑州：河南人民出版社，1987 年，第 654 页。
③ 周峰主编：《岭南文化集萃地》，广州：广东人民出版社，2016 年，第 169 页。
④ 关文明、陈琦：《华侨、华人体育的发展及其贡献》，《华南师范大学学报》（社会科学版）1995 年第 4 期。

## 一、华侨华人体育发展的特点

华侨华人体育发展具有以下特点：

一是具有特殊的历史地位。由于海外华侨华人遍布世界各地，人数众多，他们一方面保持中华民族传统文化，另一方面吸收侨居地的文化。在传播体育文化时，他们既把中国传统体育文化传播到海外各地，又把世界各国的体育项目和技艺引入祖籍国内，起到了特殊的传播媒介作用，具有特殊的历史地位。

二是受欧美近代体育的影响。欧美体育是近代体育的发源地，运动水平较高，殖民主义者在开拓和发展经济的同时，传播了近代体育运动，当地政府在各个城镇都建立了体育俱乐部和基督教青年会等体育组织，许多华侨学生和在当地政府或厂矿工作的华侨体育爱好者大都参加了这些体育组织，并学习了欧美先进的体育运动技术和训练方法，有些人后来成为优秀运动员。

三是华侨团体重视体育。在海外，华侨大多按不同的籍贯分别组成各种团体，这些华侨团体都很重视体育工作。每个团体大多专设一个体育部，经常开展体育活动，吸引团体所属的广大华侨职工和中小学生参加。活动的项目很多，如武术、举重、健身、篮球、乒乓球、羽毛球和游泳等。此外，在比较大的城市中，还有专门建立的体育组织即精武体育会，如吉隆坡的精武体育会比上海的精武体育会要大几倍，内有健身房、体操房、国术馆、羽毛球场，设专职教练，一切经费由当地富商提供[①]，这是发展华侨体育运动和培养造就人才的重要阵地。

四是体育竞赛活动多。东南亚是世界华侨华人最集中的地区。截至2007年，东南亚华侨华人总数约3 348.6万，包括250多万的新移民及其眷属，约占东南亚总人口的6%，约占全球4 543万华侨华人总数的73.5%。[②] 由于自然地理条件好，东南亚可以常年进行各种体育运动竞赛而不受季节和气候的影响，因此大小比赛接连不断。频繁的体育竞赛激发了华侨参加体育活动的兴趣，推动了华侨体育运动的发展。例如，马华总会举办的全马来亚华人运动会，总是在当地政府举办的全马来亚运动会（华人、印度人、马来人及其他外国人都可以参加）之

---

① 黄瑞球：《近代华侨体育一瞥》，《成都体院学报》1982年第3期。

② 庄国土、李瑞晴著，国务院侨务办公室政策法规司编：《华侨华人分布状况和发展趋势》，内部资料，2010年。

前举办，以便选拔优秀运动员参加全马来亚运动会。①

## 二、华侨华人体育发展较快的原因

第一，自尊自强的信念。资本主义的发展与社会生产力的提高必然进一步要求人们文化知识的全面和身体素质的强健，以适应在世界范围内激烈竞争条件下的生存，"吾侨每与外人比较，则形绌立见；于是渐觉学识之恐慌，而有教育之必要"②。广大华侨都期望把自己的子弟培养成为"坚其意志，晔其智慧，强其体魄"③，并能在体育运动成绩上超过外国人，使中国跻身于世界体育强国之列，甩掉帝国主义者强加于我们中华民族的"东亚病大"的帽子。这是华侨华人体育运动发展较快的主要思想基础。

第二，安定的社会环境。华侨华人分布在世界五大洲，在东南亚和欧美各国相对集中。近百年来，除了第二次世界大战之外，在相当长的时间内，全球政治都比较稳定，有了比较安定的社会环境，就有利于华侨华人开展体育活动。当地政府认为华侨开展体育运动可以为他们提供更多体格健壮的廉价劳动力，可以提高生产率，因此，对华侨的体育活动不但不加制止，而且还鼓励华侨体育活动在某些方面发挥促进作用。

第三，经济与教育的发展。长期旅居海外的华侨华人，经过几十年的艰苦奋斗、惨淡经营，逐渐成为发展和繁荣当地经济的一股重要力量，他们把侨居国当作第二故乡，安居乐业。他们感到"华侨远离祖国，生命寄托于他邦治权之下，耳目渐染于他邦环境之中；倘任自然，国性必将消亡也，故动于爱国之大义，相率兴学校以图祖国文化之保存"④。"华侨亦渐知教育的宝贵，因此就利用他的生产力兼程并进。"⑤ 为了继承和发扬祖国的文化，培养有知识和体魄健全的子弟，便大力集资兴建学校。随着华侨教育事业的发展，以学校为重要阵地的华侨华人体育运动也就日趋广泛地开展起来了。

---

① 黄瑞球：《近代华侨体育一瞥》，《成都体院学报》1982 年第 3 期。
② 凌翔：《三十年来英属华侨教育》，《中西学校三十周年纪念特刊》，1929 年。
③ 郑洪年：《告同学书》，《暨南大学校友会新加坡会所落成资新加坡开埠一百五十周年纪念特刊》，1951 年。
④ 赵厚生：《南洋华侨教育之根本问题》，上海：国立暨南学校，1921 年。
⑤ 庄希泉：《南洋英属教育之危机》，上海：南洋教育社，1921 年。

第四，优越的自然地理条件。东南亚地区地处热带或亚热带，自然条件、地理条件甚好，气候温和，终年都可以在室外进行各种体育活动。而且，体育场地较大，体育设施也较好，为开展体育活动提供了很好的自然条件和物质条件。

第五，重视学校体育工作。华侨希望通过发展教育事业和开展体育运动来改善地位和处境，因此大多数华侨学校都比较重视学校体育工作，各级学校都设有体育课，配备有专职体育教师，除每周上 2～4 节体育课外，每天或隔天还有 1 小时课外体育活动。[1] 例如，华侨人数曾多达 450 万的印尼华侨学务总会，在 1926 年制定的华侨教育宗旨就把培养健全的体魄列为办学宗旨的首位："养成健全之华侨，发扬中华民族精神。"[2] 由于华侨学校重视开展体育运动，因此华侨学生一般身体素质都较好，并且都掌握一到两项体育运动技能。

## 三、华侨体育对祖国的贡献与意义

第一，体育特别是中华传统体育，是海外华侨华人赖以维系、联络感情，增强民族凝聚力和实现民族认同的特殊工具。数百年来，海外华人社会之所以能够保持强烈的中华文化特色，包括武术、龙舟、舞龙、舞狮等传统体育活动在内的民俗活动发挥了不可低估的作用。在长期受歧视的异质文化环境和受欺凌的社会环境中，武术还担负着团结群众、抗御外侮乃至谋生的重要职能。[3] 通过体育能沟通海外侨胞的思想感情，增强凝聚力，促进对祖国建设事业包括体育事业的支持。

第二，华侨是中华体育文化交流的重要桥梁。无论在推动西方体育在近代中国的传播和发展方面，还是在向世界弘扬中华体育文化方面，华侨在其中都发挥了极其重要的作用。近代中外体育交往活动，许多都是在华侨的推动或帮助下完成的。引进体育运动的知识、技术、项目，能推动祖国体育事业的发展；同时，又为侨乡筹集体育资金，兴建体育基础设施，开体育社会化之先河。通过这个方式，华侨为世界体育的发展作出了特殊的贡献，既传播了祖国优秀传统体育文

---

① 关文明、陈琦：《华侨、华人体育的发展及其贡献》，《华南师范大学学报》（社会科学版）1995年第 4 期。

② 荷属印尼学务总会编：《荷属东印度华侨教育年鉴》，1982 年。

③ 苏肖晴、陈云、谭华：《对华侨与体育研究的几点看法和建议》，《福建体育科技》2006 年第 2 期。

化，也扩大了中华民族体育在世界的影响。

第三，海外华侨华人通过他们的体育活动和对祖国体育活动的支持，不但促进了祖国体育的发展，为中华民族甩掉"东亚病夫"的帽子、建设体育强国作出了积极的贡献，也极大地促进了改革开放的进程，促进了海峡两岸的密切联系和体育交往，为祖国统一大业贡献了一份力量。

# 第二节  侨乡与体育

由社会民众广泛参与，具有相当规模并常年或定期举行竞赛的体育运动是西方文化的产物。在清代以前，台山、中山、东莞、顺德和梅县这些地方仅仅是平淡无奇的南方农村而已，富裕程度和市场经济的发展远比不上江浙一带的乡村，更谈不上拥有成熟而有特色的文化以及体育事业了。而且，可以想象得到，如果按其自然的发展过程，待经济富裕到相当程度后再发展乡村的文化体育事业，侨乡的体育运动肯定达不到今天的规模。广东是中国的主要侨乡，侨乡体育的发达成为广东侨乡的特色之一，这是海外同胞之功，也是侨乡之福。

侨乡的海外亲人为何如此积极在家乡兴办体育事业？探其原因主要如下：[1]

一是近代中国正处于"落后就要挨打"的境地。中国人被称为"东亚病夫"，华侨也由此历尽艰辛屈辱。生活实践使他们切身体会到开展体育运动、强身健体是摆脱愚昧落后、提高民族素质的途径之一，所以积极在本乡本土开展各类体育运动。

二是华侨初时受辛亥革命后新文化和西方资产阶级进步思想影响，亲眼看到西方国家体育事业发达对于提高国家与民族威望的作用，看到了一个思想蒙昧、组织涣散的旧中国与世界上其他较为发达国家在体育运动上的差距，看到了以防身、械斗为主旨的门派林立的武术、气功等中国运动方式与西方以锻炼身体为宗旨的公平、开放式的竞技运动方式之间的差别，因而萌发了向西方学习的意识。

三是中华人民共和国成立后，海外华侨以及后代深刻认识到祖国是海外赤子的靠山，祖国繁荣富强与他们的命运息息相关。同时认识到中华民族是伟大的民

---

[1]  暨南大学华侨华人研究所、香港中文大学海外华人研究社编：《华侨华人研究　第三辑》，广州：暨南大学出版社，1995 年，第 236 页。

族，完全可以通过奋斗、拼搏提高素质，屹立于世界民族之林。随着现代科学技术的进步，他们体会到其故乡在体育设施、训练手段上存在严重不足，深感援助家乡发展体育事业是自己义不容辞的责任。海外同胞支持侨乡的体育事业不仅仅发挥了直接作用，更具有深层意义。海外华侨华人和港澳同胞拿出金钱、时间来支持和关注家乡的体育事业，使得他们与家乡的联系更加紧密，增进了双方的交往和理解，促进了侨乡和海外乡亲各项事业的发展。因此，有效地发挥海外乡亲的捐赠，进一步加强与海外各界的联络成为侨乡政府和民间的重要任务。

## 第三节　华侨华人对广东体育的支持

鸦片战争后，近代体育传入广东，形成了西方近代体育和广东民族传统体育相互排斥又互相吸引、并存发展的局面。

广州最早的网球场、足球场、木球场、简易室外羽毛球场和室内游泳池、健身房等体育娱乐设施，出现在清后期的英法租界。居住在城内或城郊的越秀区域市民受其影响，开始从事近代意义上的体育活动。

同治十年（1871），美国那夏理女士来粤布道，在越秀区域办真光学堂；光绪十二年（1886），英国传教士在广州办培英学堂，均把体育列入必修课程。

同治十一年（1872）起，教会学校在课余开展球类、田径、游泳、体操等体育活动，对近代体育在越秀区域的传播起了推动作用。

张之洞任两广总督期间（1884—1889），兴办广东水、陆师学堂，聘请外国教练执教，体育课设有击剑、棍操、竞走、跳远、跳高、木马、单杠、游泳、河渡、爬桅杆等项目。

同治、光绪年间，广雅书院、格致书院、坤维女校等都开展了近代体育的教学，项目有体操、田径、篮球等。

光绪二十九年（1903）后，越秀区域的中、小学校开设体育课，设置跑步、踢球、跳高、跳远、单杠、木马等体育项目。

光绪三十二年（1906）一月十日至十一日，由两广学务处发起，在东较场举办了首届广东运动会。每个学堂均备有军乐、旗帜，整队入场，计学生1万多人，比赛项目50多项，组织者铸金、银牌并绣名誉旗作奖品，为中国最早的具现代形式的大型运动会之一。

光绪三十三年（1907），尚武运动会（第二次省运会）在东堤东园（清末水师提督李准之别墅）举行。同年，华裔美籍商人在今中山四路与中山五路相交处北侧，开设了广州最早的电影公映场所"通灵台"，专门放映一组 30 分钟的卡通片和纪录片。

宣统二年庚戌（1910），在东堤东园举办的庚戌运动会为第四次广东省运动会。

清末时期，广东的体育运动先由武备学堂、教会学校、基督教青年会和社会团体传入普通学校，再进入社会。广东对外交往较早较多，促使广东的田径、球类、体操、游泳在中国最先发展起来。①

中华人民共和国成立前夕，散居在世界各地的广东籍华侨有近千万人。到了 20 世纪 80 年代，祖籍广东，散居世界 100 多个国家和地区的华侨华人共约 2 000 万人，旅居香港、澳门的广东人也有 500 万。全省归侨、侨眷约 1 000 万人（港澳同胞的眷属很难与侨属分列）。

## 一、中华人民共和国成立前港澳同胞与海外侨胞对广东体育的支持

港澳同胞、海外侨胞心系祖国故园，爱国爱乡之情浓烈。他们盼望祖国国富民强，热心支持家乡建设，重视家乡体育事业的发展。在著名侨乡台山、开平，有旅外乡亲赞助的各种体育会。在体育会的领导下，各乡镇的体育活动十分活跃，篮球、排球运动更是成为群众喜爱的项目。在台山，各镇各乡均开展排球活动。这项近代竞技体育活动，最初是由有华侨子弟传入且享有盛誉的开平蚬岗启新体育协进会（成立于 1929 年）举办，会员多是当地体育界人士和港澳同胞、海外侨胞。民国二十年（1931）起，启新体协于每年农历八月初十举办排球、篮球公开赛。在启新体协的影响下，一批群众性体育组织相继建立，推动了全县排球、篮球运动的发展。另一侨乡梅县，足球运动比较普及，该体育项目是由华侨从东南亚的欧洲驻军处学来并传回家乡的。民国二十九年（1940），一些华侨青年和工人以强国强民为宗旨，成立了"强民足球队"，对梅县足球运动起了很大的促进作用。出生于香港、祖籍五华县的李惠堂，被誉为"亚洲球王"，抗战期

---

① 广州市越秀区人民政府地方志办公室、广州市越秀区政协学习和文史委员会主编：《越秀史稿 第 4 卷　清代　下》，广州：广东经济出版社，2015 年，第 85 页。

间先后在五华组织"锡江足球队""五华足球队""航建足球队"（由原香港南华体育会足球队员组成），在五华县内及梅县、兴宁等地巡回表演比赛，促进了这几个地区足球运动的发展。①

## 二、中华人民共和国成立后港澳同胞与海外侨胞对广东体育的支持

中华人民共和国成立后，港澳同胞、海外侨胞更是热情支持家乡的建设。"文化大革命"期间，党的侨务政策受到破坏，华侨捐资办体育的积极性受到了严重挫伤。党的十一届三中全会后，各项侨务政策得到肯定和落实，华侨爱国爱乡的优良传统得到了进一步的发扬，他们资助体育活动、捐建体育场馆的热情高涨，不遗余力地支持家乡体育事业的发展。

中华人民共和国成立后，部分港澳同胞和海外侨胞子弟怀着报效祖国的赤子之心，放弃当地比较优裕的生活条件，冲破各种阻力，毅然回来就读或参加工作。在侨生较集中的广东华侨补校、广州华侨中学、广州市二十七中、广州市六中以及汕头、肇庆、佛山、湛江等侨生较多的地区，羽毛球运动开展十分活跃，他们引进了羽毛球的新技术、新器材，有力促进了广东羽毛球运动的普及和发展。1958年广州羽毛球队成立，吸收了10多名从印度尼西亚、泰国、马来亚、老挝等国家和沙捞越（今砂拉越州）、香港等地区回来的羽毛球好手——如侯加昌、梁小牧、方凯祥、傅汉洵等是五六十年代广东羽毛球运动的中坚力量，并培养出一批世界级优秀运动员。他们为中国、为广东争得了荣誉，留下了光辉的纪录。②

1951—1957年从香港回广东的运动员、教练员、体育工作者有39人。其中，戚烈云（台山人）于1957年在广州市庆祝五一国际劳动节游泳表演赛上打破了100米蛙泳世界纪录，成为中国第一个打破游泳世界纪录的运动员；容国团（珠海人）于1959年夺得第二十五届世界乒乓球锦标赛男子单打金牌，成为中国第一个世界冠军。

同期，从印度归来的容志行（台山人）——后来成为杰出的中国足球运动员，他的高尚球风被誉为"志行风格"。印度尼西亚归侨符大进（原籍海南文昌），1959—1965年连续七年保持男子100米、200米自由泳全国纪录。

---

① 广东省地方史志编纂委员会编：《广东省志·体育志》，广州：广东人民出版社，2001年，第984页。

② 广东省地方史志编纂委员会编：《广东省志·体育志》，广州：广东人民出版社，2001年，第984页。

# 第二章　体育场馆设施的捐建

　　爱国爱乡、造福桑梓是华侨的光荣传统。在我国教育史上，华侨捐资办学是其中重要的一篇。华侨热心为家乡捐资办学，已具有悠久的历史。在广东省，华侨办学最早可追溯到1872年（同治十一年），著名的旅美爱国华侨学者容闳在家乡香山县南屏乡（现珠海市南屏）发起创办"甄贤社学"①，这是广东省华侨办学的先驱。到21世纪初，华侨为家乡捐资办学的义举蔚然成风。到1949年中华人民共和国成立前夕，全省侨乡大都办有侨校。这些侨建学校反映了广大侨胞希望祖国独立、昌盛的强烈愿望，寄托着他们"今日不达，尚有来日；及身不达，尚有子孙"②的终生抱负。

　　十年动乱以后，我国百废待兴，人民的温饱问题亟待解决，各级政府皆以经济建设为中心，无力在体育事业尤其是在耗资较大的体育场馆建设上投入足够的资金。在这种形势下，海外乡亲的慷慨捐赠发挥了重要作用。

## 第一节　概　　况

　　改革开放以来，广东省各地侨乡积极引进外资、侨资，经济实力不断增强。近几年来，对体育事业的投入大大加强，加上海外侨胞的大力支持，侨乡的体育设施建设已经达到较高的水准。改革开放之后的十多年，广东省侨乡建设了一批造型优美、设备先进、功能齐全的体育场馆，其中大多与海外乡亲的捐赠有关。这些体育场馆有许多达到了举办国际或国内体育比赛的标准，不仅为侨乡提供了体育活动场所，活跃了乡村的文化生活，而且成为侨乡建筑的一大景观。至1991

---

　　①　潘嘉玮：《广东华侨、港澳同胞捐资办学现状浅析》，《华南师范大学学报》（社会科学版）1986年第4期。

　　②　王增炳、余纲：《陈嘉庚兴学记》，福州：福建教育出版社，1981年。

年，广东省具备"四大件"（田径场、带固定看台的灯光球场、游泳池和综合训练房）的县（区）已达 26 个，达到一场一室（田径场或篮排球场、训练房或乒乓球练习室）的镇有 976 个，占全省乡镇总数的 58.4%。[①]

1979—2000 年，广州、台山、开平、梅州、潮汕等广东主要侨乡，在港澳同胞、海外侨胞的支持下，体育场馆建设得到发展。如 1989 年建成的开平县体育中心，就有 300 多位港澳乡亲和旅外侨胞为兴建该体育中心作出了贡献。由港澳同胞、海外侨胞捐款赞助兴建的体育场馆还有番禺体育中心等近百处，表 2 - 1 收列了 1979—2000 年的具体捐建情况。

表 2 - 1　1979—2000 年港澳同胞和海外侨胞资助广东体育场馆建设情况一览表

| 年份 | 场馆名称 | 捐资金额 | 捐款人 |
|---|---|---|---|
| 1979 | 广州暨南大学运动场及其他体育设施 | 220 万港元 | 霍英东 |
| 1983 | 台山正贤体育训练馆（台山第一体育训练馆） | 50 万港元 | 朱正贤 |
| 1983 | 珠海市度假村保龄球馆 | 2 000 万港元 | 吴兆声 |
| 1983 | 开平华侨中学体育馆、足球场、游泳馆 | 约 100 万港元 | 旅港利氏家庭和崔德琪、叶汉等乡亲 |
| 1983 | 台山正贤训练馆（第一训练馆） | 25 万港元 | 朱正贤 |
| 1984 | 台山体育馆 | 10 万港元 | 朱正贤 |
| 1984 | 中山温泉高尔夫球场 | 1 800 万港元 | 霍英东、郑裕彤等 |
| 1984 | 改建广州沙面网球场 | 250 万港元 | 霍英东 |
| 1985 | 三水华侨中学霍英东体育中心 | 300 万港元 | 霍英东 |
| 1985 | 江门体育场、跳水馆 | 约 600 万港元 | 旅港乡亲林文思 |
| 1986 | 改建梅县体育场 | 200 多万港元 | 曾宪梓及旅外侨胞、港澳乡亲 |
| 1986 | 改建兴宁体育场 | 90 万港元 | 曾宪梓、罗焕昌、刘宇新等旅港乡亲 |

---

[①]　暨南大学华侨华人研究所、香港中文大学海外华人研究社编：《华侨华人研究　第三辑》，广州：暨南大学出版社，1995 年，第 234 页。

（续上表）

| 年份 | 场馆名称 | 捐资金额 | 捐款人 |
|---|---|---|---|
| 1986 | 改建五华体育场 | 87 万港元 | 旅港乡亲 |
| 1986 | 开平启新体协大楼，改建仲安体育场 | 23 万元 | 启新体育协进会海外会员 |
| 1987 | 广州中山大学英东体育中心 | 3 800 万港元 | 霍英东 |
| 1987 | 澄海华侨中学体育场 | 35 万港元 | 旅港乡亲 |
| 1987 | 开平赤坎教伦中学体育场 | 100 多万元 | 旅外司徒氏家族乡亲 |
| 1987—1988 | 番禺英东体育中心（含体育场、体育馆、游泳场及其他体育设施） | 27.1 万美元 520 万港元 | 霍英东投资与番禺政府共建 |
| 1988 | 汕头市潮阳区潮阳体育馆 | 147 万港元 54 万元 | 郑鲁达、陈汉七、李光隆等 10 名海外侨胞 |
| 1989 | 开平体育中心（含体育场、训练馆、荣昌楼、田径场） | 1 300 万元 | 政府拨款和陈春华、黄荣昌等海外侨胞、港澳同胞赞助 |
| 1989 | 顺德体育中心（含体育场、训练馆、网球馆、体育综合楼） | 2 000 多万港元 | 港澳顺德联谊会乡亲，其中郑裕彤、李兆基各捐 500 万港元 |
| 1989 | 维修澄海灯光篮球场 | 10 万元 | 林福金 |
| 1989 | 鹤山鹤华中学体育馆 | 81.8 万元 | 李一锷家庭 |
| 1990 | 中山市人民体育场及改建广东省人民体育场 | 近 1 000 万元 | 霍英东 |
| 1990 | 修建台山正贤游泳池、台山健身房及改善台山体育馆内设施 | 61 万港元 | 朱正贤 |
| 1990 | 台山第二体育训练馆 | 25 万港元 | 旅港乡亲 |
| 1990 | 汕头金园区体育文化中心 | 30 万港元 | 海外侨胞 |
| 1990 | 汕头潮汕体育馆 | 2 000 万港元 | 香港潮州同乡会 |
| 1991 | 肇庆市体育中心 | 354 万港元 | 旅港乡亲 |
| 1991 | 台山正贤游泳池 | 46.4 万港元 | 朱正贤 |
| 1991 | 鹤山一中体育馆 | 100 万元 | 陆容章 |
| 1991 | 鹤山一中游泳池 | 30 万元 | 陆容章 |

（续上表）

| 年份 | 场馆名称 | 捐资金额 | 捐款人 |
|------|----------|----------|--------|
| 1992 | 鹤山职业中学体育馆 | 40 万港币 | 李桂芳 |
| 1992 | 台山伍时畅游泳场 | 600 万港元 | 伍时畅族人 |
| 1992 | 潮州体育馆 | 1 608 万港元 5 万元 | 谢慧如、陈中明、李嘉诚、庄静庵、郑镜鸿、林进华、陈伟南、杨成等 |
| 1992 | 谢硕文游泳馆 | 100 万元 | 谢硕文（游泳馆建造金额200 万元，其中市政府 100 万元，谢硕文 100 万元） |
| 1993 | 汕头市潮阳林百欣中学体育馆 | 700 万元 | 林百欣 |
| 1993 | 肇庆端州体育馆 | 19.47 万港元 | 骏莱制衣有限公司和龙禧等 |
| 1994 | 鹤山职业中学游泳池、运动场 | 150 万元 | 冯汉柱 |
| 1994 | 鹤山纪元中学游泳馆 | 50 万元 | 杨明标 |
| 1994 | 鹤山纪元中学体育馆 | 120 万元 | 李佩芳、李桂芳、李伟芳 |
| 1994 | 鹤山纪元中学运动场 | 80 万元 | 吕鹤鸣 |
| 1995 | 中山市体育馆座椅一批 | 300 万元 | 郑观聪 |
| 1995 | 中山坦洲林东小学体育馆、田径场、游泳池 | 530 万元 | 林东 |
| 1995 | 中山坦洲杰士美文体中心 | 300 万元 | 吴明川 |
| 1995 | 清远市体育馆 | 100 万港元 | 赖新 |
| 1997 | 三乡理工学校田径场及其他设施 | 400 万元 | 蔡国强 |
| 1996 | 鹤山鹤华中学游泳池 | 70 万港元 | 李桂芳 |
| 1996 | 鹤山址山中学游泳池 | 55.7 万元 | 麦炳瑜 |
| 1996 | 鹤山址山中学体育馆 | 118 万元 | 蔡玉强 |

（续上表）

| 年份 | 场馆名称 | 捐资金额 | 捐款人 |
|------|----------|----------|--------|
| 1997 | 斗门县体育馆 | — | 马观适 1 000 万港元、崔伟豪 100 万元、何见旺 20 万元、李德林 20 万元、梁家进 118.8 万元、梁球 8 万元 |
| 1998 | 韶关体育中心灯光工程 | 200 万元 | 霍英东 |
| 1999 | 三乡体协大楼、足球场看台 | 150 万元 | 刘秉勋 |
| 1999—2001 | 国家女子足球英德训练基地 | 4.32 万元 | 莫耀强 |
| 1999 | 汕头正大体育馆 | 4 500 万元 | 泰国正大集团 |
| 2000 | 三乡体育馆 | 300 万元 | 郑国璋 |
| 2000 | 信宜绍秀体育馆 | 1 050 万元 | 刘军 |
| 2000 | 江门市青少年训练馆 | 60 万港元 | 陈杰恒 |
| 2000 | 鹤山古劳中学体育馆 | 80 万元 | 吕演汉 |
| 2000 | 鹤山一中体育场 | 150 万元 | 陆容章 |

资料来源：《广东省志》编纂委员会编：《广东省志（1979—2000）　24　体育卷》，北京：方志出版社，2014 年，第 695 - 697 页。

# 第二节　捐建人物

1979—2000 年，海外侨胞、港澳同胞捐赠建设体育场馆的资金累计折合人民币 6.31 亿元。其中，香港同胞利国伟（祖籍广东开平）先后两次共捐资 2 000 万港元，兴建广州市体育运动学校，并设立教学训练奖励基金，帮助培养运动员尖子和优秀体育后备人才。

1985 年，旅港同胞林文思先生赞助 600 万港元兴建江门体育场、跳水馆；1993 年，利国伟向广州伟伦体育学校捐赠 4 000 万元以培养体育人才。

1990 年，香港雅仕企业集团董事长陈怀德（祖籍广东化州），捐赠 245 万元设立"广雅中学体育发展基金"，并捐资 317 万元支持广州开展长跑、登山、足球比赛以及田径、体育舞蹈、艺术体操等活动。

1990 年，潮汕籍海外侨胞、港澳同胞集资 2 000 万元，兴建潮汕体育馆。

1991 年 5 月，香港邵氏影业公司董事长、香港电视广播有限公司董事长邵逸夫先生捐赠 1 000 万港元，在暨南大学建成多功能、综合性的邵逸夫体育馆。

1992 年 5 月，澳门旅游娱乐有限公司总经理何鸿燊捐资 5 000 万港元给珠海市兴建体育中心，并且每年赞助广州举办体育舞蹈比赛。①

1993 年，吴福捐资 1 000 多万港元，兴建珠海体育中心（1998 年建成）。②

1993 年，香港同胞马观适（祖籍广东江门）捐资 1 000 万港元给斗门体育馆。③

1999 年，泰国正大集团谢国民（祖籍广东澄海）及其家族捐赠 4 530 万元，在汕头兴建正大体育馆。

2000 年，香港兴盛贸易公司董事长刘军（祖籍广东信宜）捐资 650 万元兴建信宜市体育馆。

此外，港澳同胞还捐建源兆体育中心、顺德体育中心、潮州体育馆等。广东省内各地有不少体育场馆、体育学校都曾接受过海外乡亲捐赠的体育器械、设备或赞助资金。④

## 一、霍英东

霍英东先生，曾任香港中华总商会会长、全国政协副主席，广州市荣誉市民，喜爱体育活动，多年来数次捐献巨款支持祖国的体育事业。例如，1984 年捐款 250 万港元改建广州市沙面网球场为人造草皮（塑胶）网球场；1986 年捐款 40 万美元修建其家乡番禺县英东体育中心（见图 2 - 1），内有体育场、游泳场，形成一个较完善的体育基地；1987 年捐款 3 800 万港元建成中山大学英东体育中心；1987 年捐款 1 000 万人民币建造我国第一座体育专业博物馆——中国体育博物馆；1990 年捐款 1 亿港元给北京亚运会，兴建了一座现代化的有 5 000 个

---

① 黎子流、黄伟宁主编：《广州市荣誉市民传　第二卷》，广州：广东人民出版社，1996 年，第 69 页。

② 《广东省志》编纂委员会编：《广东省志（1979—2000）　30　体育卷》，北京：方志出版社，2014 年，第 694 页。

③ 斗门区侨务办公室、斗门区归国华侨联合会编：《斗门区侨务志》，内部资料，第 153 页。

④ 《广东省志》编纂委员会编：《广东省志（1979—2000）　30　侨务卷　外事与港澳事务卷》，北京：方志出版社，2014 年，第 198 页。

座位的英东游泳馆，并捐款近千万元改建广东省人民体育场和兴建中山市人民体育场，以作为 1991 年首届世界女子足球锦标赛的比赛场地；为提高中国女子足球的国际地位，先后出资举办了国际女足邀请赛和首届世界女子足球锦标赛[1]；1993 年赞助巨款重奖在巴塞罗那奥运会上获得优异成绩的我国优秀运动员，并为"马家军"中长跑队提供近百万元的训练基金[2]。霍英东基金会为广东省资助捐建的体育场馆与设施如表 2 - 2 所示。

表 2 - 2　霍英东基金会资助捐建体育场馆与设施（广东省）

| 序号 | 项目名称 | 时间 | 捐款金额 | 备注 |
|---|---|---|---|---|
| 1 | 广东省人民体育场 | 约 1990 年 | | |
| 2 | 广东三水华侨中学英东体育馆 | | | |
| 3 | 中山市英东体育场 | | 700 万港元 | |
| 4 | 云浮东安体育中心 | 1992 年 | | 建成时间 |
| 5 | 番禺英东体育中心 | 1987 年 | 270 万美元 + 520 万元 | 建成时间 |
| 6 | 番禺沙滘网球馆 | 1992 年 或 1993 年 | | 奠基时间 |
| 7 | 中山大学英东体育中心 | 1988 年 | 3 800 万港元 | 建成时间 |
| 8 | 省港杯 | 1979 年起 | | |
| 9 | 广东省网球馆 | | | |
| 10 | 广州军区网球馆 | | | |
| 11 | 广州沙面网球馆 | | | |
| 12 | 佛山新体育场 | 1991 年 | 250 万或 350 万港元 | 建成时间 |
| 13 | 新兴县英东体育训练馆 | | | |
| 14 | 五羊杯象棋比赛 | | | |
| 15 | 暨南大学深圳旅游学院 英东体育中心 | | | |

资料来源：澳门霍英东基金会。

注：以上根据不完全资料统计，可能与实际存在差异。

---

[1] 钮力书、冯伟：《侨务工作对中国体育事业的促进与发展》，《运动》2011 年第 3 期。

[2] 关文明、陈琦：《华侨、华人体育的发展及其贡献》，《华南师范大学学报》（社会科学版）1995 年第 4 期。

图 2－1 番禺英东体育馆于 1989 年竣工，其中旅港同胞霍英东先生捐资约 2 000 万元

图片来源：广东省人民政府侨务办公室编写：《赤子情怀》，广州：岭南美术出版社，1999 年，第 97 页。

## 二、曾宪梓

曾宪梓先生是广东省梅州市梅县扶大镇珊全村人。曾任香港中华总商会会长、香港金利来（远东）有限公司董事长、中华全国工商业联合会副主席、广东省政协常委等职。他还是香港华侨华人总会永远名誉会长，2018 年 12 月获评为倾力支持国家改革开放的香港著名企业家。曾宪梓先生对哺育他成长的家乡——梅县的文教体育等公益事业一向十分关心、不遗余力，决心要尽自己的力量回报祖国，回报培养过他的家乡人民。

1980 年春，梅县强民体育会举行成立 51 周年庆祝大会，曾宪梓与华侨、港澳同胞刘锦庆、罗焕昌等亲自组织访问团并率领香港愉园足球队回乡祝贺。尔后，曾宪梓又与旅港嘉应商会乡贤一道捐港币 17 万兴建强民体育会会所大楼和溜冰场。

曾宪梓和孙城曾、刘锦庆、罗焕昌、刘宇新等数十位华侨、港澳同胞共捐资 430 万港元，兴建了梅县、兴宁县、五华县体育场的三座大型足球场看台。这三座足球场标准较高，达到了国家乙级水平，还作为 1987 年第六届全运会男子足球预赛梅县赛区赛场。曾宪梓对这三座看台的建成贡献尤大。

1989 年以来，曾宪梓捐款 40 万元在广州市东较场修建了全国第一座有 5 000 个座位的国际标准的小型足球场看台，并举行了首届"金利来杯"小型足球赛，赞助广东省大学生"省长杯"足球赛。曾宪梓还每年捐资 5 万元给梅州市足球队作经费。他还表示，将由他承包经营的中国银利来有限公司所得利润全部捐赠给家乡用于公益事业。

1989 年 4 月 10 日，曾宪梓和由他承包的中国银利来有限公司在京又为 1990 年的亚运会分别捐款 100 万港元和 10 万元。[①]

此外，曾宪梓还资助兴建了梅州市足球学校焕昌教学大楼和宇新办公楼，共捐款 200 多万元。从 1993 年开始，他又捐出巨款，设立"曾宪梓教育基金"，重奖包括体育教师在内的各个学科教师。

## 三、其他粤侨代表

马观适，广东江门人，祖籍新会睦州镇龙泉乡，香港著名实业家，现任香港恒惠投资有限公司董事长。多年来，马先生一直倾心家乡的慈善公益事业。据粗略统计，马先生为江门慈善福利事业捐款已超过 7 000 万元。马观适先生为新会体育馆的兴建，不仅捐献了 1 200 万元的巨额款项，还为体育馆的建设倾注了极大的心血。

在新会体育馆奠基、施工期间，马观适先生每月都亲临工地，关心工程的进度和质量。他还应邀回乡指导体育馆的设备安装……在体育馆建设的两年期间，马先生回乡指导不下 30 次。一位老工人向马观适先生道出了肺腑之言："出钱、出力支援家乡建设的侨胞很多，但是，如此躬身力行的，还数马先生。"

在新会体育馆（见图 2－2）落成典礼上，致辞特别感谢了马观适先生："马先生个人捐资了 1 200 万元，为体育馆的建成作出了突出贡献。"对此，马观适先生却还是谦逊地说："桑梓情深，血浓于水。我和所有的海外乡亲一样，今后将继续竭尽绵力，为家乡建设添砖加瓦，锦上添花。"[②]

马观适先生的爱乡善举，得到了家乡人民的赞许，先后被授予江门荣誉市

---

① 李存章：《执著的爱——记爱国华侨曾宪梓先生对祖国体育事业的支持》，《体育文史》1990 年第 1 期。

② 政协江门市新会区委员会编：《葵乡赤子情》，内部资料，2006 年，第 61－62 页。

民、新会荣誉市民称号；2007 年被广东省慈善总会授子"南粤慈善之星"称号；2009 年荣获"中华杰出商业领袖"奖。

图 2-2　马观适先生资助 1 200 万元兴建的新会体育馆

图片来源：政协江门市新会区委员会编：《葵乡赤子情》，内部资料，2006 年，第 55 页。

李文达，广东江门新会区七堡镇人，香港"蚝油大王"李锦记第三代传人，现任李锦记集团主席。他秉承"思利及人、造福社会、共享成果"的企业精神，肩负起"取之社会、用之社会"的责任，积极推动慈善事业。为支持家乡的经济发展，李先生在七堡投资兴办占地面积 1 200 多亩的李锦记（新会）食品有限公司，成为中国南方重要的调味品生产基地且每年都按需要扩建厂房。1998 年，李先生捐资 2 000 多万港元在家乡七堡镇兴建"李文达中学"，支持家乡的教育事业，并先后捐出 450 万港元用于购买教学设备等；2001 年，在新会市筹建体育馆期间，李先生又慷慨捐出 50 万港元，以实际行动支持家乡体育事业的发展。李先生事业有成，惠泽故里，深受家乡人民称颂。

李兆基，生于广东顺德大良，在家中排行第四，故有"四叔"的称号，曾任恒基兆业、中华煤气董事局主席暨新鸿基地产董事局副主席。对内地公益事业，李兆基一直鼎力参与，仅在顺德就捐资超过亿元。恒基兆业还没有进入内地之时，他的捐助行为就已开始，并延续至今：1978 年，与郑裕彤一起捐资 180 万元扩建顺德华侨中学；1991 年，捐赠 500 万港元助建顺德体育中心；1994 年，与郑裕彤各出资 8 000 万元兴建了两所高级中学——"顺德李兆基中学"和"顺德郑裕彤中学"。1996 年，顺德举行首届教育基金百万行，已是世界第四大富豪

的李兆基不但捐资，而且亲自参加全程活动。[①]

黄道益，1919 年生于台山市白沙镇朗溪型洞里，香港黄道益活络油创造者、知名的中医师，香港著名实业家和慈善家。2005 年，黄道益先生捐资 800 万港元，在家乡白沙墟建设一座现代化体育馆——白沙体育馆。黄道益想得细致，家乡的白沙镇毕竟是乡村小镇，漂亮的现代化体育馆，每月的电费损耗，已是一笔不小的数目。黄道益想家乡人之所想，他捐款 800 万港元，在体育馆旁边建设了一座福利商贸楼，楼高 7 层，共 7 600 平方米。黄道益建议：这福利商贸大厦的收入，支付维护体育馆的正常开支，盈余作白沙镇公益福利基金。[②] 除此之外，黄道益还在家乡捐助举办"黄道益活络油杯"排球赛，吸引乡亲广泛参与。

# 第三节　捐建侨乡

## 一、梅州

在华侨华人及港澳同胞的支持下，"足球之乡"梅州的运动场地设施得到改善。从 1984 年开始，曾宪梓、罗焕昌、刘宇新等先后发动港澳同胞捐资港币 300 余万元、人民币 100 余万元，建成了可容纳万余人的梅县、兴宁、五华三处体育场。[③] 梅州足球设施大为改善，并于 1987 年成功举办第六届全运会男子足球预赛。罗焕昌、刘宇新还于 1988 年各捐建一幢大楼，兴建梅州市足球运动中心，成立足球运动学校。

此外，在香港同胞田家炳（广东梅州人，香港人造革大王，著名慈善家）、曾宪梓、何冬青（广东平远石正人，香港教育家、侨领）、徐影三（广东梅州人，旅居香港的企业家）及泰国侨胞徐历顺（广东丰顺县人）、徐锦领（广东丰顺县人）等人的资助下，平远县足球场、蕉岭县体育场、大埔县体育场及丰顺县

---

① 华商韬略（北京）国际文化传媒中心编著：《华商功勋璀璨中国梦》，北京：经济日报出版社，2015 年，第 36 页。

② 政协台山市委员会编：《台山乡亲风采录》，内部资料，2013 年，第 78 页。

③ 兴宁县地方志编纂委员会编：《兴宁县志》，广州：广东人民出版社，1992 年，第 754 页。

东海中学足球场得以建成，都不同程度地改善了当地的足球设施。[①]

此外，华侨华人及港澳同胞还大力资助各级各类足球比赛。由曾宪梓、刘锦庆、罗焕昌、刘宇新、熊德龙、李贤源等人捐款，梅县、兴宁、五华等地举办了"宪梓杯""焕昌杯""宇新杯""强民杯""宝宝杯"等足球比赛。此外，还有众多侨胞支持"三杯"（"萌芽杯""幼苗杯""希望杯"）足球运动的开展，有力地保证了梅州球队的成绩。[②]

梅州市足球运动的兴起，也与广大华侨、港澳同胞的支持有密切关系。据不完全统计，中华人民共和国成立以来，以香港金利来总公司董事长曾宪梓先生为首的海外华侨、港澳同胞共捐资 337 万港元和 336 万元，兴建了强民体育会办公楼、梅县体育馆以及梅县、兴宁、五华的 3 个大型足球场看台和梅州市足球运动学校焕昌教学大楼及宇新办公大楼。此外，曾宪梓先生每年还资助 5 万元人民币给梅州市足球队作训练经费。

海外侨胞、旅港乡亲赞助梅县地区的比赛还有：兴宁的"焕昌杯""宇新杯"足球赛，丰顺的"丰光杯"篮球赛，梅县地区的中学生"东海杯"田径运动会，等等。

潮汕地区在 20 世纪 80 年代举办过多种杯赛，如普宁的"华侨杯""世平杯""培忠杯"篮球赛，澄海的"海联杯""远东杯""高产杯"篮球赛。乡亲除资助比赛、捐赠比赛奖品外，还组织观光团回乡观战，进一步密切了海内外乡亲的联系。[③]

## 二、台山

拥有体育场馆是台山人员从事排球活动的基础条件，华侨华人、港澳同胞在改革开放后也积极支持台山社会和学校的体育场馆建设，以方便人民群众进行各种排球比赛活动。据台山市体育局黄超峰局长介绍，台山主要用于排球训练和比赛的 6 座体育馆都获得过华侨华人、港澳同胞的捐资，有不少场馆还以他们的名

---

① 梅州市地方志编纂委员会编：《梅州市志》，广州：广东人民出版社，1999 年，第 1680 页。

② 邓锐：《华侨、华人、港澳同胞与梅州近现代侨乡体育》，http://www.gdql.org/lyj/Show Article.asp? Article ID =6722，2017 年 9 月 13 日。

③ 广东省地方史志编纂委员会编：《广东省志·体育志》，广州：广东人民出版社，2001 年，第 986 页。

字命名。如台山籍旅港人士朱正贤在 1984 年首倡并赞助 50 万港元建成"正贤体育训练馆"，此馆也成为台山市举行各类大型排球比赛的重要场馆。

华侨、港澳同胞捐资建校方式多样。有个人捐建，有家族捐建，有社团捐建，有数人联合捐建，也有一地、一姓、一村的众多人士齐手捐建。

个人或家族捐资助学较突出的，有伍舜德及其家族成员，陈鹏权、陈国强父子、黄炳礼、朱清莲伉俪、邓树椿、邝文炽、李伯荣、李灼文、陈维湘伉俪、黄国熙父子等。其中，许宝昌捐资 55 万元兴建端芬东陵小学体育馆；雷为有捐资 72 万元兴建大江振育小学体育馆。他们旅居海外，情系家乡，在事业有成之后，慷慨解囊，竭力支持家乡发展教育事业。

社团捐资建校，以香港台山商会贡献最为卓著。该商会历届理监事秉承联谊互助、爱国爱港、关怀桑梓、热心公益、造福社会的宗旨，一贯热心于文化教育、医疗卫生等公益事业。截至 2000 年，共捐资 2 100 多万港元，先后兴建隆文中学宿舍大楼、台山师范学校艺术楼及珠峰园、赤溪小学、隆文石朗小学教学楼、都斛中学教学楼、台山一中综合体育馆及室内游泳池等 10 多项教育设施，并重修台山师范学校校祖楼。[1]

姓氏宗亲捐资兴建的学校中，以 1986 年创办的武溪中学最为宏伟。该校由香港余氏宗亲会，香港余风采五堂会，美、加风采堂和海内外余氏宗亲共同捐资 2 000 多万港元兴建。其中有 60 万港元兴建武溪中学体育室和运动场。[2] 学校占地 14 万平方米，建筑面积 2 万平方米。10 多幢校舍中，除主楼外，还有旅港乡亲余树泉捐建的图书馆、科学楼、电教大楼，余兆麒捐资 80 万元兴建的武溪中学体育馆，新西兰华侨余逵乐等捐建的敬师楼，余锦、余凯庆、余璞庆、余树泉等兴建的宿舍楼等。学校环境优美，设备设施较为完善。[3]

台山新宁体育馆新投资约 2.5 亿元，其中海外华侨华人的捐资占了不少比例。2015 年 2 月 5 日，由台山市斗山镇旅澳门著名实业家、慈善家，台山市政协常委曾玩棠先生捐资近 1 000 万元兴建的斗山曾玩棠体育馆竣工投入使用。该体育馆是一座多功能体育馆，占地面积 290 平方米，馆高 16 米，有座位 2 000 多个。体育馆设有排球柱、乒乓球桌、羽毛球架和室内照明设施、计分显示屏、先

①　台山教育志编纂委员会编：《台山教育志（1979～2000）》，内部资料，2005 年，第 255 页。

②　台山教育志编纂委员会编：《台山教育志（1979～2000）》，内部资料，2005 年，第 254 页。

③　台山教育志编纂委员会编：《台山教育志（1979～2000）》，内部资料，2005 年，第 256 页。

进的通风消防系统，室外配有路灯、绿化等，可进行排球等体育赛事、集会、文艺演出等文体活动。它的建成，大大方便了老区人民的文体生活。

学校体育场馆建设方面，旅港人士李伯荣捐资 3 200 万港元兴建的六项教育工程就包括台山侨中和敬修职业技术学校"李星衢体育馆"。过去由其父李星衢先生和海外社团、乡亲捐助的台山女子乡村师范学校早已改为台山华侨中学。2008 年 10 月，李伯荣先生为纪念先父对台山侨中的重大贡献，捐资兴建建筑面积为 3 409 平方米的星衢体育馆。2009 年 11 月，星衢体育馆正在施工，李伯荣先生来参观了父亲曾捐资建设的台山女师教学楼，看看他捐建的体育馆。体育馆落成后，李先生再捐资兴建星衢学生生活中心大楼和体育馆综合楼。[1] 这不仅是他对华侨中学的大力支持，更是其对星衢翁与侨中深厚感情的延续。当年巍峨的校舍至今雄风犹在，而雄伟的、现代化多功能的星衢体育馆、高标准的学生生活中心等建筑物伫立在侨中校园内，更见证了李星衢、李伯荣父子对家乡深厚的热爱。

旅港人士伍舜德基金会捐资 168 万港元在台山市第一中心建成"伍舜德体育场"。伍舜德先生不仅捐巨资在五邑大学建造楼房，而且早在 1991 年就捐资 10 万港元设立"伍舜德体育会计奖学金"，每年评奖一次，奖励学生中的体育竞赛优胜者和会计学习成绩优异者。截至 1995 年，已有百位同学荣获此项奖励。它的设立大大激发了同学们锻炼身体和刻苦攻读的积极性，促进了德、智、体全面发展。[2]

伍先生对体育的重要性也有独到见解，成为他教育思想的重要组成部分。他认为："体育能锻炼身体。体育比赛能增进团结、坚强意志，能培养竞争意识并激发奋斗向上的精神。一些事业有成的人，都不是死读书的人，死读书是干不了大事的。"伍先生今天能成就那么大的事业，同他自小重视身体锻炼是分不开的。伍先生青少年时代就是一位体育积极分子，喜爱足球、篮球、网球、垒球等运动项目，球艺精湛，曾在 1930 年和 1933 年两次代表广东队参加在杭州及南京举行的全国运动会，还曾在 1934 年代表中国队参加在菲律宾举行的第十届远东运动会。

---

① 政协台山市委员会编：《台山乡亲风采录》，内部资料，2013 年，第 13 页。
② 梅伟强主编，五邑大学海外联谊会编：《洒向大学都是爱——旅外乡彦热心捐建五邑大学实录第 1 集》，内部资料，1995 年，第 24 页。

岭南大学黄延毓教授这样评价他："吾间尝思维如何始堪称典型的岭南学生。君在母校有十一年悠久之历史，渊源不可谓不深。君一向好体育而绝无暴戾气；君又好学不倦，成绩优良；君又乐为人役，团体服务获君之助甚多。所谓典型的岭南学生吾于君得之矣，愿后之来者，以君为模范。"①

1995 年春，伍舜德偕眷回乡，在台山一中参观时，对孙子伍伟民、伍伟国说："一中是台山的著名学府，桃李满天下。爷爷、奶奶都为它出了不少力，我想你俩也应有所表示，怎么样？"就这样，一幢由伍伟民、伍伟国合捐 150 万港元兴建的"昆仲楼"于同年 10 月耸立在纱帽山麓。尔后，兄弟俩除了捐资成立五邑大学赛艇部外，还捐建清华大学划艇俱乐部并资助该校划艇队参加在英国举办的世界大学生划艇比赛，使该队战胜了老牌的剑桥大学队，载誉而归。②

旅港实业家、慈善家黄炳礼先生捐资 202.53 万港元在居正中学兴建居正体育中心。台山籍侨胞、港澳同胞捐赠兴建体育场馆等基础设施，为台山人民从事排球活动提供了便利，保障了排球活动在台山的持续开展。

新会籍香港乡亲黄球先后捐资 430 万港元兴建新会一中学生宿舍和体育馆。香港乡亲谭兆捐资 500 万港元兴建五邑大学体育活动中心。1992 年，香港乡亲黄乾亨、黄乾利捐资 450 万港元兴建台山台城镇二小教学大楼——黄笏南纪念楼，设 30 个标准课室，建筑面积达 6 600 平方米。③

除了捐建学校体育设施，台山市教育基金会还创办了许多体育基金：伍舜德先生捐资 20 万港元设立"体育（田径、体操）优胜奖"、旅加朱正贤先生捐资 15 万港元设立"体育（排球）优胜奖"、旅港伍时畅祖子孙捐资 10 万港元设立"体育（游泳）优胜奖"等。④ 1988 年，旅美乡亲马汝荣为田心小学捐赠 2 万元设立"马汝荣体育基金"，用于增添体育器材、体育比赛奖励；1998 年，马汝荣又为广大中学开办了"马汝荣体育优胜奖奖金"，每年 3 000 元，用于奖教奖学（体育）。⑤

---

① 梅逸民：《似画流年》，珠海：珠海出版社，2008 年，第 151 页。

② 梅逸民：《似画流年》，珠海：珠海出版社，2008 年，第 165 页。

③ 江门市地方志编纂委员会编：《江门市志（1979～2000）　下册》，北京：方志出版社，2011 年，第 1149 页。

④ 台山市宣传部、台山市教育局编：《黄宇春晖：台山市侨资办学纪念画册》，内部资料，1997 年，第 135 页。

⑤ 台山教育志编汇委员会编：《台山教育志（1979～2000）》，内部资料，2005 年，第 275 页。

## 三、其他

　　许多祖籍潮汕的香港同胞集资港币 2 000 多万兴建的潮汕体育馆，占地面积 4 950 平方米。潮汕体育馆建筑面积 8 230 平方米，设有 3 888 个座位，是现代化的大型室内体育馆。它的建设为汕头体育文化的发展创造了良好的条件。自 1989 年建成投入使用以来，举办过广东省第八届运动会、国际拳击邀请赛和国际乒乓球擂台赛等大型体育比赛。华侨、港澳同胞捐建的还有源兆体育中心、珠海市体育馆、斗门县体育馆、顺德体育中心、潮州体育馆。利国伟捐资 2 000 万港元兴建广州市体育运动学校，并设立体育教学训练奖基金。各地的体育馆、体校也接受了各种体育设备的捐赠。①

　　珠海市毗邻澳门，许多华侨、港澳同胞也投入许多资助。如表 2-3 所示，仅斗门区便收到了诸多体育场馆设施方面的捐助：

表 2-3　珠海市斗门区部分体育场馆设施捐助情况一览表

| 确认号 | 项目名称 | 受赠单位 | 捐赠人 | 投资总额（万元） | 侨捐金额（万元） | 侨捐占比（％） | 捐赠时间 |
|---|---|---|---|---|---|---|---|
| 粤侨捐 030201001 号 | 斗门区体育馆 | 斗门区体育馆 | 马观适等 | 5 000 | 1 410.05 | 28.2 | 1995 年 |
| 粤侨捐 030201016 号 | 斗门区实验中学莫裕钦篮球场 | 斗门区实验中学 | 莫景胜 | 10 | 10 | 100 | 2007 年 |
| 粤侨捐 030203002 号 | 白蕉东和小学体育馆 | 白蕉镇东和小学 | 林长城等 | 24 | 15 | 62.5 | 1997 年 12 月 28 日 |

---

　　① 广东省人民政府侨务办公室编写：《赤子情怀》，广州：岭南美术出版社，1999 年，第 95 页。

（续上表）

| 确认号 | 项目名称 | 受赠单位 | 捐赠人 | 投资总额（万元） | 侨捐金额（万元） | 侨捐占比（％） | 捐赠时间 |
|---|---|---|---|---|---|---|---|
| 粤侨捐030204003号 | 斗门初级中学运动楼牌楼 | 斗门镇初级中学 | 莫景胜 | 3.5 | 3.5 | 100 | 1992年5月 |
| 粤侨捐030204011号 | 新乡村篮球场 | 斗门镇新乡村委会 | 李德林 | 5 | 5 | 100 | 1995年 |
| 粤侨捐030204021号 | 南门小学体育室大楼 | 斗门镇南门小学 | 赵观晃夫妇 | 6 | 6 | 100 | 1987年 |

资料来源：斗门区侨务办公室、斗门区归国华侨联合会编：《斗门区侨务志》，内部资料，第226页。

# 第四节　特　征

　　值得注意的是，海外乡贤社会体育公益善举，在不同历史阶段呈现出不同特征。改革开放初期，捐赠方式以个人捐建为主，主要资助侨乡校园篮球场、操场等基础体育设施，后来逐步转为部分资助或联合资助，一般多为捐建大型体育馆或综合性礼堂。如福建石狮的石光华侨联合中学综合体育馆系旅菲、旅港乡贤及校友会联合资助；广东潮阳六都中学"陈弼臣体育馆"系泰国华侨陈弼臣家族联合捐建；福建祖昌体育馆系华侨陈祖昌部分资助。[①] 倘若说，充足完善的体育基础设施是社会体育发展程度的一个重要标志，那么，20世纪80年代以来，在闽粤偏远侨乡，华侨华人的体育公益慈善使得侨乡体育场地设施甚至是大型的体育综合场馆，如同"旧时王谢堂前燕"一般"飞入寻常百姓家"（见表2-4）。

---

　　①　郭惠杰：《闽粤侨乡体育公益慈善的地方实践与动力机制》，《体育文化导刊》2017年第9期。

表2-4 改革开放以来侨乡泉州华侨华人捐建体育场馆一览表（部分）

| 名称 | 所在地 | 年份 | 金额（万元） | 简况 |
|---|---|---|---|---|
| 南安体育馆 | 南安溪美 | 1984 | 100 | 马来西亚华人李引桐博士捐建 |
| 南安新营中学体育场 | 南安水头 | 1985 | 18 | 石砌看台，5 000个座位，8道跑道 |
| 晋江毓英体育馆 | 晋江金井 | 1986 | 48 | 2 000个座位 |
| 永春体育馆（棣兰） | 永春县城 | 1986 | 285 | 1 800个座位 |
| 南安侨光中学体育场 | 南安金淘 | 1987 | 13 | 土石看台，3 000个座位，6道跑道 |
| 华侨大学丁氏体育馆 | 华侨大学 | 1988 | 35 | 菲律宾华侨丁氏兄弟体育基金会捐建 |
| 晋江华侨体育馆 | 晋江青阳 | 1988 | 65 | 3 500个座位 |
| 晋江南桥体育馆 | 晋江龙湖 | 1989 | 54 | 泉州籍印度尼西亚侨领李尚大先生捐建 |
| 晋江沪声体育馆 | 晋江深沪 | 1990 | 120 | 2 000个座位 |
| 石狮石光中学体育馆 | 石狮 | 1989 | 200 | 石狮旅外华侨捐建 |
| 仰恩体育馆 | 仰恩大学 | 1989 | 200 | 细甸华侨吴庆星先生捐建 |
| 菲友体育馆 | 泉州六中 | 1989 | 160 | 2 000个座位 |
| 季延中学体育场馆群 | 晋江罗山 | 1990 | 500 | 菲律宾华侨郭文梯捐建 |
| 安溪慈山学园体育场 | 安溪湖头 | 1990 | 665 | 土石看台，1 500个座位，6道跑道 |
| 安溪慈山学园体育馆 | 安溪湖头 | 1990 | 181 | 印度尼西亚华侨捐建 |
| 晋江祖昌体育馆 | 晋江 | 2000 | 1 000 | 旅菲华侨陈祖昌捐建 |
| 梓辉运动场 | 培元中学 | 2002 | 未详 | 旅港乡贤韦梓辉 |
| 邱季端体育馆 | 泉州五中 | 2004 | 200 | 旅港侨胞邱季端捐资 |

（续上表）

| 名称 | 所在地 | 年份 | 金额<br>（万元） | 简况 |
|---|---|---|---|---|
| 陈伟利体育馆 | 泉州师院 | 2005 | 未详 | 陈宽仁家族基金会捐建 |
| 石光华侨联合中学综合体育馆 | 泉州石狮 | 2006 | 未详 | 旅菲、旅港乡贤及校友会联合资助 |
| 培元中学振辉篮球馆 | 培元中学 | 2011 | 未详 | 菲律宾校友杨振辉捐建 |
| 银江华侨学校体育馆 | 石狮 | 2014 | 200 | 石狮籍旅菲侨领陈著远 |
| 张坂中学文秀体艺馆 | 惠安 | 2014 | 450 | 当地旅外华侨华人合资捐建 |

资料来源：郭惠杰：《闽粤侨乡体育公益慈善的地方实践与动力机制》，《体育文化导刊》2017 年第 9 期。

客观而言，时至今日，体育场地设施不足问题，仍然是制约中国群众体育事业发展的一个重要因素。反观闽粤侨乡，改革开放初期同样面临社会经济发展相对落后，社会资源极为匮乏的情况，政府更是无暇顾及群众体育发展。彼时，海外华侨华人的资助，在很大程度上弥补与改观了当时侨乡体育发展中的经费短缺、体育设施落后及地方行政力量推动不足的局面。某种程度上，正是海外华侨华人的体育公益善举，从器物层面为侨乡社会体育、学校体育的蓬勃发展奠定了坚实的基础，加速了侨乡体育现代化的进程，缓解了侨乡群众日益增长的多元体育需求与基层政府有限的体育公共服务之间的矛盾。

改革开放之后，为兴办侨乡体育事业，举办竞赛活动，修建体育设施，丰富侨乡文化娱乐生活，在侨胞倡议和资助下，闽粤侨乡纷纷成立各类体育基金会（见表 2 – 5）。

表 2 - 5　闽粤华侨华人设立体育基金一览表（部分）

| 名称 | 所在地 | 年份 | 金额 | 简况 |
|------|--------|------|------|------|
| 新中国基金会 | 美国 | 1979 | 未详 | 闽粤华侨发起组织，曾资助排球名将郎平赴美留学 |
| 晋江毓英体育基金会 | 晋江金井 | 1982 | 未详 | 旅菲华侨捐资设立，曾多次举办全国性的排球、篮球、体操、健美表演和邀请赛 |
| 霍英东体育基金会 | 北京 | 1984 | 1 亿港元 | 香港侨领霍英东先生捐赠 |
| 石狮宽仁体育基金会 | 石狮宽仁 | 1990 | 未详 | 二十世纪八九十年代，石狮宽仁多次举办省级、国家级的体育竞赛、表演赛等 |
| 南安市芙蓉基金会 | 南安 | 1991 | 未详 | 星马华侨出资设立，曾资助南安市体育馆，承办多次基层体育比赛 |
| 祖杭体育保险基金 | 北京 | 1996 | 1 000 万元 | 泉州华侨洪祖杭设立，为运动员提供基本保障，解决后顾之忧 |
| 蔡庚水陈珍珠基金 | 晋江 | 1999 | 100 万元 | 旅菲华侨蔡庚水设立，举办金井镇每年一次的"珍珠杯篮球赛" |
| 龙湖烧灰体育基金 | 晋江 | 2003 | 未详 | 烧灰村旅菲华侨捐建体育文化活动中心，捐建灯光球场，举办多次篮球比赛 |
| 中国篮球发展基金 | 北京 | 2007 | 未详 | 越南归侨程万琦的中国理想国际控股集团捐赠第一笔公益善款 |
| 曾宪梓体育基金会 | 北京 | 2008 | 1 亿港元 | 侨领曾宪梓捐赠，与体育总局合作设立 |

（续上表）

| 名称 | 所在地 | 年份 | 金额 | 简况 |
|---|---|---|---|---|
| 华侨足球公益基金 | 北京 | 2009 | 100 万元 | 西班牙华侨邵诚设立，旨在推动足球人才的国际交流和专业培养，奖励和资助优秀球员及俱乐部 |

资料来源：郭惠杰：《闽粤侨乡体育公益慈善的地方实践与动力机制》，《体育文化导刊》2017 年第 9 期。

华侨体育专项基金的设立，从制度层面保障了侨乡体育活动的普及与可持续发展。值得注意的是，在改革开放后期，华侨体育基金的影响逐渐超越乡土，开始在更大范围内寻求社会效应。如曾宪梓捐资 1 亿港元设立"曾宪梓体育基金"，支持国家竞技体育事业发展；华侨蔡世金捐资中国排球发展基金 2 500 万日元；中国华侨足球公益基金的设立，既推动了足球人才的国际交流和专业培养，也促进了青少年足球的普及和提高。①

---

① 郭惠杰：《闽粤侨乡体育公益慈善的地方实践与动力机制》，《体育文化导刊》2017 年第 9 期。

# 第三章  体育赛事活动的资助

华侨对我国体育事业的贡献，从过去的为出国参加体育比赛和体育交流的代表团提供住宿、中餐饮食、交通及到比赛现场为运动队呐喊助威等，到如今的为国家发展体育事业捐资，修建起许许多多的体育设施和楼堂馆所造福于民。

海外乡亲有的亲自带回物资奖励优秀运动队伍；有的还资助球队出访中国港澳、泰国、加拿大等地，促进了家乡与境外体育界的交往，为家乡培养了体育运动人才。

中华人民共和国成立前，华侨华人对祖国体育事业的捐助是面对国内体育落后的现实，起到打基础、扶助事业的作用；中华人民共和国成立后，他们的捐助是要帮助整个国家和民族的体育事业自强于世界。随着国内市场经济的成熟和投资环境的改善，对祖国体育事业的投资会给华侨带来经济上的利益。所以，可以预测，祖国经济越发达，体育事业越发展，华侨华人对祖国体育事业的投入资金将会更多、规模更大。

侨务系统的各级组织也在为传播中华体育文化作出贡献，如2005年11月7—10日由国务院侨办联合亚洲大学生体育联合会和国家教育部在广州暨南大学举办了首届亚洲大学生田径锦标赛，来自19个国家和地区的40所高校派出代表团参加，这次运动会在促进亚洲大学生的友谊与交流、展现中国大学生的青春与活力方面都作出了巨大的贡献。还有每年由国务院侨办牵头主办的海外华裔青少年夏、冬令营，不仅使中华文化在海外大力传播，而且极大地增强了华裔子女的民族凝聚力和归属感。[①]

体育运动具有很强的联谊功能，可使得众多互不相识者，通过其联系在一起。这也是华侨华人厚爱体育的一种动因。他们往往通过建立体育俱乐部、组织球队、定期进行竞赛来增进友谊。有的地区的同乡会与体育会甚至形成"一套人

---

① 钮力书、冯伟：《侨务工作对中国体育事业的促进与发展》，《运动》2011年第3期。

马，两块牌子"，也足以证实这一点。随着改革开放的深入，体育更日益成为祖国与老华侨及其第二、第三代联系的纽带。

# 第一节 资助人物

## 一、霍英东

不少华侨、港澳同胞积极支持和赞助中国体育事业，其中最为突出的是香港中华总商会会长、亚洲足联副会长、国际足联执委霍英东先生。一方面，他在1974年和1979年争取恢复我国在亚洲和国际足联的合法席位中起了很大作用。这一重大突破为中国全面恢复在国际奥林匹克委员会和其他国际单项体育组织的合法席位打开了通道。[①] 另一方面，他捐献巨款，热心赞助体育事业。从1979年起，先后捐赠港币1 550多万帮助建设广东省体育基金会和广州市体育运动委员会的工作，并在广东省多次捐资支持组织国际性的大型体育比赛，在广东多处捐资兴建体育场馆，仅在中山兴建高尔夫球场一项就投资了2 750万港元。[②] 据统计，霍英东捐赠给祖国的资金总数已逾40亿港元，其中8亿是直接赠予体育项目。此外，1985年还捐赠1亿港元成立"霍英东体育基金会"；1990年捐赠1亿港元给北京亚运会；2001年捐资2亿元为北京奥运会建造"水立方"游泳馆。[③]

霍英东先生对中国体育的发展，出钱出力，出谋献策。1971年，中国恢复在联合国的合法席位，重返国际体育主流社会的时机逐渐成熟，霍先生为了突破国际体育组织的禁令，于1978年创办了省港杯。这是经中央批准的历史上首个地方性涉外体育比赛，是一个具有体育战略意义的创举。他还身体力行，在序幕战中亮相。这次比赛突破了国际体育组织对中国的封锁，为中国体坛打开了一扇新的窗户，更为申办2008年奥运会奠定了良好的基础。

---

① 曾繁旭：《霍英东家庭，仍在上传的传奇》，《南方人物周刊》2006年第28期。
② 陈冬娜：《历史的足迹 时代的步伐——改革开放20年粤港澳台体育往来回顾》，2007年广东省科学技术协会科技交流部会议论文集，2007年。
③ 陈伟胜：《霍英东与体育》，《广州日报》，2006年11月30日。

表 3－1　澳门霍英东基金会资助广东省体育项目情况

| 编号 | 来信日期 | 申请单位 | 事由 | 资助金额（人民币） |
|---|---|---|---|---|
| S0334 | 2013 年 4 月 26 日 | 广州暨南大学 | 申请资助"霍英东体育中心"经费 | 15 000 000 |
| S0338 | 2013 年 8 月 7 日 | 广州市人民政府侨务办公室 | 申请资助"第九届荣誉市民杯高尔夫球友谊赛"经费 | 50 800 |
| S0370 | 2015 年 7 月 27 日 | 国家体育总局 | 申请资助《中国体育年鉴》经费 | 12 800 |
| S0386（OM） | 2016 年 8 月 23 日 | 赞助中国参与奥运会获奖金牌运动员（澳门特首办） | 申请资助"中国参与奥运会获奖金牌运动员"经费 | 5 000 000 |
| S0288 | 2011 年 3 月 7 日 | 香港霍英东基金有限公司广州办事处 | 申请资助"2010 年红三角地区英东杯文体活动"经费 | 840 000 |
| S0326 | 2012 年 12 月 19 日 | 香港霍英东基金有限公司广州办事处 | 申请资助"2012 年红三角地区英东杯文体活动"经费 | 840 000 |
| S0339 | 2013 年 11 月 11 日 | 香港霍英东基金有限公司广州办事处 | 申请资助"2013 年红三角地区英东杯文体活动"经费 | 840 000 |
| S0372 | 2015 年 11 月 30 日 | 香港霍英东基金有限公司广州办事处 | 申请资助"2015 年红三角地区英东杯文体活动"经费 | 940 000 |
| S0390（OM） | 2016 年 11 月 14 日 | 香港霍英东基金有限公司广州办事处 | 申请资助"2016 年红三角地区英东杯文体活动"经费 | 840 000 |

（续上表）

| 编号 | 来信日期 | 申请单位 | 事由 | 资助金额（人民币） |
|---|---|---|---|---|
| S0408 | 2017 年 12 月 5 日 | 香港霍英东基金有限公司广州办事处 | 申请资助"2017 年红三角地区英东杯文体活动"经费 | 840 000 |

资料来源：澳门霍英东基金会。

表 3－2　香港霍英东基金会资助广东省体育项目情况

| 年度 | 项目 | 霍英东基金（港元） | 霍英东体育基金（港元） | 其他（港元） | 总数（港元） |
|---|---|---|---|---|---|
| 1988 | 中山大学体育馆 | 5 308 592 | | | |
| | 中山大学田径场 | 558 523 | | | |
| | 中山大学游泳池 | 525 472 | | | |
| | 中山大学网球场 | 253 544 | | | |
| | 广东体育运动委员会运动仪器 | 328 107 | | | |
| | 番禺体育运动场上盖 | 3 000 000 | | | |
| | 云浮东安体育中心 | 1 200 000 | | | |
| | 番禺体育场上盖 | 6 000 000 | | | |
| 1989 | 中山大学田径场 | 1 171 758 | | | |
| | 中山大学跑道 | 203 172 | | | |
| | 中山大学体育馆 | 912 255 | | | |
| | 番禺英东体育馆 | 354 992 | | | |
| | 沙面网球场 | 6 038 435 | | | |

（续上表）

| 年度 | 项目 | 霍英东基金（港元） | 霍英东体育基金（港元） | 其他（港元） | 总数（港元） |
|------|------|------|------|------|------|
| 1990 | 沙面网球场 | 321 148 | | | |
| | 深圳贝岭居网球场 | 446 666 | | | |
| | 三沙头网球训练中心 | 477 918 | | | |
| | 中山大学网球场 | 20 000 | | | |
| | 中山大学跑道 | 476 985 | | | |
| | 中山大学篮球场 | 440 000 | | | |
| | 中山市体育馆 | 7 000 000 | | | |
| 1991 | 三沙头网球场 | 360 000 | | | |
| | 佛山体育馆 | 1 000 000 | | | |
| | 广州市教育基金 | 1 000 000 | | | |
| | 佛山运动场 | 2 500 000 | | | |
| | 沙面网球场 | 1 202 370 | | | |
| 1992 | 广东省人民体育总会 | 1 754 936 | | | |
| | 沙面网球场 | 536 200 | | | |
| | 番禺体育馆网球场 | 134 840 | | | |
| 1993 | 广州军区网球场 | 600 000 | | | |
| | 沙面网球场 | 127 970 | | | |
| | 广州军区体育馆 | 5 000 110 | | | |
| 1994 | 广州军区体育馆 | 7 929 842 | | | |
| 1996 | 韶关英东杯 | 140 166 | | | |
| 1998 | 韶关足球场 | 1 875 776 | | | |
| | 英东杯 | 215 834 | | | |
| 1999 | 英东杯 | 47 080 | | | |
| 2000 | 英东杯 | 264 478 | | | |
| 2001 | 英东杯 | 188 750 | | | |
| 2002 | 英东杯 | 340 050 | | | |
| 2003 | 英东杯 | 396 825 | | | |
| 2004 | 英东杯 | 963 222 | | | |

（续上表）

| 年度 | 项目 | 霍英东基金（港元） | 霍英东体育基金（港元） | 其他（港元） | 总数（港元） |
|---|---|---|---|---|---|
| 2015 | 省港杯足球赛 | | 471 140 | | |
| 2016 | 省港杯足球赛 | | 529 808 | | |
| 2017 | 省港杯足球赛 | | 707 489 | | |
| 2018 | 亚武联30周年暨第一届武术散打亚洲杯（南沙付） | | | 2 605 134 | |
| 2018 | 亚武联30周年暨第一届武术散打亚洲杯（香港付） | | | 632 070 | |
| 合计 | | 61 616 016 | 1 708 437 | 3 237 204 | 66 561 657 |

资料来源：澳门霍英东基金会。

## 二、姚美良

姚美良与其兄姚森良，皆出生于马来西亚柔佛居銮，祖籍广东大埔银江，其父即曾荣获马来西亚最高元首颁发的勋章和柔佛州苏丹殿下晋封太平局绅（J. P.）勋衔的姚永芳先生。姚森良与姚美良被喻为文化商人，两人在发展实业的同时倾力于社会文化教育事业。姚美良曾说："身为一个实业家，把发展工商实业作为自己的天职是对的，但仅有物质文明建设不够，还必须重视精神文明建设。"姚美良常说一句话："一个民族只有植根于自己的历史文化和优秀传统，才能赢得现在与将来。"为此，他再次呼吁："通过弘扬各民族的文化，通过开发后进地区，推进人类文明的发展。"①

姚美良先生身为香港南源（永芳）集团公司董事长、广东省政协委员，对中国体育事业的发展也十分关心和支持。从1989年开始，他为"走向2002年全国足球夏令营"连续3年设立"永芳杯"，对12岁年龄组球员的成长起到了重要作用。1989年5月和9月，他先后向北京亚运会捐款各20万元。1990年，他倡

---

① 杨德炼、文天：《文化商人的济世情怀》，《福建工商时报》，2000年7月25日。

议和《中国体育报》联合举办"李惠堂球王奖"评选活动，每年由广大球迷投票评选本年度最佳前锋、最佳后卫、最佳守门员各 1 名，由南源（永芳）集团公司提供奖金和奖品。[①] 从姚永芳开始，据估计，姚家在家乡的教育、文化事业及修桥造路等方面，所投下的资金达 3 亿元以上。假如没有诚挚的社会责任感，没有大彻大悟的济世情怀，尤其是对金钱超然的态度，绝不可能有如此之壮举。姚美良说，商人除了赚钱，还要懂得回馈社会，这样才能真正领悟钱的意义。他有一句口头禅："取之于民，用之于民。"这句话，也可看成是他办企业、做公益事业的座右铭。正是这样，他把捐资兴办文化教育艺术事业，作为自己义不容辞的责任。

## 三、曾宪梓

被誉为"领带大王"的香港金利来总公司原董事长、全国政协常委曾宪梓先生，凭着一颗爱国爱乡的赤子之心，为了中国体育的腾飞，倾注了他满腔热血和感情。

1977 年，曾宪梓回梅县观光，看到经过十年浩劫，"足球之乡"的足球事业遭受严重的破坏，便主动捐赠五万元给梅县体委，作为组织梅县足球队的经费，以振兴家乡的足球事业。

1983 年，梅州市三支少年足球队同时进京参加全国足球"三杯"决赛，曾宪梓听闻此喜讯，又偕霍英东、刘锦庆等赴京观战助威，以资鼓励。

1984 年元宵节，梅县强民体育会成立 55 周年庆祝大会时，再次得到以曾宪梓、刘锦庆、罗焕昌为首的华侨、港澳同胞的赞助。他们还率领香港愉园青年足球队回梅县祝贺并作比赛，并促成霍英东之子霍震霆（香港足球总会副会长）来梅，霍英东还发来了热诚的贺电。

当中国足球屡遭挫折时，曾宪梓为改变中国足球落后的现状，独资赞助举办"金利来"全国优秀队员足球邀请赛、"银利来"中国足协杯赛和"金利来"杯全国足球甲级联赛 3 项全国性足球比赛。曾宪梓先生一方面多次与旅港嘉应商会乡贤促成了国家足球队、香港愉园足球队、东升足球队来梅州市访问比赛，另一方面又促成赞助梅县青年足球队和梅州市足球队到香港参加足球比赛，以促进内

---

① 关文明：《党的改革开放政策与中国体育发展》，《广东体育史料》1995 年第 4 期。

地与香港的足球交流。

为了迅速提高梅州市足球运动水平，曾宪梓从 1986 年起，先后在梅县、兴宁县、五华县独资举办了"宪梓杯"足球邀请赛，邀请了大连队、辽宁队、天津东亚队、八一队、北京队、上海队、广东队、广州队等国内足球劲旅来梅州市进行足球技术交流，共耗资人民币 60 多万元，促进了梅州市足球运动的发展。同时，他还资助香港愉园、东升足球队访问梅州，资助梅县青年足球队与梅州市足球队出访香港，促进了梅县地区与香港足球运动的交流。[①]

此外，在全国方面，曾宪梓也赞助举办了不少足球赛并资助国家队。当中国健儿从巴塞罗那奥运会凯旋时，他拿出巨款重奖奥运会的功臣们；祖国的全运会、北京亚运会等大型比赛，他不仅在精神上予以大力支持，而且在物质上给予鼎力帮助。[②] 发展足球事业是他人生奋斗目标之一，他本人还被足球界誉为"特级球迷"。

## 四、陈远高

陈远高，别名阿荣九，字晨珠，祖籍潮州磷溪田心村，出生于泰国一个华侨家庭。1926 年回国，就读于省立韩山师范学校附属小学。1932 年，考进本校乡村师范科，后就读于汕头海滨师范学校、香港华侨学校。1937 年，参加香港、九龙学生救国赈灾会宣传工作。1938 年，进延安抗日军政大学及八路军随营学校（后改为抗大第一分校）学习，同年加入中国共产党。1939 年结业后，调八路军总司令部第三科电台及骑兵通讯队任副指导员，后在卫生部及晋冀鲁豫大军区野战医院任指导员、政治部主任。1941 年，参加了八路军总司令部直属队运动会篮球比赛，这成为他以后长期从事体育工作的契机。1948 年，任鄂东第五军分区政治部宣传科长。1949 年南下，任广州市地政局军事代表、广州市房地产管理局局长、广州市城市建设规划委员会副主任。1956 年，调任广州体育运动委员会主任。1960 年，调任广东省体育委员会副主任、主任，直至 1989 年离休。任职期间，参与了第一届至第六届全国运动会广东体育代表团的领导工作。

---

① 广东省地方史志编纂委员会编：《广东省志·体育志》，广州：广东人民出版社，2001 年，第 986 页。
② 关文明、陈琦：《华侨、华人体育的发展及其贡献》，《华南师范大学学报》（社会科学版）1995 年第 4 期。

广东体育战线在历届全运会上取得优异成绩，特别是在第五届全运会上夺得金牌数第一，在第六届全运会上夺得金牌、奖牌数，总分、破纪录和精神文明队均为第一。这些成绩的取得，都有他的一份功劳。[1] 他也是将全运会下放到地方举办，建立体育战线开拓者奖励制度和成立体育战略发展研究会的建议者。[2]

他积极支持广东省各体育场馆的建设和广州体育学院的组建，负责筹建广州市二沙头体育训练基地，使其成为培养体育名将的摇篮。他在体育改革上，竭力倡议把全运会的"冬季运动会"和"夏季运动会"分成两个独立体，分开计算成绩，并建议全运会不要固定在一个城市召开，以更好地推动体育事业的全面发展；提议设立体育干部奖励办法；倡立中国体育发展战略研究会。这些建议都得到了国家体育委员会的采纳，并在全国体育工作会议上通过，从而为促进我国体育事业发展作出了贡献。他为争取第六届全运会在广东举办做了大量的工作，促成了"六运会"主场地广州天河体育中心的建立。"六运会"期间，他负责体育服务总公司的工作，通过发行体育基金奖券、会徽、吉祥物等专利，筹集了资金近5 000万元，创造了体育社会化的成功经验。任职期间，他重视调查研究，深入实际抓典型，以点带面，先后在广东省内树起了一批"体育之乡"和基层体育先进典型，对广东省群体活动起了积极的推动作用。在训练工作上，他抓改革、抓重点，使广东体育的科学训练水平在1980年登上新的台阶。从1979年起至1983年，他连续4年获得国家体委颁发的"体育贡献奖"。正如著名散文家秦牧在其《忆陈远高》一文中所说："在这些成绩中也都注入了陈远高的一份心血。正是这位'体坛园丁'付出了辛勤的劳动，才使广东的体育事业一步步打下了坚实的基础。全国运动会从第五届起轮流在各地举行；广东承办了第六届全运会；'冬''夏'全运会分别独立计算；这些事情都是通过他的缜密思考，积极建议，终于获得中央领导同意从而实现的。对全国体育事业的推进他也自有一定的贡献。因而在他逝世之后，国家体委还颁给他一枚荣誉奖章。"[3]

陈远高在职期间，最为人所称道的是发起创办了"省港杯"足球赛。1978年，他作为中华全国体育总会广东分会主席，与香港足球总会会长霍英东、新华社香港分社总编辑李冲等共同倡议发起创办"省港杯"足球赛。这是广东省和

---

① 广州市地方志编纂委员会编：《广州市志 卷十九》，广州：广州出版社，1996年，第342页。

② 樊渝杰编：《体育人名辞典》，深圳：海天出版社，1991年，第2页。

③ 秦牧：《秦牧全集 第六卷 散文》（增订版），广州：广东教育出版社，2007年，第414页。

香港特别行政区之间的一项传统赛事，自 1979 年初开始，比赛在每年元旦前后举行，每届采用主客场赛制。当时，这项赛事是由中央政府批准、邓小平同志亲自拍板创设的，也是我国第一个地方性涉外体育竞赛，自诞生之日起就具有划时代的意义。在广东省这个改革开放的前沿阵地，"省港杯"足球赛除了加强两地的体育交流外，还对促进两地在政治、经济、文化等领域的交流起到了巨大的先锋作用。事实上，"省港杯"的职能从一开始就不仅仅停留在省港两地体育赛事的交流上，而是为省港两地各个领域的交流打开了一扇门，对加强香港同胞的归属感作出了有益贡献。

图 3－1 "省港杯"足球赛修正协议签字仪式的双方人员。前排（左起）：陈镜开、周湛枢、许晋奎、陈远高、霍英东、乔屹、李冲；后排（左起）：陈洪征、莫泽贵、魏振兰、谭寿森、陈兆禄

陈远高多次带运动队出国访问和考察，先后到过美国、苏联、法国、阿尔巴尼亚、菲律宾、泰国、新加坡、印度尼西亚、朝鲜、越南、澳大利亚、斯里兰卡等国。在亚洲棋联任职期间，他还兼任象棋推广委员会主任，为象棋运动推向世界、增进广东体育界与各国体育界的友谊及体育文化交流作出了可贵的贡献。他是亚洲象棋联合会副会长，中华全国体育总会常委，中国对外文化交流中心广东分会理事，广东省老年体育协会主席。[1]

---

[1] 陈贤武：《杰出校友风采系列 陈远高》，《韩山师范学院学报》2016 年第 6 期。

# 第二节　资助侨乡

## 一、台山

在侨乡的经济、文化发展呈现繁荣景象的同时，地方的土劣也趁机开设烟馆、赌档、妓院，从中牟利，侨属青年多受其毒害。华侨回乡，目睹子弟被糜烂腐化的生活所迷，忧心如焚，急于寻求解救之法。他们或者成立书报社、园艺班，或者开展各种文娱活动，以让子侄们免于不良嗜好。[①] 于是，当排球传入台山后，马上受到了华侨的热烈欢迎，他们通过各种渠道鼓励并资助这项新兴的体育运动。例如，端芬龙腾里美国华侨梅雨政回乡探亲，见到子侄们喜欢玩排球，甚为高兴，便捐钱在村里成立"排球体育会"。据《台山县华侨志》的记载，类似的由华侨资助成立的体育会在台山各地都有，而且有会所、有经费、有球员、有组织、有设备。

1945 年抗日战争胜利后，人民群众为胜利所振奋，加上当时出现了一个短暂的和平环境，侨汇贯通，城乡文化有所恢复，体育活动又自发地活跃起来。台山素有"排球之乡"的美称，很多热心排球运动的华侨、工商业老板出钱出力，捐款赞助排球比赛。主要由华侨赞助的仁社排球队先后获得第 15 届省运会排球比赛冠军，1948 年又代表广东省警保处参加全国警察运动大会获得冠军，同年 5 月于南京又代表中国警察队在与美国驻华军事代表队的排球比赛中获胜，赛后在上海又与苏联国家排球队比赛获胜。[②] 至此，台山排球陆续开始为全国排球运动的开展输送人才，其名声已逐渐在全国传播开来。因此可以认为，华侨华人的赞助和支持促进了台山排球竞技水平的提高，间接地促进了早期台山排球在全国影响力的形成。

改革开放以来，台山旅港旅澳同胞和海外华侨，除积极捐资兴建体育场馆便利群众进行排球活动外，还对台山各类排球竞赛活动进行支持和赞助。据不完全

---

①　刘重民：《浅谈华侨与台山侨乡文化教育的发展》，《五邑侨史》2004 年第 25 期。

②　台山县政协文史资料委员会：《台山文史　第 13 辑》，内部资料，1991 年。

统计，截至 2007 年底，广东省台山市接受有关体育的赞助达 530 万港元和 450 万元。1978 年至 1990 年底，海外乡亲捐资 2 200 多万元，兴建文化、体育、娱乐设施 284 间，总面积 88 600 多平方米。[①] 此外，侨胞还出资分别邀请台山市男、女排球队前往泰国等地访问比赛，邀请台山市体育代表团到加拿大考察，加强了与海外的球艺交流，为振兴台山市排球运动作出了积极贡献。

1980 年 6 月，端芬公社上泽片侨联会举办男子九人排球赛，开启了华侨华人赞助台山排球赛的新时代，最有影响力的莫过于加拿大籍台山市旅港同胞朱正贤（香港时富集团董事长兼总经理）、朱炳宗两位先生。朱正贤先生于 1953 年捐款港币 50 万元，兴建了一座可容上千位观众的正贤体育训练馆。1981 年，朱正贤为了把排球之乡振兴起来，在自己家乡三合镇捐资举办了"丰收杯"排球赛。[②] 1982 年开始，他将三合"丰收杯"排球赛升格为台山县"振兴杯"排球赛并每年赞助 10 万港元。该排球赛，除邀请台山各乡镇、单位球队参赛之外，全国男女甲级球队、各省市男女代表队都先后被邀请来参加过比赛，参赛队伍还包括中国女排、古巴女排、世界女排明星队等国际队伍[③]。在"振兴杯"排球赛的影响下，民办体育和华侨办体育掀起了热潮，对推动台山排球运动的发展起了很大作用。

为了给振兴台山排球创造有利条件，朱正贤又赞助港币 50 万元，兴建台山体育训练馆。台山体育馆位于台山县台城镇和平路，1953 年始建，1973 年扩建，后改名"台山县人民球场"。1984 年至 1986 年 7 月，原球场改建成体育馆，易名"台山体育馆"。馆长 60 米，宽 40 米，高 15 米，占地 2 400 平方米，建筑面积合 4 000 平方米。他又捐助看台全部玻璃钢椅，可容 3 220 余位观众就座。该馆具有多种体育竞赛与训练功能，曾先后承办全国男子排球赛。1950—1986 年该馆曾先后为国家、省、市排球队输送优秀排球运动员达 476 名。[④]

1983 年，朱正贤捐建正贤体育训练馆、健身房、乒乓球室。正贤体育训练

---

① 薛永芳：《改革开放后台山侨乡海外乡亲捐赠活动研究》，暨南大学硕士学位论文，2006 年，第 19 页。

② 薛永芳：《改革开放后台山侨乡海外乡亲捐赠活动研究》，暨南大学硕士学位论文，2006 年，第 19 页。

③ 台山市档案局（馆）编：《台山排球之乡》，内部资料，2008 年。

④ 江门市地名委员会、江门市国土局编：《江门市地名志》，广州：广东省地图出版社，1991 年，第 414 页。

馆位于台山县台城镇人民广场北侧。馆长 38 米，宽 28 米，建筑面积 1 064 平方米，可容纳 1 100 位观众。训练场地面铺垫高级木料，可供排球、篮球、乒乓球、羽毛球等球类比赛与训练。国家女子排球队与 15 个省、市排球队，加拿大、美国华人社团排球队及尼泊尔与泰国国家男女排球队曾分别在该馆进行赛事与训练活动。①

振兴排球之乡已见成效，台山排球事业蒸蒸日上。1987 年，台山县被国家体委命名为"全国体育先进县"；广东省体委批准台山成立"台山排球运动学校"。"振兴杯"排球赛除了邀请台山市（县）内各乡镇、单位球队参赛，全国男女甲级排球队都曾先后来台山参加比赛。1990 年 5 月，由朱正贤邀请，国际超级女排对抗赛在台山体育馆举行，中国女排及国际女排精英古巴队进行了激烈的角逐。2000 年全国排球甲 A 联赛于 1 月 8 日在台山体育馆首先拉开战幕。排球运动在新世纪的排球之乡继续璀璨夺目。②

1984 年，以"正贤杯"名义赞助的国家女排与古巴女排对抗赛在台山、江门两地举行。"振兴杯"的举办也得到了海内外乡亲的称赞。白沙、端芬、三合、广海、海晏、斗山等十几个区、镇的华侨华人、港澳乡亲一呼百应，纷纷捐资举办杯赛，如白沙区的"丰水杯"排球锦标赛、白沙镇的"昌明杯"赛、斗山镇的"华侨杯"赛、海晏中镇的"达贤杯"赛等。一些杯赛还逐渐形成了制度，如台山镇一级的"兴旺杯"排球赛，从 1982 年开始举办就一直未停办过。山区浮石乡，早在 20 世纪 20 年代就有"华利波"排球运动组织。旅美老队员得悉家乡举办"振兴杯"排球赛，很受启发，纷纷给家乡捐款支持开展排球活动。该乡成立了排球协会，利用华侨捐款修建球场，举办比赛。到 80 年代末，已实现了村村有球场、球队，天天有活动，节日有比赛。③

除"振兴杯"排球赛外，台城镇举办的"腾飞杯"排球赛也是由华侨华人赞助的一项重要赛事。2002 年至 2009 年，旅美乡亲朱普照、李婵娟伉俪为丰富群众春节的文化活动，连续 8 年赞助台城镇举办"腾飞杯"排球赛，累计赞助近

---

① 江门市地名委员会、江门市国土局编：《江门市地名志》，广州：广东省地图出版社，1991 年，第 414 页。

② 薛永芳：《改革开放后台山侨乡海外乡亲捐赠活动研究》，暨南大学硕士学位论文，2006 年，第 19 页。

③ 孔令建、李丽、潘兵：《五邑华侨文化对台山传统体育的影响研究》，《科技视界》2015 年第 15 期。

100 万元，对台山的排球运动发展也起到了重要的推动作用①。

在海外华侨华人赞助的排球赛事带动下，台山本地企业赞助的各类排球活动逐渐活跃起来，如每年一届的"建龙杯"九人排球联赛、"商会杯"排球赛、"粤侨杯"排球赛等。②

华侨华人除资助台山社会性的排球竞赛外，还积极支持台山学校排球运动的开展。旅澳门乡亲谭达贤先生在 1988—1991 年，不仅在台山一中捐建一座高三层的谭达贤楼，而且捐资 13 万港元作为该校排球队的训练基金和参赛经费。当球队凯旋时，他又特制一面金牌，亲自挂到教练的胸前，勉励大家要为排球之乡争光!③

## 二、其他

强民体育会会长温集祥于 1946 年到访东南亚地区，倡议成立基金筹募委员会发展家乡体育事业，侨胞刘宜应、刘家琪、李恩绅、徐育梅、李友兰、刘羡华、刘桃元等慷慨捐款 1 万港元支持强民足球队的发展；印度尼西亚华侨丘陶荣、丘佐荣兄弟于 1948 年捐款 1 万美元修建梅县体育馆。④ 中华人民共和国成立初期，侨胞徐育梅、林戴诚等向梅县足球队捐赠了足球 300 只、球衣 300 件、球鞋袜各 200 双；香港嘉属商会会长孙城曾、刘森庆也先后捐赠了学校比赛用的足球 100 只和大小银杯 20 余座。⑤

东莞市大岭镇水村籍的香港同胞黎升先生关心家乡的体育事业，发起并赞助举办"黎升杯"乒乓球赛，自 1914 年起，每年举办一届。其中 1993 年春节期间举办的赛事，参加的有工人、农民、教师和学生等，共 180 多人，黎升先生赞助

---

① 台山侨务局网：http：//wq. tsinfo. com. cn/Disp. Aspx？ID＝542&Class ID＝5。
② 马明兵、杜邦胜：《华人华侨在台山排球运动发展中的作用与思考》，《湖北师范学院学报》（自然科学版）2016 年第 2 期。
③ 台山侨务局网：http：//wq. tsinfo. com. cn/Disp. Aspx？ID＝542&Class ID＝5。
④ 张学基：《强民体育会史略》，中国人民政治协商会议广东省梅县委员会文史委员会编：《梅县文史资料 第五辑》，内部资料，1984 年，第 36 页。
⑤ 广东省《梅州市华侨志》编委会、梅州市华侨历史学会编：《梅州市华侨志》，内部资料，1984 年，第 52 页。

了 2 万元。①

在香港嘉属商会的支持下，一度中断的强民体育会得到恢复和发展。1980年 1 月，强民体育会举行成立 51 周年庆祝大会，香港嘉属商会率领足球队举行表演赛，商会会员和霍英东先生等人资助兴建了办公楼与溜冰场。② 1984 年，强民体育会举行成立 55 周年庆祝大会，香港嘉属商会刘锦庆、曾宪梓等同样到场祝贺，并资助庆典活动经费，组织足球友谊赛。③

顺德均安女篮获得了海外华侨和港澳同胞的热情支持。香港顺德联谊会副主席罗景云先生亲自担任均安女篮的名誉领队，香港顺德联谊会和均安同乡会的负责人亦大力资助均安女篮集训和参赛，包括赴新加坡等地参加国际比赛。

开平蚬冈启新体育协进会举办的具有历史传统的每年农历八月初十的球赛，于 1982 年得到了恢复。该县还从 1982 年起举办了多届"华侨杯"排球赛，经费都是由旅居海外和港澳的"启新体育协进会"老会员赞助的。有不少海外、港澳乡亲还组团回乡参加比赛、观光。1985 年 12 月至 1986 年 3 月，旅港蚬冈乡亲赞助举办第一届星球排球赛，共进行了 184 场比赛，时间之长、比赛场次和参赛人数之多前所未有。④

开平县体委、侨联组织美国、加拿大华侨和华裔夏令营，积极开展体育及"寻祖问根"活动，也促进了海内外乡亲的联系。

---

① 暨南大学华侨华人研究所、香港中文大学海外华人研究社编：《华侨华人研究　第三辑》，广州：暨南大学出版社，1995 年，第 235 页。

② 梅县地方志编纂委员会：《梅县志》，广州：广东人民出版社，1994 年，第 718 页。

③ 张学基：《强民体育会史略》，中国人民政治协商会议广东省梅县委员会文史委员会编：《梅县文史资料　第五辑》，内部资料，1984 年，第 40 页。

④ 广东省地方史志编纂委员会编：《广东省志·体育志》，广州：广东人民出版社，2001 年，第 986 页。

# 第四章　民族传统体育项目的传承

关于民俗，乌丙安教授在《中国民俗学》一书中将其定义为一种反复出现的深层次文化事象，它通过世代传袭，具有相对稳定形式，并对现实生活依旧有影响。[①] 民俗体育作为民俗的具体表现形式，其定义在国内学术界依然存在各种表述。《体育科学词典》将民俗体育定义为一种文化形态，它以体育的形式长期流传在民间民俗文化与民间生活方式中。[②] 而余万予、付秋根则认为民俗体育是一种与娱乐、表演、竞技有关的活动形式，它在民俗活动中产生，依赖民俗节日而发展，并在一定时空范围内流传。[③] 民俗体育，即民族传统体育，其传承可以分为自然传承和社会传承。民俗体育项目根植于民间，民众自然成为民俗体育的主体。

中华传统体育逐渐向华族以外扩展。华侨在侨居地与当地民族和睦相处，来往频繁，原来只有华族参加的体育活动，逐渐被侨居国的当地民族所吸收。同时，由于部分华人移居西方，华侨华人的体育活动也会逐渐被带到新的侨居国。如近年来举行的多次国际武术邀请赛和世界武术锦标赛，在欧美多国的代表队中，华人担任领队、教练居多，队员则多数是当地民族的运动员。这些华人领队、教练，大多是来自中国大陆的移民，或是原来居住在东南亚的华侨，这种情况在其他项目中也同样存在，这说明由于华侨华人的传播，中华传统体育文化正在被其他民族所吸收。

截至 2013 年，广东省共拥有 30 个国家级体育之乡，涉及的项目有 14 个：田径、篮球、风筝、游泳、龙狮、龙舟、武术、举重、漂流、跳水、足球、排球、攀岩、象棋，分别分布在东莞（6 个）、佛山（4 个）、广州（4 个）、肇庆

---

① 乌丙安：《中国民俗学》，沈阳：辽宁大学出版社，1983 年，第 6 页。
② 中国体育科学学会、香港体育学院编：《体育科学词典》，北京：高等教育出版社，2000 年，第 178 页。
③ 余万予、付秋根：《对中华民俗体育的初步研究》，第六届全国体育科学大会论文集，2000 年，第 42 页。

（2 个）、梅州等 15 个市。① 共有 10 个省级体育之乡，涉及的项目有 8 个：龙狮、龙舟、篮球、举重、排球、象棋、保龄球、足球。② 这些体育之乡不但充分体现了多样化特征，而且还注意保存了我国传统的运动项目。可以看到，广东 30 个国家级体育之乡中，有 10 个体育之乡的特色项目是起源于中国的传统民族体育项目，如风筝、龙狮、龙舟、武术、象棋等，其余的则是起源于西方的现代体育项目。

近几年，舞狮、蔡李佛拳、洪拳、布马舞、英歌、长鼓、高脚狮等分别被佛山市南海区、潮州市饶平县、揭阳普宁市、清远连南县、茂名高州市作为校本教材，在丰富体育教育内容的同时也促进和保护了民族传统体育，为民族传统体育以及农村体育的可持续发展作出了应有的贡献。③

# 第一节  武  术

武术是中国传统文化重要的组成部分。陈炎称武术这一中国元素是人文版的"四大发明"之一，它"体现了中国人特有的思维方式、行为方式及情感方式"，是"中国文化最为集中、最有特色的表现形式"④。近代以降，"欧风美雨驰而东"⑤，风吹雨打之下，中国传统武术也在进行艰难的改造与转型。而走向海外，向世界展示和传播博大精深的中华国粹，是武术现代转型的体现之一。

在"强国强种"的民族主义思潮启蒙下，人们对民族传统体育的作用和价值也愈来愈清楚，以武术为基本内容的民族传统体育被提倡。⑥ 我国著名教育家蔡元培，在全国教育会议闭幕词中即提出"要提倡国术之应用"⑦ 的主张。人民教育家陶行知在任教的学校中积极提倡武术活动，明确主张"以国术来培养健康

---

① 龚建林、廖年忠：《广东体育之乡的发展现状与对策研究》，《前沿》2013 年第 8 期。

② 廖年忠、陈琦、吕树庭、龚建林：《广东体育之乡研究》，《体育文化导刊》2010 年第 1 期。

③ 肖建忠、郭斋、许丽、叶志兵、冯培明：《广东省农村体育开展现状与发展对策》，《上海体育学院学报》2008 年第 4 期。

④ 陈静：《中国还有人文版"四大发明"——陈炎教授访谈录》，《中国社会科学报》，2009 年 9 月 17 日。

⑤ 陈天华：《警世钟》，见《陈天华集》，长沙：湖南人民出版社，1982 年，第 97 页。

⑥ 刘剑：《20 世纪 20 年代我国体育话语权诉求的历史回顾》，《体育学刊》2010 年第 7 期。

⑦ 舒新城：《近代中国教育史料》，北京：人民教育出版社，1981 年，第 172 页。

的体魄"①。不少体育界知识精英更从强健体魄的角度阐述武术的特殊作用，力图说明武术与近代体育的一致性。著名武术教育家马良先生致力于宣传武术，在全国范围内大力推广"中华新武术"②，他在《振兴武术体育之经过纪略》一文中说明提倡武术的理由，即"以振兴我国固有之武术，强种为目的"，将民众对于运动项目的喜好提升到体育话语诉求的国家意识形态层面，以激发民众对于武术的热情。19世纪20年代，我国民族体育文化思想启蒙是在近代西方体育文化霸权的危机中，以文化自省和文化自觉的方式反抗近代西方体育文化霸权，确立起寻求民族体育话语权和民族体育自治的核心概念和价值原则。

　　自古以来，岭南一带因其独有的自然优势，拥有独具特色且灿烂非凡的文化，其中最为出色的当属岭南武学文化。佛山也有很多盛行习武的武术村，南海区里水镇北沙鹤暖岗村就是杰出的代表。鹤暖岗村的闻名要从一位谭师傅说起，据说这位师傅能够力分顶牛。中华人民共和国成立前，有一次在相邻的官窑镇的耕牛市场上，有两头强悍的公牛正"顶牛"相斗得难分难解。牛市上的买卖商人们想了很多办法，如用棍撬、用火烧、用粗绳拉等，但都无济于事。正在大家一筹莫展时，一位体格强壮的中年大汉来到两只斗牛前，伸出两手分别抓住两头顶牛的牛角，大吼一声，迅速将顶牛分开，同时一个武术大"扎马"，将两头牛拉倒在地。大汉的这一举动惊呆了牛市里的所有买卖人，大家都十分钦佩这位大汉的神力。后来一打听，得知这位力分顶牛的大汉就是里水镇北沙鹤暖岗村的谭师傅。鹤暖岗村人历来崇尚习武，治安十分稳定，据说当时附近名叫"一浦二"的恶霸经过鹤暖岗村时都要绕道通过。中华人民共和国成立后，鹤暖岗村以舞狮闻名，曾在广东省醒狮锦标赛上一举夺得成人组和少年组的两项冠军。③

　　岭南武术可以说已经随华侨华人遍布海外五大洲，在海外有着深厚的文化土壤，当代也迫切需要在海外华侨华人新生一代中加强对中国武术文化的认同。人类的历史文明进程一再表明，具有稳定的与共同的心理不仅是一个群落的重要标志，更是维系一个群落的重要纽带，也是该群落生存与发展中最活跃的动因，它

---

　　① 周伟良：《浅谈民国时期我国武术活动发展的社会原因》，《体育史论集（5）》，武汉：武汉体育学院出版社，1989年，第256页。

　　② 马良：《中华北方武术体育五十年纪略》，《体育与卫生》1924年第3期。

　　③ 王俊编著：《远去的背影　文化的神韵　中国古代武术》，北京：中国商业出版社，2015年，第125页。

是时刻表现在民族和族群文化中的精神之底蕴。海外华侨华人虽然生活在另外一个文化国度里，衣食住行与岭南有所不同，但很多华侨华人依然保持着岭南家乡的风俗，如节庆日舞龙舞狮、打功夫、欣赏粤剧，其心理依然与岭南民性相近。舞龙舞狮、打功夫、粤剧艺术等岭南武术文化载体，对于保留华侨华人的族群文化心理有着重要的意义。岭南籍的海外华侨华人由于具有岭南文化同源性，因此获得了共享的岭南武术文化样式与文化认同心理，使得岭南武术在海外特定的华侨华人群体中得以历代传承，这些岭南籍的华侨华人在共同的岭南武术文化认同的情感纽带基础上表达出他们对母体岭南武术文化相对稳定、难以割舍的忠诚。①

## 一、人物

1. 叶问

叶问（1893—1972），本名叶继问，广东佛山人，是大族富家子弟。叶问从小受到家庭严谨的儒家教育，7 岁起拜"咏春拳王"梁赞的徒弟陈华顺（人称华公）为师学习咏春拳。自收叶问为徒后，陈华顺不再接受任何人士拜门学技，叶问成为陈华顺的封门弟子。华公逝世后，叶问再随师兄吴仲素钻研拳技。叶问16 岁那年，赴港求学外文，就读于圣士提反学院。后随梁壁（梁赞之子）学武。1950 年赴香港，在港九饭店职工总会内传授咏春拳术。② 其弟子中最出名的是让中国武术闻名世界的武打巨星李小龙。叶问把咏春拳推广到世界各地，故被推举为一代宗师。1972 年叶问去世后，他的儿子叶准、叶正继续向海外推广咏春拳术。目前，叶准及其门徒在世界 60 多个国家组织咏春拳会近 3 000 家。③

电影《叶问》（2008）、《叶问 2：宗师传奇》（2010）、《一代宗师》（2013）、《叶问 3》（2016）、《叶问 4：完结篇》（2019）也让更多的人了解了叶问。

2. 李小龙

李小龙（1940—1973），美国人称他为"功夫之王"，日本人称他为"武之

---

① 刘小妮、廖琼：《广东拳道》，广州：花城出版社，2015 年，第 16 页。
② 王俊编著：《远去的背影　文化的神韵　中国古代武术》，北京：中国商业出版社，2015 年，第 146 页。
③ 陆岩军编著：《走进中国文化　中国武术名家》，上海：复旦大学出版社，2015 年，第 187 页。

圣者"。李小龙原名李振藩，为美籍华人，祖籍广东佛山。他是一位武术技击家、武术哲学家、全球范围内具有影响力的著名华人武打电影演员、世界武道改革先驱者，UFC（终极格斗冠军赛）起源者、MMA（综合格斗）之父，截拳道（Jeet Kune Do）武道哲学的创立人，在全球各地具有极大影响。[1] 他对中国电影业的贡献永不磨灭，毛泽东也很喜欢看李小龙的电影。1964 年秒杀黑市拳高手弗兰克·陈，1967 年将截拳道传授给拳王阿里，1971 年秒杀泰拳王察尔·铺。

李小龙是将中国功夫传播到全世界的第一人，推动了世界武术和功夫电影的发展。他让"Kung Fu"（功夫）一词写入了英文词典。李小龙的一生是短暂的，但他创造和打破了世界纪录协会多项世界之最。他如同一颗耀眼的彗星划过国际武坛的上空，对现代搏击技术和电影表演艺术的发展作出了巨大的贡献。李小龙主演的功夫片风行海内外，功夫闻名于世。在不少外国人的心目中，他的功夫就是中国武术。他还开办"振藩国术馆"，自创截拳道。他用四部半电影缔造了不朽的东方传奇。[2]

3. 陈悦辉

印度尼西亚武术大师陈悦辉出生于武术世家，祖籍广东三水，祖父在清朝末期到印度尼西亚西加里曼丹经营农场，后来举家迁往印度尼西亚著名城市泗水。一直以来，其祖孙三代都开立武馆"尚武堂"授徒。要成为陈师傅的正式弟子，不仅要严格遵守收徒、拜师仪式，还要恪守门规。首先，陈师傅对想成为正式弟子的学员进行品质、能力等方面的考察，符合要求的"准弟子"需再由名望人士推荐，自己申请经陈师傅以及师兄们的认可后举行隆重的拜师仪式。在众多名望人士和师兄的见证下，除了要向鼻祖、师爷、师父、师娘行过三拜大礼之外，还要当众庄重宣读《拜师帖》。如陈明拜陈悦辉为师傅并表明弘扬本门武功的决心，之后，大师兄当众宣读《门规师训》，对拜师者提出入门后在尊师重道、做人做事、武德武风、刻苦练功、维护本门声誉等方面的要求，然后歃血为誓（要求师兄弟们用针头刺破中指，在碗内酒中滴血，在祖师爷面前发过誓言后，按辈分先后，一饮而尽）。最后经陈师傅以及 2 名以上有名望的见证人在《拜师帖》

① 王俊编著：《远去的背影　文化的神韵　中国古代武术》，北京：中国商业出版社，2015 年，第 145 页。

② 王俊编著：《远去的背影　文化的神韵　中国古代武术》，北京：中国商业出版社，2015 年，第 145 页。

上签字等一系列复杂手续之后，才成为正式弟子。成为正式弟子之后，在日常生活、习武过程中要按等级礼仪行事并严格遵守门规，如有违规者将按门规处置，情节严重者将被逐出师门。据陈悦辉介绍，这些纷繁复杂的仪式和门规是其祖父从中国传习过去的，除了少数违反侨居国法律规定之外，其他必须严格按门规传统行事。[①]

### 4. 黄飞鸿

在佛山，武术的兴起是由高度发达的商品经济带动起来的。伟大的武学名家黄飞鸿就诞生在这样的武术氛围中。

黄飞鸿（1847—1925），原名黄锡祥，字达云，号飞鸿，幼名飞熊。生于佛山，原籍广州府南海县西樵岭西禄舟村。他是南拳流派洪拳名家岭南武术界的一代宗师，也是一位济世为怀、救死扶伤的名医。黄麒英是黄飞鸿的父亲，也是当时名声响亮的"广东十虎"之一。黄飞鸿6岁起就跟随父亲习武，13岁在佛山卖武时，拜师少林高手铁桥三的首徒林福成，学习铁线拳、飞砣等绝技。稍后，黄飞鸿在宋辉镗处学得无影脚，武艺日臻精进。在当时饱受资本家剥削的矿工筹资帮助下，16岁的黄飞鸿在广州西关第七甫水脚开办了一家武馆，成为岭南武学中年纪最轻的一位武术教练。

黄飞鸿是清末民初有代表性的洪拳大师。黄飞鸿的洪拳，一方面由陆阿采—黄泰—黄麒英所传，学习伏虎拳以及先辈以龙、蛇、虎、豹等的象形及特性创编；另一方面由铁桥三—林福成所传，尽得铁桥三"铁线拳"的真传，又向苏乞儿学习"醉八仙掌"，创"无影脚""飞砣"等绝技。他对洪拳进行了较为全面的整理，并以飞砣入埕、采高青、五郎八卦棍、无影脚等绝技闻名，现传下的要拳术套路有工字伏虎拳、虎鹤双形拳、铁线拳、五形拳；主要器械套路有五郎八卦棍、子母刀、单刀、飞砣、行者棒、瑶家大耙、形意箫、挑等。经其门人林世荣等整理的铁线拳、工字伏虎拳、虎鹤双形拳结构新颖、动作轻快，革除了以往南派拳法沉滞狭隘、动作重复之弊病，刚柔并用，长短兼施，成为飞鸿一脉之代表拳法，为武术界独树一帜，一时风行全省，并远传至港澳、东南亚甚至北美等地，迄今历久不衰。在中华人民共和国成立后，其传下的拳术套路被列为中国高等体育院校教材内容之一。

---

① 肖建忠：《文化强国战略与华侨华人民族传统体育的发展》，《体育学刊》2014年第5期。

黄飞鸿与著名的跌打名家周雄光、苏乞儿以及李锦全等人一起被人们称为广东的"四大门槛"。在黄飞鸿的众多弟子中，以男弟子梁宽和林世荣，女弟子莫桂兰、邓秀琼等最负盛名。其他的门人，亦颇有声誉，遍布粤港澳台、东南亚各地。他生前弘扬国粹、匡扶正义、见义勇为、扶弱助贫、济世为怀，一生致力于武学和医术的研究，以发扬岭南武学和弘扬中国国粹为己任，作为武林一大典范且美名永留于后世。

## 二、蔡李佛拳

南拳是从明朝以来，流行在中国南方地区的各种拳法的总称，以广东南拳为代表。在广东南拳中，最有名的是"五大名家"——洪拳、刘拳、蔡拳、李拳、莫拳，其中的蔡拳、李拳则多传承于五邑地区。

五邑地区，泛指以今广东省江门市为首府的新会、台山、开平、恩平、鹤山五市，是中国著名侨乡。[①] 据 2006 年江门市外事侨务局统计发布的信息，祖籍五邑地区的华侨华人和港澳台同胞近 400 万，分布在全世界五大洲 107 个国家和地区。五邑地区向海外移民的历史悠久，近代因经济、战事、政治等原因去海外教拳传艺的五邑拳师数量众多。五邑地区蔡李佛拳陈享、咏春拳冯朝振、太虚拳伍德文、周家拳五虎兄弟等都有海外传拳的经历。[②] 五邑武术文化是侨乡文化的重要内容。地方拳种李家拳、蔡李佛拳、咏春拳、周家拳、太虚拳等在侨乡人民的生存、生产、生活中发挥着积极的作用。侨乡武术广传海内外，扎根于岭南广府文化、客家文化、华侨文化之中的侨乡武术文化正成为岭南武术文化的典型代表。[③]

五邑武术有"墙内开花墙外香"之说。五邑武术文化在海外大受欢迎，习武群体多而广，已经成为中国武术海外成功传播的典型范例，是独具特色的侨乡武术文化。

蔡李佛拳距今已有 170 多年的历史，由广东新会崖门镇京梅村人陈享

---

① 张国雄、刘兴郑、张运华、欧济霖：《五邑文化源流》，广州：广东高等教育出版社，1998 年，第15 页。

② 索奇山、胡小军：《广东五邑侨乡武术文化研究》，《体育文化导刊》2014 年第 9 期。

③ 索奇山、胡小军：《广东五邑侨乡武术文化研究》，《体育文化导刊》2014 年第 9 期。

（1806—1875）于清道光十六年（1836）创立。"蔡李佛拳"是南拳中的优秀拳种之一，集中了蔡、李、佛三家拳术之长，融于一体。据资料记载，蔡李佛拳的创始人陈享主要是受李家武技、蔡师之传还有族叔陈远护之教，本可以将"陈"姓加入其中，他却以"佛"代之。因为三位老师傅均为佛家弟子，计涵物之理，拳藏兵之谋，武有刚坚之嫌，不以武道和拳道命名，特借"蔡李佛"为拳来纪念蔡福、李友山、陈远护三位恩师的悉心栽培，彰显陈享尊师明理之底蕴。

蔡李佛拳融合了佛家掌法、蔡家拳短手与腿技以及李家拳的长手打法和偏身偏马步稳架大的技法而自成一派。综合三家拳术之法，使得蔡李佛流派内容丰富，拳法拳理隽永深澈。蔡李佛拳的高超技术和独特的风格与实用性，毫不动摇地成为中华武术的一大流派，风行岭南，遍及全球许多国家和地区。

五邑武坛素有"蔡李佛礼让在先，周家拳仁义远传"的说法，五邑武术名家注重武德，崇尚仁义忠勇礼。新会京梅蔡李佛拳洪圣始祖馆有对联"蔡李佛门源自始，少林嫡派是真传"，充分显示出陈享创拳而不自封、尊师重道、明礼恭让、德行为先的优良品德。1839 年，陈享携众徒参加两广总督林则徐海防水军，训练义勇水师抗击英军入侵虎门要塞。陈享的民族主义忠勇气节在反帝反封建运动中得到充分展现。[①]

清朝末年至中华人民共和国成立初期，侨乡武术文化在国内传播发展迅速。五邑武坛以李家拳成名最早，传承方式以师徒传承为主。1814 年，弟子伊基合到吴川县塘溪墟设馆收徒。1843 年，弟子林绍乾先后在高州、廉江、合浦开馆传拳。1840 年前后，弟子陈享在新会开创蔡李佛拳。[②] 随着蔡李佛拳的强势发展，李家拳逐渐淡出五邑武坛；陈享创拳初期得到了反清组织天地会的支持，蔡李佛拳在国内的传播既快又广。1854 年，蔡李佛拳馆达到 44 间，之后，陈享避难海外。1868 年，陈享返回新会京梅始祖馆，指派陈官伯、龙子才、张炎等积极拓展武馆业务，为以后蔡李佛拳的发展奠定深厚基础。

清朝末年至中华人民共和国成立初期，蔡李佛拳创始人陈享是侨乡武术文化海外传播的领路人。1856 年，陈享受反清天地会牵连逃往香港，以授武行医为业辗转于东南亚哈蒙、明古、吧城等地。1864 年前后，陈享应美国旧金山陈氏

① 索奇山、胡小军：《广东五邑侨乡武术文化研究》，《体育文化导刊》2014 年第 9 期。
② 曾昭胜、黄鉴衡、董德强、钟衍星、林翼夫：《广东武术史》，广州：广东人民出版社，1989 年，第 176 页。

联宗会邀请，前往美洲传播蔡李佛拳。1867 年，陈享花甲之年受聘香港广东会馆武术教头。陈享海外传拳 13 年，蔡李佛拳在香港、东南亚、美国等地逐渐传播开来。①

继陈享之后，咸丰年间，蔡李佛拳后辈张炎、陈盛、阮骇、雷灿等先后在香港设馆。抗日战争时期，钱维、刘彬分别在中国香港与美国旧金山市创立蔡李佛拳武馆。20 世纪 40 年代，汤锡、崔章、江安、龙子祥、陈伦、刘锦东、周庆、马恩、李秋等鸿胜馆弟子到香港教拳。

中华人民共和国成立后，五邑侨乡武术文化在海外的传播发展迅速。1965 年，关文经在新加坡创办蔡李佛鸿胜馆。1976 年，陈锦辉在委内瑞拉创办蔡李佛鸿胜馆。1978 年，关才在马来西亚设蔡李佛拳馆。据广东省武术协会统计，海外已经有 50 多个国家与地区设立蔡李佛拳功夫会，习练者达 300 多万人。②

2001 年 12 月，侨居澳大利亚的蔡李佛拳创始人陈享第五代曾孙陈永发武师率来自世界各地 13 个国家的 92 名洋弟子，到新会寻根溯源并举行国际武术交流观摩晚会等活动。③

2004 年，中国加入联合国教科文组织《保护非物质文化遗产公约》，蔡李佛拳被列入国家级非物质文化遗产名录。

## 三、精武体育会

中华武术在亚洲传播最早、最广。据东京教育大学名誉教授、日本武道学会顾问今村嘉雄先生在《中日武术交流史》中介绍，早在 4 世纪，东渡日本定居的华人给当地人民带来了武术器械的制造技术，并把中华武术流传下来。从宋代开始，华侨就把武术传播到了东南亚。④ 近现代武术，在世界的传播主要通过武术团体、国际武术交往等形式进行，其中首推精武体育会。它"从 1920 年起就走向国际，分别在新加坡、雪兰娥、吉隆坡、槟榔屿、雅加达、三宝垄、泗水、西贡、森美兰、怡保、金保、马六甲等华侨聚居较多的地方，成立了华侨精武体育

---

① 索奇山、胡小军：《广东五邑侨乡武术文化研究》，《体育文化导刊》2014 年第 9 期。
② 梅伟强：《五邑人与中国武术在海外的传播》，《五邑大学学报》2008 年第 2 期。
③ 欧济霖、陈汉忠编著：《新会华侨华人史话》，江门：中国县镇年鉴社，2004 年，第 328 页。
④ 关文明：《武术在世界的传播与发展》，《华南师范大学学报》（社会科学版）1991 年第 1 期。

会，并在当地华侨子弟学校中担任武术教学"。① "精武体育会在东南亚各国以及美、英、法、加拿大等国共有 41 个分会"②，除海外精武会体育分会外，一些到东南亚国家和欧美等国的华侨武术家也纷纷开办了武术馆和健身社，传播中华武术。此外，1921 年 3 月，上海中华武术会会员梁砥中在法国组织武术分会。南洋爪哇亦设有中华武术会分会。③

精武体育会于 1910 年 3 月由陈公哲、农劲荪、卢炜昌等人创建，是中国建立最早的民间体育社团。④ 该会高举"爱国、修身、助人、正义"的旗帜，以"提倡武术、研究体育、铸造刚毅之国民为主旨"（见《精武体育会章程》），后来还拍摄武术技术电影以推广武术。1910—1920 年间，全国各地陆续建立了精武分会。1920 年之后，精武体育会开始着手建立海外分会，受会众之重托，"会合沪总会，各派代表，分赴南洋各埠宣传"⑤。至 1923 年，"吉隆坡（已有男女两会）、星架坡、芙蓉、庇能、金保、提岸各埠"陆续建立精武分会，先后成立新加坡精武体育会、雪兰莪精武会、金宝精武会、森美兰精武会、越南精武会、槟城精武女会等。⑥

时人在一篇追溯精武历史的文章中阐述了海外分会纷纷设立的原因：

> 九年夏，乃遣派代表五人，遍游南洋群岛，而精神所到，咸受欢迎。华侨之赞助，原基于爱国之一念。盖寄人篱下，外遭异族之欺侮，内忧祖国之凌夷，有此保种救国之方，故一唱百和，影响之捷，有如桴鼓。于是定章程，谋注册，数年之间，分会先后设立者，……国外则有星家坡、芙蓉、金宝、吉隆坡、西贡、庇能等男女分会。⑦

上文所云代表五人，是指 1920 年精武体育会派陈公哲、罗啸敖、黎惠生

---

① 中华人民共和国体育运动委员会、运动技术委员会编：《中国体育史参考资料　第1辑》，北京：人民体育出版社，1957 年。

② 王德明、吴昆林：《今日精武馆》，《中国体育报》，1989 年 5 月 23 日。

③ 吴志青：《本会一年来之历史》，《武术》1921 年第 1 期。

④ 揭光泽、付爱丽：《武术文化通过华侨华人进行国际传播的历史沿革》，《体育学刊》2015 年第 4 期。

⑤ 啸傲：《广东精武四周之回顾及今后进行之计划》，《中央》1923 年第 20 期。

⑥ 黄文聪：《精武体育会的内外发展》，《体育文史》1983 年第 3 期。

⑦ 精武特刊编辑部：《精武历史》，《精武特刊》，1923 年，第 33 页。

（也作黎慧僧）、陈士超（女）、叶书田前往南洋各埠宣传精武，筹划设立海外分会。① 此次海外宣传，收效甚巨。如新加坡人沈职民受精武会宣传的影响后，首先认识到，此次精武会南游，"一言以蔽，欲传布中国式之体操于海外耳。而新嘉坡组织精武分会之问题起。余所以一再表示赞成者，即赞成此精武分会也，即赞成分会最适宜于南洋一带，不可不亟亟从事组织也"。随后他申述了成立分会的理由：一是欲变追逐游戏而为俭朴，唯有赖于精武分会耳；二是欲变夸耀嫉忌而为谦让，唯有赖精武分会耳；三是欲变族姓械争而为义侠，唯有精武分会耳。之所以如此，"无他，曾阅精武本纪及精武影画，备悉内容之组织法，相感以诚，相化以渐，唯精武会庶几具此方能力，余之决然断定南洋精武分会不可不设者，即根据于是"②。

1923 年 10 月，精武体育会组织"广高精武旅行团"，再次前往南洋，"该团此次旅行，先到星家坡，以次及南洋各属荷属爪哇，法属安南等埠"，沿途以国操以及武术改编的武化舞、剑舞等向侨胞宣传精武事业。③ 精武会在南洋，"足迹所至，莫不欢迎，故海外分会已达二十余所，会员万余人"④。30 年代后，精武会南洋海外分会日益发展，"南洋群岛精武分会，近来发展，与日俱增，成绩最佳者，为吉隆、庇能、星洲等会"，黄强亚应安顺华侨之请，特赴该埠宣传国术，并成立精武体育会安顺分会，"该地侨胞参加者殊众"⑤。除华侨集中的东南亚地区外，欧洲的荷兰、意大利等国和美国也有精武体育会会员的活动。精武会的武术通过广大华侨传遍世界的不少地方，"精武体育会成为武术向西方传播的领袖与旗帜"⑥。

精武体育会之所以能够在东南亚地区迅速发展，一个很重要的原因就是该地区居住大量华人。到 20 世纪中期，精武体育会借助华人力量向西方发展，美国、加拿大、英国、西班牙、苏联等地都出现了精武会。⑦ 据不完全统计，到 1929

①　丁守伟：《论民国武术的国际化》，《武术研究》2017 年第 5 期。
②　陈公哲：《精武会 50 年》，沈阳：春风文艺出版社，2001 年。
③　精武特刊编辑部：《广高精武旅行团出发》，《精武特刊》，1923 年，第 34 页。
④　佛山精武月刊编辑部：《上海精武体育会欢迎分会主任纪》，《佛山精武月刊》1926 年第 12 期。
⑤　精武编辑部：《南洋安顺精武近况》，《精武》1937 年第 10 期。
⑥　易剑东：《精武主义和奥林匹克主义的比较研究——19 世纪末至二战前的东、西方体育文化》，《成都体育学院学报》1997 年第 4 期。
⑦　蔡扬武：《从精武体育会看东方体育与西方体育的交汇》，《体育文史》1992 年第 12 期。

年，精武体育会已有 42 个分会，总会员数超过 40 万。[1]

广东精武体育会成立于 1919 年 4 月，是在上海中国精武体育会的影响和具体指导下，继 1918 年汉口精武会之后成立的第二个精武分会。该会从 1919 年 5 月 1 日正式接纳会员起，至 1938 年日本侵略军攻陷广州，会务停顿，历时 19 年，培养了大批武术人才，对广东地区的体育活动，特别是武术运动的开展，起了积极的推动作用。1919 年 4 月，广东精武体育会在广州海珠戏院（今人民戏院）正式宣告成立，仪式十分隆重。在广东的军政要人如莫荣新、翟汪、林虎、林森、朱执信等均到会祝贺。大会选出李福林、魏邦平、陈廉伯、简照南、杨梅宾等五人为理事，简琴石为干事长，罗啸璈为理事长。后因魏邦平离粤，简照南赴沪，改选熊长卿、郭仙洲、金曾澄、龙荣轩等递充。[2] 广东精武体育会是一个以武术为主要活动内容，同时辅以其他体育项目和文艺项目的爱国民间体育组织。与上海精武体育会一样，在灾难深重的旧中国，为了洗雪"东亚病夫"的耻辱，抱着强种强国的办会宗旨，走体育救国、振兴中华的道路。就它的组织系统而言，起初设董事部、干事部、技击部，后又增设女子部。[3]

广东精武体育会的创立对后来精武体育会在海外华侨聚居地的发展起到了关键性的作用。众多精武健儿以广东精武体育会为基地，常年奔波于海外，为团结海外华侨作出了巨大的贡献。可以说，在当时那样一个时局复杂、社会剧变的年代，精武体育会借助于体育，对整个中国社会乃至于中华民族都发挥了不可低估的振奋精神的作用，凝聚了民族自信心。不但如此，它还借助自己广泛的社会关系，积极开展各种社会公益活动。这一切都使精武体育会这样一个崛起于动荡年代的民间组织更加魅力无穷、引人入胜。[4]

中华武术的精粹在于传统武术，但传统武术的发展势头并不强劲。中国武术在国际上的发展远逊日韩。日本通过举办奥运会，把柔道争取为奥运会正式比赛项目；韩国通过举办奥运会，把跆拳道争取为奥运会正式比赛项目。历史也给了

---

[1] 张桂铭：《中国武术国际传播史研究》，济南：山东师范大学，2005 年。
[2] 郭裔、马廉祯：《从广东精武会的创办管窥民国广东武术运动的发展》，《体育文化导刊》2006 年第 8 期。
[3] 黄泽霖、李家驹：《广东精武体育会概述》，《广东体育史料》1988 年第 1 期。
[4] 郭裔、马廉祯：《从广东精武会的创办管窥民国广东武术运动的发展》，《体育文化导刊》2006 年第 8 期。

中国同样的机遇，但中国武术却无缘作为北京奥运会正式比赛项目。[1] 希望今日吾辈能更加重视我们的民族传统体育项目，将其发扬光大，彰显于世界赛场。

# 第二节　舞龙舞狮

中国是龙的故乡，我国龙文化的形成、传承、发展与创新，具有悠久的历史和深厚的文化底蕴。龙狮运动是中华民族传统的体育活动，是我国具有代表性的民俗体育项目，是中华民族灿烂文化的一部分。

舞龙（又称舞龙灯）、舞狮（又称舞狮舞）是具有一千多年历史的中国民间体育项目。每逢年节和重大喜庆日子，舞龙、舞狮都是主要的表演活动，中华民族既有"龙的传人"称誉，外国人又素以"东方雄狮"形容中国。[2] 舞龙、舞狮在东南亚一带和欧美华埠唐人街十分流行，尤以新加坡为最盛。据新加坡全国武术总会介绍，它的255个团体会员，大部分都设有舞狮队，全国平均每1万多人即有1个舞狮队。新加坡已组织过多次全国性的舞龙、舞狮比赛。新加坡舞狮的发展已超过中国，不仅节庆要舞狮，当外国贵宾来访，也常用舞狮来迎送，以至人们称新加坡为"狮城"。[3]

作为观赏性、舞蹈性较强的项目，舞狮、舞龙暂时还不可能统一规范，形成国际性的竞赛项目，但由于它的健身性和娱乐性，同样受到了不同民族的欢迎。这类项目较容易吸收当地的文化特色而自成一派。如舞狮，新加坡引进中国"北狮"后，把狮身改轻，用东南亚盛产的吕宋麻织成外壳，将本地居民所喜爱的内容融入舞蹈动作和音乐伴奏中，发展为独具一格的"星洲精武金狮"。又如他们用龙身装饰狮身，又形成了新加坡特有的"龙狮"。现在已有不少华侨侨居国使用了现代的灯光加焰火，使舞龙时的场面更为壮观，气氛更为热烈。[4]

---

① 刘小妮、廖琼：《广东拳道》，广州：花城出版社，2015年，第7页。
② 盛琦、丁志明：《中国体育风俗》，天津：天津人民出版社，1992年，第70页。
③ 蔡扬武：《华侨华人在体育传播中的作用》，《体育文史》1993年第5期。
④ 关文明、陈琦：《华侨、华人体育的发展及其贡献》，《华南师范大学学报》（社会科学版）1995年第4期。

## 一、传统

传承性是指民俗体育在发展过程中表现运动规律性的特征。对于民俗体育的存在和发展来说，这是一个具有普遍性的特征，是民俗体育时空连续、多元融合的基石。舞龙作为世代传承龙文化的事项之一，其活动亦经过了千余年的演绎。中国的舞龙历史可以追溯到秦汉时期。据文献记载，早期的舞龙多用于社稷祭祀活动，例如《春秋繁露》中记载汉代盛大的舞龙求雨祭祀活动。汉代中期舞龙运动广泛盛行，于"百戏"中亦可见，例如《西京赋》中记载的"蔓延之戏"就生动地描述了多种舞龙表演活动。[①]

荷塘纱龙源于北宋民间舞龙习俗，经过800多年的薪火传承，流行于江门五邑地区，在东南亚等华侨聚居地区也有流传。荷塘纱龙从北宋之初起源到根据日本北能舞龙的习俗改进，再到后续制作工艺改进，表演艺术的增强体现了民俗体育的传承性与变异性。广东省有着深邃的岭南民俗文化，而五邑侨乡文化又是其中一朵亮丽的奇葩。因此，加强岭南文化与五邑侨乡文化的立法工作，也是对荷塘纱龙这一民俗体育艺术珍品的有力保护。

源于中国民间的舞狮活动历史悠久，形式多样，分类繁多。按制狮质料分，有毛狮、布狮；根据狮头造型分，有木雕和竹篾扎的蚱蜢头、鲇鱼头、大头狮、鸡公狮、鸭嘴狮等；按表演方法分，有露脚狮、基脚狮、高脚狮、矮脚狮等；按形态分，有太狮和少狮；按舞法分，有文狮、武狮；按地域分为北狮和南狮。[②]"南狮"又称"雄狮""醒狮"，盛行于广东、广西以及东南亚各国，其中广东省最为流行。舞狮活动之所以有不同的分类方法，是因为它是我国民间的传统项目，当地群众会根据自己的习俗、风格改编成独具当地特色的舞狮活动。

我国民间舞狮活动主要集中在农历正月初一至正月十五，元宵节达到高潮。关于舞狮活动的起源，研究者可谓仁者见仁，智者见智。有的说在三国，有的说在南北朝，还有的说在唐代。[③] 由于该问题不在本节研究范围内，在此不展开讨论。

---

① 雷军蓉：《舞龙运动》，北京：北京体育大学出版社，2004年，第1-15页。
② 黄益苏：《龙狮表演与竞赛》，长沙：湖南文艺出版社，1999年，第133页。
③ 姜喜平：《"南狮"历史文化与发展现状的研究》，华南师范大学硕士学位论文，2007年，第8页。

关于"南狮"的起源有三种传说①：①"年"兽食青：相传在远古时期，广东一带经常发生瘟疫，伤人无数，但每次瘟疫后，便有一只神兽出现，它一出现瘟疫便很快消失了。这种神兽称为"年"，因为它对人们有很大的帮助，人们在农闲时节，便扎成它的样子配合鼓乐到各家门前舞动，日久天长，人们发现扎制的"年"兽形状像狮子，于是便将这种吉祥之物称为"醒狮"。②舞狮拜年：大概明代初年，广东佛山地区出现一头怪兽，每逢年尾岁末出现，到处糟蹋庄稼，残害百姓。后来人们扎成许多狮子并涂上各种颜色，当怪兽出现，锣鼓齐鸣，舞动狮子，怪兽见后掉头就跑。从此，当地人民认为狮子预报吉祥，家家户户都要在门上或者其他地方挂个红包，让舞狮者去取。③食青反清：由于清朝统治者迫害汉人，为表达反清情绪，民间用舞狮表演来表达反清之意。

但在《广东省志·体育志》中有这样的记载："广东舞狮是从北方的黄狮子（北狮）脱胎而来的，大体上是在五代十国之后，从中原流传到岭南地区民间的。北狮庄重雍容，依旧保留着数千年前唐代皇宫的贵族气派。南狮头上扎有一只角，威猛粗犷，讲究神似，鼓乐激昂，令人警醒，故称为醒狮。"② 在《中国抗日战争年度焦点1937—1939》一书中称广大群众反抗日本侵略者的行动为"醒狮"怒吼。可见，醒狮既指南方狮子独具特色的装饰，又暗示群众的觉醒。③

据《广东省志·体育志》记载："明代初期，佛山镇已经有专门制作舞狮和锣、鼓、钹的能工巧匠。在佛山镇附近墟集、村落，逢年过节或重大喜庆，必定出动舞狮助兴。其后，这一民间传统体育活动，逐渐遍及整个广东、广西地区。"明朝后期到清朝，随着手工业、商业的发展，佛山市民间"南狮"的种类、范围都在逐步增加。明清时期最有代表性的舞狮表演是"狮子大头佛"（取自唐代石雕狮子）。清朝光绪年间，金鱼塘武馆老教头创造了一套表演程序，整个套路均以舞蹈为主，中间夹杂着武术动作，为狮子大头佛加了双人舞、幼狮舞，显得更加活泼可爱。

佛山市民间"南狮"历史悠久，技艺精湛，神、形、态俱全，是一种优秀的民间文化艺术。南海盐步镇的狮子滚绣球、平洲电镀厂的高台梅花桩狮子采青

---

① 段全伟：《舞狮运动教程》，北京：北京体育大学出版社，2006年，第6页。

② 广东省地方史志编纂委员会编：《广东省志·体育志》，广州：广东人民出版社，2001年，第194－204页。

③ 姜喜平：《"南狮"历史文化与发展现状的研究》，华南师范大学硕士学位论文，2007年，第12页。

和狮子走钢丝表演，把传统舞法与高难度技巧相结合，创造了许多南狮高新套路。佛山醒狮先后访问过日本、泰国、土耳其、保加利亚等国，受到当地群众的热烈欢迎。①

佛山著名武师、医者黄飞鸿将民间传统艺术醒狮进行挖掘、整理，并刻苦训练，在原有的南派醒狮技艺的基础上，吸收融入武术舞狮的技艺，将高桩醒狮、民间武术梅花桩与南派民间醒狮套路相融合，并汇入当地民间风格特色，技艺高难，编排巧妙，融舞蹈、武术、杂技、力度、美学于一体，形成新一派醒狮。

黄飞鸿狮艺表演项目有传统鼓点表演，如七星鼓或三星鼓等，发展到醒狮表演如狮上高椿采蛇青、飞鸿八星阵等。② 黄飞鸿狮艺武术馆如图4-1所示。

图4-1　黄飞鸿狮艺武术馆

## 二、传承

广州是我国华侨最多的城市。③ 广大华侨、港澳同胞大力支持家乡建设，自改革开放以来，他们积极发挥桥梁和媒介作用，为广州与世界各地的经济和文化交流作出了贡献，促进了当地经济的迅速发展，为民族传统文化起了积极的推动

---

① 姜喜平：《"南狮"历史文化与发展现状的研究》，华南师范大学硕士学位论文，2007年，第29页。
② 肖东发主编，李勇编著：《少林传奇：少林功夫历史与文化》，北京：现代出版社，2015年，第163页。
③ 广东年鉴编纂委员会：《广东年鉴　2004》，广州：广东年鉴社，2004年，第54页。

作用。

1994 年，国家体育总局社会指导中心集中对舞狮运动进行挖掘整理，并于 1995 年举办了首届全国舞龙舞狮锦标赛。同年，国家颁布《全民健身计划纲要》明确规定，"在民族地区广泛开展少数民族传统体育项目为主的体育健身活动"。紧随之，国家体育总局又成立了中国龙狮运动协会。随着该协会的发展，其竞赛体制、协作方式以及发展规模已经走向了正规、完善的道路。在此之前，广东对舞狮运动也做到了较好的传承与保护。

广东省的舞狮起源于明朝末年，其初衷主要是表现尚武精神，庆祝喜庆丰收、相互勉励、驱逐邪恶等。起初，最具实力的舞狮分布于广州、佛山、遂溪、肇庆等地。随着社会生产力的发展、科技的进步，人们的生活节奏逐渐忙碌、紧凑，所以在各大庆典或者节日聚会中也逐渐淡忘了舞狮助兴的方式。《广州杂志·体育法卫生法》记载："80 年代较有名的队有广州武术协会醒狮研究会、广州武术协会醒狮团广州醒狮队、广州工人醒狮队、广州'三八'醒狮队、广州青年醒狮队等。"工人醒狮协会于 1985 年 1 月成立，是广州总工会领导的群众体育组织，总部设在工人文化宫内……按行业系统又设分会，至 1990 年底有行业系统醒狮队 46 支，会员 2 438 名。1992 年 6 月有骨干醒狮队 41 支，会员 605 人，编写世界首本《醒狮竞赛规则》。

广州工人醒狮队曾主办过第 1—4 届广州市工人醒狮比赛，第 2 届省港澳醒狮比赛，参加第 8 届亚洲乒乓球锦标赛开幕式、第 6 届全国运动会闭幕式和第 60—72 届中国出口商品交易会开幕式等，共参加舞狮表演 300 多场，曾赴中国香港、澳门和马来西亚等地区和国家进行表演，深受当地群众的喜爱。

2007 年春节期间，为丰富广州文化体育生活，弘扬中国传统文化，由广州市体育局主办的"全民健身与奥运同行龙腾狮跃闹元宵"——2007 年全国龙狮大联动暨广州市传统南狮锦标赛在广州天河体育中心南门广场举行。参加本次比赛的南狮队有 21 支，其中成年传统南狮队 17 支、成年传统南派群狮队 4 支，参赛的传统南狮总数是 40 头，他们都是来自广州市的农村基层队伍。[①]

大约在清代，东莞民间已开始盛行春节舞狮活动了。据《东莞市志》记载："新春佳节，喜庆日子，民间祭祀等重大活动，人们喜舞狮以示吉庆，祈求风调

---

① 姜喜平：《"南狮"历史文化与发展现状的研究》，华南师范大学硕士学位论文，2007 年，第 31 页。

雨顺，国泰民安。"抗日战争胜利后，东莞县的舞狮活动发展较快。每年的农历大年初一至初三，全乡千余人结队"游会"三天，舞狮为主要活动。① "文革"期间，舞狮活动被视为"四旧"而被迫停止。20 世纪 80 年代初，舞狮活动重新发展起来。1985 年东莞武术醒狮协会成立，东莞市舞狮活动进入有组织、有计划的发展阶段。

东莞市长安镇是舞狮运动发展较好的地方之一，深受广大人民喜爱。改革开放以来，东莞各乡镇每逢春节、庆典均盛行舞醒狮。"醒狮踩高桩"是东莞市石排镇明德醒狮队在"广东省南海武术醒狮"张志华教练的指导下，在广东传统醒狮采青和踩梅花桩套路的基础上发展创新的，充分发挥了醒狮道具的特有功能。②

为充分发挥华侨华人的民族传统体育文化传播作用，由我国国务院侨办主办的"中华才艺（龙舟）培训基地""中华才艺（武术·龙狮）培训基地"分别于 2010 年、2013 年正式落户华侨大学和广州暨南大学。这些基地的建立，将充分利用侨校华侨华人相对集中的优势，加强中华民族传统体育的文化传播，强化华侨华人学子对祖国的认同，将祖国传统文化带到海外，让中国民族传统体育文化在海外发扬光大。

暨南大学是中国第一所由国家创办的华侨学府，是目前全国境外生最多的大学，是国家"211 工程"重点综合性大学。它以"面向海外、面向港澳台"为办学宗旨，以弘扬"忠信笃敬、知行合一、自强不息、和而不同"的暨南精神为使命，坚持"质量是生命、创新是灵魂"的办学理念，以与时俱进，开拓创新，实现"侨校＋名校"为发展战略。因此，在暨南大学等广东省高校开展龙狮运动正是这一宗旨下的良策。

在学校领导和体育学院老师的辛勤努力下，2011 年，暨南大学向国务院侨办成功申请了"中华才艺武术龙狮培训基地"，该基地面向世界各地进行龙狮才艺的培训。2009 年 12 月，暨南大学承办了"文化中国·全球华人中华才艺龙狮大赛"，此次参赛队伍由来自日本、新加坡、马来西亚、美国、德国、英国、意大利等 16 个国家和地区的 14 支南狮队和 6 支舞龙队组成，它是经 120 个中国驻

---

① 东莞市地方志编纂委员会编：《东莞市志》，广州：广东人民出版社，1995 年，第 1227 页。
② 广东省地方史志编纂委员会编：《广东省志·体育志》，广州：广东人民出版社，2001 年，第 194 – 197 页。

外使领馆（处）和中国龙狮运动协会选拔和推荐，最终闯入决赛的。2010 年，学校建立了龙狮专业运动队，其中外招生队员占逾三成，有近 50 人，并且多次参加重大活动和省级比赛，例如：2010—2012 年参加暨南大学校运会开幕式龙狮表演；2012 年参加暨南大学建校 105 周年庆典晚会龙狮表演；2012 年 5 月暨南大学龙狮队与新加坡南洋理工大学龙狮队进行交流和学习；2012 年获得广东省传统龙狮、麒麟锦标赛男子青年组舞龙、醒狮一等奖和女子青年组舞龙二等奖；2012 年获得古镇镇粤港澳龙狮邀请赛第二名；2012 年获得广东省第十四届"体育彩票杯"龙狮大赛自选套路、规定套路女子组第二名。2012 年 9 月，学校开设了公共体育龙狮选修课，一共有 2 个班级，总共有 79 人，其中外招生占 46人；2013 年 5 月中旬，学校计划举办龙狮运动的开放日，每个学院的师生都会参与其中，并将龙狮运动作为一门新兴的课程在暨南大学公共体育课程中开设。①

2011 年，经国务院侨办领导批准，原则上同意暨南大学"中华才艺武术龙狮培训基地"第一阶段项目细化方案，基地场馆修缮及设备购置由国务院侨办补助人民币 900 万元。并且，在学校龙狮运动发展的不断壮大和成熟的过程中，2013 年，国务院侨办又补助第二批资金 400 万元进行大力支持与帮助。由于有这些资金的补助，学校开展龙狮运动的教学、训练和比赛都非常顺利和理想。

截至 2012 年，暨南大学有专业室外龙狮训练场地 2 个、专业室内龙狮训练馆 4 个，如果紧急需要还可以利用其他的体育场地，如田径场、篮球场、体育馆等。有"龙"20 余条，"狮子"40 余头，还有齐全的乐器和专业的比赛队服，学校还计划购置一套标准的高台、凳子和高桩。因此，在暨南大学开展龙狮运动，其场地和器材都是完备的。无论是学校龙狮专业队训练、公共体育龙狮选修课上课、龙狮兴趣班培训或者承办大型活动和国际龙狮比赛，都可以顺利开展。这些充裕的硬件使得龙狮运动在暨南大学全面开展起来事半功倍。②

民族传统体育的根在民间，其形成与发展都离不开当地群众的支持和喜爱，也逐渐融入到群众的生活之中，其运动特点的形成显然离不开地域文化的影响。因此，广东舞龙运动的特点能在岭南文化中找到答案实属民族传统体育的共性。岭南文化为广东舞龙运动的发展提供文化动力和素材，同时广东舞龙运动的发展

---

① 罗川、杨照萌：《广东省高校开展龙狮运动可行性研究——以暨南大学为例》，《搏击（武术科学）》2014 年第 6 期。

② 王绍杰：《吉林省普通高校开展龙狮运动的可行性研究》，《产业与科技论坛》2012 年第 21 期。

也成为岭南文化的传播载体，承载着岭南人民对美好生活的向往，并拉近了与祖国文化的距离。[①]

# 第三节　龙　舟

龙舟竞渡在战国时期已经流行于我国[②]，历时几千年而延续不断，并在古代流传到邻近各国。如今，特别是改革开放以来，龙舟竞渡更以空前的速度推向世界各地。自 1976 年开始，每年一度的香港国际龙舟赛，吸引了亚、欧、美、大洋洲的不少运动员前往参加。现在世界上有很多国家、地区组织了国内、地区内或国际的龙舟赛，如新加坡、泰国、日本、美国、澳大利亚、新西兰等，遍布五大洲。许多外国人不仅被龙舟竞渡的竞技性、娱乐性所吸引，而且对中华民族的"龙文化"加以认可和赞赏，这是中华民族对世界体育的贡献。[③]

华夏龙舟文化可谓历史悠久。早在春秋战国之时，龙舟文化就已盛行于江南吴越湘楚一带。最早记载龙舟的是《穆天子传》（前 318—前 296 年）中的"天子乘龙舟，负浮于太沼"[④]，以及《大戴礼》载"颛顼（传说中上古帝王名）乘龙游四海"[⑤]。屈原在其辞赋中也多次提到龙舟，如《九歌·东君》中"驾龙舟兮乘雷，载云旗兮委蛇"和《湘君》中"美要兮宜修，沛吾乘兮桂舟，令沅湘兮无波，使江水兮安流"，"驾飞龙兮北征，吾道兮洞庭"，"石濑濑兮浅浅，飞龙兮翩翩"，等等，所记载的龙舟多以"巡游"为主，这是否与民间"竞渡"龙舟相同则不得而知。从史书记载中我们得知，在岭南还处于"火耕水耨"的原始部落时期，湘楚大地龙舟文化就已呈一片繁荣的景象。

①　王春光：《广东舞龙文化研究》，《体育科学研究》2015 年第 1 期。

②　张建世：《中国的龙舟与竞渡》，北京：华夏出版社，1988 年，第 23 页。

③　霍丽明：《龙舟竞渡的文化内涵与时代价值初探》，《东方体育国际学术研讨会论文集》，内部资料，1992 年，第 102－105 页。

④　叶春生、罗瑞强：《顺德民俗解码》，哈尔滨：黑龙江人民出版社，2005 年，第 20 页。

⑤　《大戴礼·五帝德卷七》（文渊阁四库全书本），台北：台湾商务印书馆，1983 年，第 472 页。

## 一、东莞

在珠三角水乡，赛龙舟被称为"扒龙船"。清初著名学者屈大均在《广东新语》一书中，描述过扒龙船的场景："岁五六月间斗龙船"，主办者对全胜者"与状元标，张伎乐，簪花挂红"，龙船"得胜还埠，则广招亲朋燕饮"。龙舟竞渡作为一种竞技活动，虽然经常出现在盛大庆典和节日上，但最隆重、正规且最有传统的仍是端午节赛龙舟。每年农历四月初八，各乡镇、各村开始准备比赛。谚云："四月八，龙船挖。"即在农历四月初八举行祭拜仪式，将沉于河底的龙舟挖出，举行操练。赛龙舟的时间在农历五月初一至五月二十之间。

扒龙船可分为斗龙船和划龙船两种，前者是比赛，后者是表演。有的文献中，也把斗龙船称为竞渡，划龙船称为游龙。广东斗龙船以东莞为最，东莞斗龙船历史久远，唐代已有之。据《东莞县志》记载："海内蒲节竞渡未有逾粤莞之盛者。"屈大均《广东新语》卷十八载："广中（珠江三角洲）龙船，惟东莞最盛。自五月朔至晦（从初一到三十），乡乡有之。"清代东莞诗人罗瑞球也有描写龙舟竞渡场面的诗句："朱旗画楫蔽江下，潮走万江飞水马。"每年的东莞龙舟景，都始于"东莞龙舟第一景"的万江区。万江原名蛋家租、万江租，万江争流，历来是龙舟之乡。东莞民谚有云："初一初二，万江、西塘陂，初三初四，大汾、牛涌尾。""东莞龙舟第一景"之后，各地互让互利，定出自己的"龙舟景"日子。万江区内各村亦多举办龙舟竞渡，直至月底。①

每年五月端午前后，乡乡都有竞渡和游龙活动。在东莞土话中，竞渡被形象地叫作"扒（斗）标"——扒状元标，游龙则被叫作"趁景"。② 所谓"趁景"是一种技巧性表演，不分名次。所谓"扒（斗）标"则是有组织、有计划的龙舟夺标竞赛。比赛形式分"拉力赛""精英赛""邀请赛"等。"拉力赛"以耐力取胜，是长途赛，是体力、速度、耐力的较量；"精英赛"是实力强队比赛，分1 500米赛、1 000米赛不等，是技巧与速度的较量；"邀请赛"是以友谊赛的形式，不论强弱会聚一堂，每次都有十几到二十艘龙舟参加，数量不等，热闹非

---

① 张铁文：《东莞风情录》，广州：广东人民出版社，2015年，第417页。
② 温远辉：《文字的灵光》，兰州：敦煌文艺出版社，2016年，第149页。

凡。① 竞渡场面十分热烈，桡手着统一服饰，于锣鼓声中前俯后仰奋力划桨。人们纷纷涌向河边桥头，万人空巷，欢呼呐喊，燃放鞭炮，真可谓"急鼓千槌船竞发，万桡齐举浪低头"。获胜的一方被赏以烧猪（见图4-2）、花红、美酒，笙歌豪饮以示庆贺。②

图4-2　龙舟竞渡获胜队奖励——烧猪

图片来源：新浪新闻、《广州日报》。

## 二、五邑

五邑位于广东省中南部，珠江三角洲西侧，包括新会、台山、开平、恩平、鹤山五市区，是中国著名的华侨之乡。东邻佛山顺德、中山、珠海斗门，西接阳东、阳春，南濒南海、毗邻港澳，北与新兴、高明、南海为邻，境内大小河流纵横交错，素有岭南水乡之称。③ 宋代以前，岭南一直被视为南蛮之地，文化远远落后于中原，少有龙舟文字记载。最早记载有关五邑龙舟活动的文字是明万历《新会县志》中："端午早饮蒲艾酒，餐角黍，午后看竞渡，舟楫横江，鼓乐喧天。"④ 由此可推，早在明朝期间，五邑移民龙舟文化已经盛行。

"四月龙头随街绕，五月龙船抢大标。"五邑传统龙舟活动一般在农历四五

---

① 温远辉：《文字的灵光》，兰州：敦煌文艺出版社，2016年，第150页。

② 刘硕、费腩明、李健明、廖锡祥：《寻味顺德1　乡土之源》，广州：广东科技出版社，2016年，第13页。

③ 黄建军：《五邑龙舟文化的形成、特点与嬗变》，《体育文化导刊》2012年第5期。

④ 新会县地方志编纂委员会：《新会县志》，广州：广东人民出版社，2005年，第1053页。

月份进行，历时近一个月，整个活动过程包括"龙舟拜祭"和"龙舟竞渡"两个阶段。龙舟拜祭阶段有起龙、龙下水、龙舟宴、旺龙、采青等环节，"龙舟竞渡"分"应景""斗龙"两种形式。[1]

## 三、广州

广州增城的赛龙舟历史悠久，其中以新塘赛龙舟为盛。据《增城县志》记载，自宋朝以来即有赛龙舟："入五月则滨江村乡多备龙舟，以端午前后数日竞渡……好事者悬锦标酒食以赏胜者，旌旗招展，甚是可观。"新塘四乡的龙舟全长七丈四尺，前有威武的龙头，后有旌旗长艄；船身27栏，大鼓置于正中，两锣分置前后。划行时，一人在船头跳跃、吹哨、指挥，一人在船尾掌艄，以掌方向。两人鸣锣，两人击鼓，"咚咚锵，咚咚锵"，激动人心的锣鼓节奏带动着54名健儿的桡（桨）拍。龙舟在漫天水花中疾速前进，犹如一条出水蛟龙。现新塘赛龙舟已是一项群众十分喜爱的民间体育活动了。[2]

每年农历五月十二日是新塘赛龙舟的"旺景日"。新塘"龙船景"是广州地区最具特色的几大景之一，该地区的"龙船景"以镇内各村各具特色的"龙船景"数量多、持续时间长、规模大而闻名于广东。全镇各村将按东江潮水涨退情况，从农历五月初一至五月十八日分别举行龙舟趁景。新塘"龙船景"的习例如下：初一田心、久裕、新街、石下、沙头、瓜岭、白石、雅瑶、十字窖一带，初二下境，初三东洲、竹元、巷头，初四上基，初五大敦，初六深涌，初七下基，初八上境、基岗，初九仙村圩，初十沙角，十一休息日（原为坭紫与东莞江南景，但由于十二是新塘景，大部分的龙舟要在十一休息一天，以备在十二参加新塘龙船大景；故坭紫改为初一，江南改为初六），十二新塘（甘涌、东华、新何、群星），十三中堂，十四南岗，十五西洲，十六麻涌，十七沙村（南安、南埔、新墩），十八白江、渔村。[3]

增城龙舟比赛的场馆位于增城滨江东路，可容纳668位观众，2010年亚运龙

①　黄建军：《五邑龙舟文化的形成、特点与嬗变》，《体育文化导刊》2012年第5期。

②　史寿山主编：《北回归线大美增城：增城旅游经典解说词》，广州：暨南大学出版社，2015年，第239页。

③　史寿山主编：《北回归线大美增城：增城旅游经典解说词》，广州：暨南大学出版社，2015年，第240页。

舟赛即设在此场馆。赛场在增城雁塔大桥以南 1 800 米河段。其中，比赛水域面积 5 836 万平方米，设 6 条航道，长 1 000 米，赛场为静水水域。龙舟项目比赛设标准龙舟男子、女子组 400 米、500 米、600 米、800 米、1 000 米直道竞速等小项。亚运会结束后，增城龙舟赛场成为广州水上运动训练基地。

## 四、佛山

1984 年国家体委决定在广东佛山举行首次全国龙舟比赛——第一届"屈原杯"龙舟赛。参赛队伍来自长江以南各省，比赛使用统一龙舟、统一规则，预赛和决赛采用计时（取代传统的夺标）分胜负。[1]

2006 年 5 月，龙舟说唱被列入第一批国家级非物质文化遗产名录曲艺类，项目编号Ⅴ-31。

2009 年 5 月 31 日，国家体育总局授予佛山"中国龙舟龙狮运动名城"称号。国家体育总局社体中心主任、国际龙舟龙狮联合会秘书长胡建国当时说，继广东南海获得"中国龙舟运动之乡"，顺德荣获"全国龙舟之乡"之后，佛山市获得中国首个"中国龙舟龙狮运动名城"称号，意义重大。[2]

顺德是著名的水乡，境内水网交织，主要河道有 10 条，全长 1 268 千米，从西北流向东南，汇入珠江奔向大海。这种地理环境，使得顺德人熟习水性，也使得顺德人极为推崇龙舟竞渡之戏。

龙舟竞渡这种风俗从南越传入，广东后来居上凌驾于其他省区，而广东龙舟竞渡风气最盛之地当首推珠三角，珠三角之中又首推顺德。尤其值得一提的是，顺德龙舟队曾多次作为国家代表队参加国际比赛，并多次获得冠军称号。

龙舟竞渡的勃兴，使日渐式微的乡间草艇峰回路转。顺势而为的顺德人将它们改造成状若初月、灵巧轻快、在国际大赛上引人注目的离弦利箭。于是，顺德龙舟声誉鹊起，龙舟精神更上升为"顺德精神"[3]。

1985 年 6 月，我国成立了中国龙舟协会，这既是对民族传统项目的继承，又是改革开放后开创体育竞技项目新局面的创新。从此，龙舟竞渡这个古老的活动项目结束了"群龙无首"的局面，有了全国统一组织，有了全国统一的比赛规

---

① 冯强：《云南少数民族传统体育的系统性研究》，北京：光明日报出版社，2015 年，第 54 页。
② 吕文斐：《世界龙舟看中国 中国龙舟看佛山》，《佛山日报》，2017 年 7 月 24 日。
③ 刘硕、费牖明、李健明、廖锡祥：《寻味顺德 1 乡土之源》，广州：广东科技出版社，2016 年，第 14 页。

则和比赛器材，产生了全国的冠军队伍。1985 年 7 月，第二届"屈原杯"龙舟赛在湖北宜昌举行，并首次设立了女子项目，对破除封建迷信等旧传统观念有着特殊的意义，大大推动了我国龙舟运动的发展。1990 年后，受中国龙舟运动的影响，龙舟运动在国外也迅速发展，东南亚国家开始开展龙舟活动，现在欧洲、美洲、澳大利亚等国家和地区也都开展龙舟运动。1991 年成立了世界龙舟联合会，每两年举行一届世界龙舟锦标赛，并把竞赛用的龙舟统一为 20 人的国际标准龙舟（短龙）。我国在历届世界龙舟锦标赛都派出队伍参加并多次夺冠，为推动龙舟运动走向世界作出了应有的贡献。[1]

在全国龙舟比赛中，广东省一直榜上有名。仅以 2012 年中华龙舟大赛为例，每场比赛总成绩排前三者大多有广东队，且多有两支广东队，甚至也有全揽前三的记录（见图 4-3）。

**中华龙舟大赛**

**海南万宁站**

2012 年 2 月 22 日至 23 日在海南万宁举行。共有 16 支队伍 400 余名运动员参加比赛。

**比赛成绩**

**【男子】**

**总成绩**
1　广东顺德浪登　　　　　　26
2　星河湾名门世家九江　　　22
3　南海罗镇天龙舟俱乐部　　19

**200 米直道竞速**
1　广东顺德浪登　　　　　53.609
2　星河湾名门世家九江　　54.089
3　广东汕尾海丰仁荣　　　55.204

**500 米直道竞速**
1　广东顺德浪登　　　　　1:53.501
2　星河湾名门世家九江　　1:57.545
3　南海罗镇天龙舟俱乐部　2:01.010

**【女子】**

**总成绩**
1　星河湾名门世家九江　　　10
2　东北电力大学　　　　　　5
3　西樵　　　　　　　　　　5

**200 米直道竞速**
1　星河湾名门世家九江　　1:04.675
2　西樵　　　　　　　　　1:05.571
3　东北电力大学　　　　　1:09.422

**500 米直道竞速**
1　星河湾名门世家九江　　2:14.861
2　东北电力大学　　　　　2:22.158
3　西樵　　　　　　　　　2:23.640

**江西鄱阳站**

2012 年 5 月 4 日至 5 日在江西鄱阳湖国家湿地公园举行。共有 16 支队伍 400 余名运动员参加比赛。

**比赛成绩**

**【男子】**

**总成绩**
1　广东顺德乐从家具　　　　26
2　江苏武进太湖湾　　　　　21
3　广州白云人和　　　　　　21

**200 米直道竞速**
1　广东顺德乐从家具　　　40.736
2　广州白云人和　　　　　44.251
3　江苏武进太湖湾　　　　44.846

**500 米直道竞速**
1　广东顺德乐从家具　　　1:48.946
2　江苏武进太湖湾　　　　1:49.471
3　广州白云人和　　　　　1:53.741

**【女子】**

**总成绩**
1　星河湾名门世家九江　　　10
2　重庆合川　　　　　　　　6

**浙江温州瓯海区　　　　　　3　　　　　4**

**200 米直道竞速**
1　星河湾名门世家九江　　49.336
2　重庆合川　　　　　　　52.701
3　浙江温州瓯海区　　　　54.711

**500 米直道竞速**
1　星河湾名门世家九江　　2:03.026
2　重庆合川　　　　　　　2:10.946
3　浙江温州瓯海区　　　　2:18.706

**江阴月城站**

2012 年 6 月 22 日至 23 日在江苏江阴月城镇举行。共有 16 支队伍 400 余名运动员参加比赛。

**比赛成绩**

**【男子】**

**总成绩**
1　广东顺德乐从家具　　　　26
2　江苏武进太湖湾　　　　　22
3　广东汕尾海丰仁荣　　　　20

**200 米直道竞速**
1　广东顺德乐从家具　　　40.626
2　江苏武进太湖湾　　　　40.936
3　广东汕尾市海丰仁荣　　41.201

**500 米直道竞速**
1　广东顺德乐从家具　　　1:44.721
2　江苏武进太湖湾　　　　1:46.551
3　广东汕尾海丰仁荣　　　1:47.556

----

① 冯强：《云南少数民族传统体育的系统性研究》，北京：光明日报出版社，2015 年，第 54 页。

**【女子】**

总成绩
1 东北电力大学 10
2 北华大学 5
3 湖南汨罗屈子 5

200米直道竞速
1 东北电力大学 49.176
2 湖南汨罗屈子 50.651
3 北华大学 51.021

500米直道竞速
1 东北电力大学 2:06.281
2 北华大学 2:06.826
3 湖南汨罗屈子 2:08.021

**铜仁碧江站**

2012年7月7日至8日在贵州铜仁碧江区举行。共有16支队伍400余名运动员参加比赛。

**比赛成绩**

**【男子】**

总成绩
1 贵州麻江下司 26
2 江苏江阴协统 21
3 广东中山小榄镇 20

200米直道竞速
1 贵州麻江下司 49.482
2 江苏江阴协统 49.986
3 广东汕尾海丰仁荣 50.229

500米直道竞速
1 贵州麻江下司 1:55.596
2 广东中山小榄镇 1:58.229
3 江苏江阴协统 1:58.392

**【女子】**

总成绩
1 贵州麻江下司 10

2 重庆合川德佳 6
3 湖南汨罗屈子 4

200米直道竞速
1 贵州麻江下司 57.675
2 重庆合川德佳 59.308
3 湖南汨罗屈子 1:01.974

500米直道竞速
1 贵州麻江下司 2:13.564
2 重庆合川德佳 2:16.647
3 湖南汨罗屈子 2:22.530

**温州站**

2012年11月17日至18日在浙江温州鹿城区举行。共有16支队伍400余名运动员参加比赛。

**比赛成绩**

**【男子】**

总成绩
1 贵州麻江 24
2 广东顺德 21
3 佛山丹灶 19

200米直道竞速
1 广东顺德 43.383
2 贵州麻江 45.759
3 温州华侨 46.523

500米直道竞速
1 贵州麻江 1:50.793
2 佛山丹灶 1:51.543
3 江苏武进 1:51.823

**【女子】**

总成绩
1 广东九江 10
2 广东东晖 6
3 温州瓯龙 4

200米直道竞速
1 广东九江 51.575

2 广东东晖 52.979
3 温州瓯龙 54.412

500米直道竞速
1 广东九江 2:02.658
2 广东东晖 2:05.311
3 温州瓯龙 2:09.871

**南海丹灶站（总决赛）**

2012年12月15日至16日在广东佛山南海区丹灶镇举行。共有16（男12、女4）支队伍420余名运动员参加比赛。

**比赛成绩**

**【男子】**

总成绩
1 广东顺德 24
2 贵州麻江 23
3 佛山丹灶 19

200米直道竞速
1 广东顺德 39.797
2 广东九江 42.616
3 贵州麻江 42.980

500米直道竞速
1 贵州麻江 1:50.266
2 广东顺德 1:50.759
3 佛山丹灶 1:51.726

**【女子】**

总成绩
1 广东九江 10
2 湖南五祥 6
3 汕尾仁荣 4

200米直道竞速
1 广东九江 48.959
2 湖南五祥 49.989
3 汕尾仁荣 51.919

500米直道竞速

**1002 竞赛**

1 广东九江 2:05.355
2 湖南五祥 2:07.304
3 汕尾仁荣 2:12.837

**图4-3 2012年中华龙舟大赛成绩情况**

图片来源：国家体育总局主管，国家体育总局体育文化发展中心主办：《中国体育年鉴2013》，北京：中国体育年鉴社，2014年，第1000-1002页。

# 第五章　现代竞技体育项目的引入与发展

　　地方的特色运动项目产生、发展，与它们各自的自然环境和社会人文环境紧密相关，两种环境可为体育运动提供赖以生存的良好硬环境和软环境。[①] 广东地处我国大陆南部，东南部近海，西北部靠山。东南部地区水资源丰富的区位优势，为这些地区水上运动项目的产生和发展奠定了良好的物质基础，如湛江的跳水和龙舟、汕头的游泳等。处于广东北部丘陵山地的梅县是历史上客家民系的形成地、聚居地和繁衍地，蕴含着丰富的客家文化精髓。客家文化"海纳百川，有容乃大"的包容性、开放性这一特点，使得来自西方文明的现代足球运动在梅州蓬勃发展。广州自古就是我国与世界经济政治文化交往的前沿中心城市，许多外国使节、商人和传教士把产生于西方的现代体育运动带入中国，有些运动项目为人们所喜爱而发展起来，如羽毛球运动。

　　民众在运动项目的选择上，都偏向自己家乡的特色体育项目。很多人表示，从小就耳闻目睹这些运动，无形之中就建立起了运动情结，进而顺理成章加入该项运动并伴随一生。具备良好的物质基础和优良体育传统的体育之乡，必定会潜移默化地影响当地一代又一代人的体育价值观念、体育态度、体育运动兴趣和爱好，推动体育运动不断普及，促进体育社会化发展，增加体育人口。同时，由于体育之乡具有良好的体育运动社会氛围和风气，所以，即使走出校门的社会青年也能在社区、家庭、单位等生活和工作环境中找到体育的归宿，继续从事运动和锻炼，延续从学校到社会的体育运动和锻炼历程，避免离开学校即停止锻炼的情形发生。在学校培养的体育运动兴趣爱好和锻炼习惯能够贯穿终生，有利于终身体育的发展。

　　一方水土养育一方人，同样，一方水土也孕育了一个地方特色的运动项目。如广东中山被称为"体育之乡"，台山被称为"排球之乡"，梅县被称为"足球

---

[①]　廖年忠、陈琦、吕树庭、龚建林：《广东体育之乡研究》，《体育文化导刊》2010 年第 1 期。

之乡"，东莞被称为"游泳之乡"和"举重之乡"。能够因某项运动被评为体育之乡，该项运动必定不仅具有较高的竞技水平，也是当地人们喜闻乐见且极其普及的体育项目，具有坚实的群众运动基础，并为地区或国家的体育事业作出了突出贡献。反之，体育之乡的荣誉，又促进了当地人对该项运动更高程度的认同，产生以此为荣的自豪感，激励更多的市民投入到此项运动中来，进一步推动该项体育运动的发展，形成良性互动，互相促进。[1] 可以想象，广东体育之乡如排球之乡、武术之乡、羽毛球之乡、游泳之乡、足球之乡等的良好发展，必定会推动广东排球、武术、羽毛球、游泳、足球等运动的进一步普及和蓬勃发展。

国家体育总局 2004 年《体育事业统计年鉴》资料显示，广东省在游泳、跳水、体操、帆船、帆板、篮球、乒乓球、羽毛球、技巧等项目上与其他主要省（市）相比较，竞技体育后备人才的数量和等级运动员数量具有一定优势[2]，说明广东省的体育后备人才培养在这些项目上与其体育之乡的传统优势项目有密切关系。体育之乡发展得好，出成绩、出人才，广东省就能在这些项目上保持优势。

回顾广东竞技体育发展的历程，许多竞技体育人才都来自广东体育之乡。广东省有占全国一半的体育之乡，几乎每个体育之乡都曾培养出响当当的竞技人才。如"举重之乡"石龙培养的世界冠军有陈镜开、叶浩波、何星辉、曾国强、赖润明、史丽华等；"羽毛球之乡"广州培养的世界冠军有吴迪西、关渭贞、林燕芬、劳玉晶、杨维、张洁雯、余锦豪、谢杏芳、钟倩欣、王睁茗等；"游泳之乡"汕头培养的全国冠军和世界冠军有郑国存、吴纯兰、尹君等，还涌现出李宏平、李德亮、李巧贤、孙淑伟、蔡玉燕、胡佳等世界跳水冠军；"足球之乡"梅县培养的有"亚洲球王"李惠堂以及曾雪麟、蔡锦标、谢育新、伍文兵等足球名人；"篮球之乡"东莞培养的篮球明星有易建联、杜锋、朱芳雨、王仕鹏等。体育之乡的蓬勃发展，奠定了雄厚的群众基础，造就了顶尖的运动员，为广东和国家培养了大量的杰出人才。广东竞技体育之所以实现了跨越式发展，在全国名列前茅，成为我国竞技体育队伍中的一支主力军，并提升了广东省竞技体育队伍对我国体育代表团在奥运会等国际大赛中取得的成绩的贡献力，一个重要因素就在于众多广东体育之乡储备和培养了一批杰出人才。

---

① 廖年忠、陈琦、吕树庭、龚建林：《广东体育之乡研究》，《体育文化导刊》2010 年第 1 期。
② 陈立农：《广东省竞技体育可持续发展战略研究》，《广州体育学院学报》2008 年第 6 期。

竞技运动具有很强的信息功能，其辐射能力特别强，能穿透国界，也能影响侨居国人际关系的变化，影响人的社会地位的升沉。对旅居海外的华侨华人来说，竞技体育自然而然地与他们存在着密不可分的联系。资助体育，帮助引进运动人才，甚至回归祖国，献身于竞技场，为祖国建立功勋，逐渐成为华侨华人社会的人心所向。①

海外华侨华人作为一个特殊的群体，对传播中西方体育文化，弘扬中华民族传统体育，对中国乃至世界体育事业的发展和促进人类和平作出了不可磨灭的贡献。这几十年来，优秀运动员勇攀高峰、为国争光的精神，在华侨华人社会更引起了强烈的共鸣，竞技运动的精神功能日益突出，从而又进一步激发了华侨华人的爱国之情，日益扩大其资助。更为重要的是，他们为祖国引进了开放式公平竞技的理念。② 传统的中国，几千年来一直处于极度不平等的封建社会，严格的等级观念也严重影响着体育竞技活动，而华侨华人在比赛和训练过程中所体现的现代体育开放式的，公平、公开、公正的竞技理念，为中国体育事业的发展注入了新鲜血液，使中国体育竞技进入了一个新的时代。

# 第一节　粤港体育交流与体育教育

香港的近代体育水平较高，对内地，尤其对毗邻香港的广东影响颇大。例如，香港南华足球会（南华体育会前身）早在清末的 1910 年就代表华南地区参加在南京举行的第一届全国运动会，在决赛中以 1∶0 战胜华东队，荣获第一个全国足球比赛冠军。1933 年，以南华体育会为主体的香港队又荣获全国第六届全运会足球比赛冠军。南华体育会还先后在 1917 年、1921 年和 1925 年分别参加第六届、第八届、第九届全国广东省运动会足球比赛，均技压群雄，夺得桂冠。与香港仅有一河之隔的广东，其现代足球运动在全国占有一席之地，与香港特别是南华体育会的影响有颇大的关系。此外，第一任国家乒乓球队教练、中华全国体育总会副主席、广州体育学院教授梁焯辉，广东省体委副主任、广东省篮球协

---

①　孝尧：《华侨华人支助祖国体育运动的动因探索》，《福建体育科技》1995 年第 1 期。

②　罗俊翀：《华侨华人对中国体育进步和竞技理念传播的贡献》，《八桂侨刊》2004 年第 4 期。

会主席卢动，第一代国家乒乓球队队员、广州体育学院小球教研室主任冯国浩，培养出打破蛙泳世界纪录的莫国雄的广州体院游泳教师黄焯荣等，就是在中华人民共和国成立前夕从香港回广州的。①

20 世纪 50 年代至 60 年代初，香港与广东的体育文化交流甚为密切，特别是体育人才的回归更为突出。例如，我国第一个世界冠军乒乓球运动员容国团，我国第一个打破游泳世界纪录的戚烈云，曾加盟国家女子篮球队并担任队长、领队等职务的李丹扬、彭家颐、杨洁，国家女篮首任教练吴宣昭，原广东足球队主力罗荣满、张植元、罗北、李锦根等，都是 20 世纪 50 年代从香港回广东，为广东以至中国体育事业作出了历史性的贡献。60 年代初期，香港体育界爱国之士不顾西方制裁、威胁，毅然组织运动队到广东以及内地其他地方进行访问比赛。最早前来比赛的是霍英东先生组织的香港"同章"足球队。

从 1978 年起，粤港体育文化交流更有了新的发展。1979 年开始，每年元旦与春节期间，粤港足球队在广州和香港都要举行引人注目的省港杯足球比赛，至 2019 年 1 月已连续举办了 41 届。此外，粤港的田径、游泳、体操、乒乓球、棒球、垒球等项运动队和大、中学体育代表队的互访，以及体育科研的交流、合作，随着香港回归日益临近而更加频繁。光是 1996 年，广东省体委派遣访问团队就达 24 次、157 人次；而香港来广东交流的体育团队，则大大超过广东派出的数字。②

图 5 - 1　2018 年 12 月 27 日上午，第 41 届省港杯足球赛第一回合比赛新闻发布会在广州举行。比赛首回合于 2019 年 1 月 6 日下午 3 点 30 分，在广东省人民体育场进行

图片来源：搜狐体育—射门中国。

---

① 广州市文史研究馆编，关文明、李娜著：《回归前后的粤港体育文化交流》，《文史纵横》2007 年第 3 期。

② 广州市文史研究馆编，关文明、李娜著：《回归前后的粤港体育文化交流》，《文史纵横》2007 年第 3 期。

1997 年 7 月 1 日香港回归祖国后，香港体育政策由特区政府自行制定，香港体育机构与广东体育机构间本着《基本法》中所确立的"互不隶属，互不干涉，互相尊重"的原则发展关系。香港回归后，粤港体育文化交流有如下特点：[①]

第一，两地交流，互补性强。总的来说，广东的整体体育实力要强于香港，因而广东可以向香港支援运动人才，提供训练上的帮助，如广东著名足球运动员、原"国脚"吴群立及何佳加盟香港足球队，广东优秀乒乓球运动员、原"国手"陈江华及李静分别担任香港男子乒乓球队主教练和主力队员等，都有助于香港在回归后的竞技运动实力的提升。香港的社会体育开展较好，在设施条件和经营管理方面有许多值得广东借鉴的经验。因此，广东与香港的体育文化，诸如体育科技、运动技术、体育经济都存在互补性，这促进了粤港两地体育的共同繁荣。

第二，项目增多，范围更广。香港回归后，粤港体育文化交流的项目增多，除互访、比赛外，还有观摩讲学、人员交流、协助训练、科技合作、产品展销等。粤港埠际赛，也在回归后增加了省港杯男子手球赛（首届比赛 1998 年）、省港杯女子曲棍球赛（首届比赛 1998 年）、粤港澳田径埠际赛（首届比赛 2000年）。有的比赛项目如独木舟（皮划艇），还在 1999 年发展为广东、香港、澳门、台湾四角赛（粤港澳台青年独木舟埠际赛）。

第三，共同训练，亲密无间。香港回归后，粤港两地体育交流更为频繁，关系更为密切。例如，广东乒乓球队从 1998 年起，连续 4 年应邀赴港共同训练，广东体操队、击剑队、游泳队、水球队队伍也曾多次赴港进行共同训练、比赛。而香港射击队、武术队、羽毛球队、跳水队等队伍则多次来广州与广东队或广州队进行共同训练。2001 年，第九届全国运动会在广州召开，香港派出庞大的体育代表团参赛。在赛前，香港多个运动队代表更是提前来广东进行集训和访问比赛，无疑更加深了粤港体育文化交流的广度和深度。

一大批从事体育教育的归侨，如曾任广州市体育馆业余体校羽毛球队教练的广州市政协副主席傅汉洵高级教练，曾任广东手球队教练的广州体育学院谭华俊教授，华南师范大学体育系主任何冠英副教授、系副主任李士杰副教授、球类教

---

① 广州市文史研究馆编，关文明、李娜著：《回归前后的粤港体育文化交流》，《文史纵横》2007 年第 3 期。

研室主任李开颖教授等，他们回国后，努力拼搏，为祖国培养大批体育人才并争得了诸多荣誉。

卢动（1915—　），字兆成，东莞东坑塘唇村人。中华人民共和国成立初期任广东省体委副主任、中华全国体总广东分会副主席、广东省篮球协会主席。1935年参加广州救亡工作者协会的领导工作，曾代表广州学生向西南行署主任李宗仁请愿，要求抗日救国。1938年随广州大学迁往香港。

在港读书期间，其发起组织青年进步团体"红红歌咏团"，任团长，向广大青年学生宣传抗日。该团体后来发展成为中共领导香港青年运动的中坚力量。1941年加入中国共产党，任中共香港市委青委书记。1942年返回内地，任中共东莞一线后方县委委员、宣传部长。中共东莞一、二线县委撤销后，调往东坑工作，把广英、和贵、长安塘三所小学合办成东坑小学，并任校长。后因暴露活动离开东坑，再赴香港。1946年创办香港香岛中学，任校长。1950年1月，被港英当局驱逐出境。1950—1955年，在广州任广雅中学校长。在全省中学中首先建立教研组等制度，在体育科实行"二级劳卫制"，使该校升学率达到百分之百。[1]

卢动不愧为一名体育活动家。他于1955年调任广东省体委副主任，随后兼任广州体育学院副院长、中国游泳协会以及中华全国体育总会广东分会副主席，广东省体育科学学会理事会理事长，篮球协会主席。曾先后带领中国游泳队、中国体操队、中国广州、长春男子女子篮球队出国访问比赛。1978年7月，其作为中国中学生体育代表团团长，率队参加在土耳其举行的世界中学生运动会。各项比赛都取得了可喜的成绩，为祖国争了光。

---

① 中共广东省东莞市委党史研究室主编：《东莞抗日实录》，北京：中共党史出版社，2006年，第511页。

图 5 - 2　雅加达第一届新兴力量运动会跳水比赛的中国跳水队代表，领队卢动（左四）

图片来源：《广东体育精英大观》编委会编：《广东体育精英大观（1953—1990)》，2008年，第 194 页。

# 第二节　乒乓球

广东乒乓球运动，始于清朝末年，主要是在外国教会办的学校里开展。广州真光、培英、培正书院就是广东最早开展乒乓球活动的学校。光绪三十二年（1906），南武公学校长何剑吴（番禺县人，于香港皇仁书院毕业），在课外活动中积极倡导开展乒乓球等项活动，给非教会学校作出了榜样。民国五年（1916），广州基督教青年会（简称"青年会"）健身房落成后，常组织在校学生和社会青年参加乒乓球学习班或比赛。青年会体育干事许民辉曾负责乒乓球学习班和比赛工作。[1]

民国八年（1919），开平县第一中学已有乒乓球活动。至 1926 年，该县 135间私立完全小学、54 间公立初级小学均已有了乒乓球台等设备。20 世纪 20 年代，乒乓球传入澄海县的一批中小学，该县苏南的篮花乡青年还成立了"芒星三

---

[1]　广东省地方史志编纂委员会编：《广东省志·体育志》，广州：广东人民出版社，2001 年，第 359 页。

球"（篮、排、乒乓球）组织。1936 年，澄城石狮祠、陈厝祠先后成立了"航空乒乓球队""抱邑乒乓球队"，队员数十，多是学生。①

1928 年，广东省第十一届运动会设乒乓球表演。1933 年，第十二届省运会首设乒乓球比赛，设男子和女子团体两大项，参加省运会比赛的有男子 26 个队，女子 9 个队；参加县联赛的有男子 6 个队，女子 5 个队。1931 年，广州市体育委员会举办乒乓球赛，中山大学黎淑琪、省立女子师范学校金玉英分别获得男、女单打冠军。同年 4 月，广州市教育局举办全市学校乒乓球赛，钟振声、朱素兰分别获得男、女单打冠军。此外广州还先后举办过"瑞元杯""秀侠杯""青年杯""九九杯"等比赛。1932 年，新会县民众教育馆举办乒乓球赛。1937 年，开平县举办乒乓球选拔赛，有 17 个单位 300 多人参赛，选出 8 人参加第十四届省运会。②

20 世纪 30 年代，省港澳乒乓球界交往日渐活跃。据香港《南华体育会两年（1930 年、1931 年）工作》记载，该会乒乓球队曾到广州，与东方、怡和、强华体育会及番禺师范、公评报、志强、粤华、正中、上海粤华、孔圣会、中南会、香师、海军等乒乓球队作友谊赛。1932 年，广州市小学教师乒乓球联队赴港，与南华会、励中、拔萃等乒乓球队作友谊赛。同年 4 月 25 日，广州市国民体育会男、女乒乓球队（与足球队同行）赴澳门访问。1947—1948 年间，上海"三剑客"傅其芳、薛绪初、陆汉俊与羊城"五虎将"梁焯辉、冯国浩、余祖晃、胡启基、钟恩荣在香港争雄。以后，穗、沪、港之间的球队常接触，促进了广东乒乓球运动的发展。③

1952 年 10 月，在北京举行的中华人民共和国成立后的第一次全国乒乓球比赛大会上，广东姜永宁、冯国浩代表中南区分别获得男子单打第一、第二名。比赛后，中央体委集训队第一批国手中，有广东的姜永宁、冯国浩、岑淮光、李仁苏、梁焯辉任教练。1953 年 3 月，该队参加在罗马尼亚举行的第二十届世界锦标赛，获团体第十名。

1954 年，广州市体委以中南体育学院竞技指导科白队名义设立广州市乒乓球队，运动员有邱文岭、庄家富、李仁苏、梁志涛、蔡明枢和女队员王伟颐、庞

---

① 广东省地方史志编纂委员会编：《广东省志·体育志》，广州：广东人民出版社，2001 年，第 359 页。
② 广东省地方史志编纂委员会编：《广东省志·体育志》，广州：广东人民出版社，2001 年，第 359 页。
③ 广东省地方史志编纂委员会编：《广东省志·体育志》，广州：广东人民出版社，2001 年，第 360 页。

娴、何淑冰、胡克明、华胄等，冯国浩任教练。1956 年，香港乒乓球手容国团、林金源、杜国瑞（女）加盟，大大增强了市队实力。同年，乒乓球队由越秀山仲元图书馆迁二沙头体育俱乐部训练。[①]

　　成绩斐然的广东乒乓球运动，自然离不开广大粤侨的参与和支持。出生在香港的侨眷容国团，在 1959 年第 25 届世界乒乓球锦标赛中为我国夺得第一个世界冠军。50 年代的羽毛球世界冠军侯加昌、汤仙虎、陈玉娘、梁秋霞，60 年代著名女子单打、双打及混双乒乓球世界冠军林慧卿等，都是为祖国赢得荣誉的优秀归侨运动员。[②] 曾培养过容国团、胡克明、梁丽珍等著名运动员的第一代乒乓国手冯国浩和培养出吴迪西、关渭贞、劳玉晶、林燕芬等世界冠军的广州市羽毛球女子队主教练曾秀英，都是马来西亚归侨。[③]

## 一、梁焯辉

　　梁焯辉（1921—1999），祖籍广东省新会县（今新会市）小岗乡牙前，生于广州。曾任第五届全国政协委员、中华全国体育总会副主席、中国乒乓球协会副主席、中国体育科学学会名誉理事、广东省体育科学协会委员等职。梁焯辉从小酷爱乒乓球运动，基本功扎实，10 岁时曾获广州儿童组乒乓球赛冠军。1938 年迁居香港。1940 年在香港"乒协"举办的乒乓球公开赛中，先后获男团、男单冠军。习惯直拍，技术全面，能攻善守，其反手攻球被球迷誉为"霸王拔剑"。抗战胜利后，回到广州，常与乒乓球好手一起打球，共研球技，勤学苦练，技术不断提高。他与冯国浩、余祖冕、胡肇基、钟思荣曾代表"医药联合会"参加广州青年杯乒乓球锦标赛获冠军，成为省港乒坛显赫人物，被称为"羊城五虎将"。[④]

　　20 世纪 20 年代到 40 年代，乒乓球运动在中国并不普及。广州、香港、上海三地和东北地区凭着地理优势，得领这项西方体育运动风气之先。因而广东省选

---

　　① 广东省地方史志编纂委员会编：《广东省志·体育志》，广州：广东人民出版社，2001 年，第 360 页。

　　② 关文明、陈琦：《华侨、华人体育的发展及其贡献》，《华南师范大学学报》（社会科学版）1995 年第 4 期。

　　③ 郑志刚、关文明：《华侨、港澳同胞与中国体育事业的发展》，《体育学刊》2008 年第 5 期。

　　④ 《广东省志》编纂委员会编：《广东省志（1979—2000）　32　人物卷》，北京：方志出版社，2014 年，第 379 页。

手在中南区选拔赛中，所向披靡，夺得了大部分的代表名额。梁焯辉从广州队的"临时教练"逐渐变成广东、中南的"固定教练"，准备北京的全国乒乓球赛。来自香港的梁焯辉和姜永宁（擅长直拍削球打法，史无前例）经此一役，名声大噪。由于球队成绩优异，1953 年，梁焯辉被调入国家乒乓球队担任第一任教练。与同事经过几年共同努力后，国家乒乓球队进步很快——1961 年，在北京举行的第 26 届世界乒乓球锦标赛上，中国乒乓球队一举夺得男团、男单和女单 3 项冠军，获得历史性的突破。为此，国家体育运动委员会颁发给他特等功奖状、体育运动荣誉奖章。

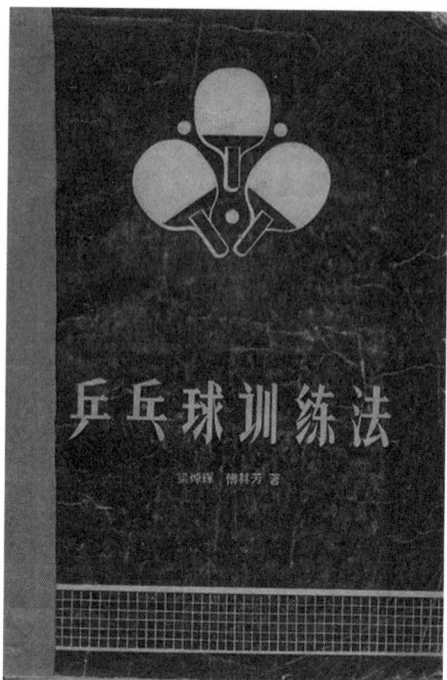

图 5 - 3　梁焯辉与傅其芳合著的《乒乓球训练法》

　　1964 年，梁焯辉调北京体育学院任教。1973 年调到国家体委体育研究所，1978 年任第五届全国政协委员，1979 年被选为中华全国体育总会副主席，1980 年任球类研究室主任、研究员。[1] 1983 年 5 月，任国家体育运动委员会科研所球类训练研究室主任。他对专项学术有较强的造诣，曾编写《乒乓球讲义》8 册及《优秀乒乓球选手技术图解》；与徐寅生、李富荣等 10 人合著的《现代乒乓球技术的研究》，获 1982 年国家体委科技成果奖二等奖和全国优秀图书奖二等奖；与傅其芳合著的《乒乓球训练法》（见图 5 - 3）和与吴照群、丘钟惠合著的《乒乓球打法与技术》，均获 1987 年全国科技大会重大科技项目奖。1989 年荣获"建国 40 年来杰出教练员"称号，1997 年 11 月获国际乒联颁发的"特殊贡献奖"。曾荣获国家体委颁发的体育运动荣誉奖章。[2] 1999 年 7 月 12 日，在广州逝世。

---

① 任锡训：《中外体育名人大辞典》，北京：警官教育出版社，1995 年，第 328 页。
② 《广东省志》编纂委员会编：《广东省志（1979—2000）　32　人物卷》，北京：方志出版社，2014 年，第 380 页。

## 二、容国团

### 容国团战胜别尔切克的秘诀（节选）[1]

容国团所以能击败欧洲冠军别尔切克，除了具有高度的责任心和顽强的斗志外，在很大程度上取决于战术的变化。他在北京和别尔切克进行第一次比赛，由于过多地运用搓抽的战术，使素善防守的别尔切克发挥了他的旋转削球的作用，而造成了自己起板进攻的困难。但在广州市第一场比赛中，他总结了上次失败的经验，而改用以拉抽为主，搓抽为辅的打法，并配合多样化的发球，争取猛攻的机会。这就使对方既要高防猛攻，又怕短球，不能不急于采取加转或反攻形成了不稳和自杀。

——《人民日报》，1958 年 5 月 22 日

容国团（1937—1968），汉族，祖籍珠海，出生于香港。著名乒乓球运动员，国家运动健将，是我国体坛一位里程碑式人物。

容国团自幼酷爱乒乓球运动，5 岁时得到爱好乒乓球运动的舅父的启蒙，[2]入学甄贤学校后，成了同辈们公认的"打不败的台主"。[3] 15 岁，容国团辍学成了一家渔行的童工。1956 年，他得到了香港海员工会俱乐部练球的机会，不久又调到"工联康乐馆"进行较系统的乒乓球训练，球技进步很快。他有天赋却更刻苦，所有的业余时间都用在练球和钻研球技上。他创立了乒乓球最重要的四个法门：发球、接发球、左推、右扫。时至当今世界乒坛上，很多中国名将变幻莫测的发球招数，都是打从他那时开始研发出来的。

在此期间，他多次参加爱国工会组织的工人体育团体回内地访问比赛。[4]

---

①　中国人民政治协商会议珠海市委员会、文史资料研究委员会编：《珠海文史　第 6 辑　容国团资料汇编》，内部资料，1987 年，第 142 页。

②　刘国新、贺耀敏、刘晓、武力主编：《中华人民共和国史长编　第 7 卷　人物卷》，天津：天津人民出版社，2010 年，第 253 页。

③　徐国利主编：《旭日东升时代先锋的童年故事》，合肥：安徽少年儿童出版社，2011 年，第 217 页。

④　刘国新、贺耀敏、刘晓、武力主编：《中华人民共和国史长编　第 7 卷　人物卷》，天津：天津人民出版社，2010 年，第 253 页。

1954 年，16 岁的容国团因参加庆祝国庆的乒乓球表演赛，被认英国为祖国的老板逼写悔过书，他毫不示弱地回答："爱国无罪，不能写悔过书。"17 岁那年，容国团夺得了香港乒乓球锦标赛的两项冠军。1957 年，他代表公民队参加香港乒乓球埠际赛，一举夺得了男子团体、双打、单打 3 项冠军，创下香港乒坛纪录。19 岁的容国团又以顽强的毅力，打败了第 23 届世乒赛冠军，即日本的荻村伊智朗，由此在香港名声大噪。港英政府曾高薪聘请他去英国打球，但被他拒绝了。据容国团的妻子黄秀珍回忆说："当时的香港社会跟内地社会相比，他总感觉内地是重视人才、重视培养的。他只有在这样的环境中技术才能很好发挥。"

1956 年，容国团以港澳联队队员的身份在北京进行访问比赛，在赛场上，他出人意料地击败了全国冠军王传耀、傅其芳、胡炳权等名将。他的高超球技赢得了时任国家体委主任贺龙元帅的注意。1957 年 11 月 29 日，容国团接受了贺龙元帅的盛情邀请，告别了双亲，回到广东，进入广州体院学习，开始实现他在内地打球的梦想。

1958 年，容国团入省乒乓球队。为了报效祖国，他立下"三年夺取世界冠军"的宏伟誓言。同年就获得全国乒乓球锦标赛男子单打冠军，并获"运动健将"称号，入国家队集训。在很短的时间里，他开创了中国乒乓球"快、准、狠、变"的近台快攻技术风格。

**图 5-4　容国团战胜西多，手捧鲜花和奖杯**

1959 年 4 月 5 日，第 25 届世界乒乓球锦标赛在联邦德国多特蒙德举行。容国团在中国队几乎全军覆没的时候，一连斩下六名大将，闯入了决赛圈，对战技术处于巅峰状态、九次获得世界冠军的匈牙利老将西多，终以 3:1 获胜，夺得了这一届锦标赛男子单打的冠军（见图 5-4）。这是我国乒乓球运动史上的第一个世界冠军，也是我国所有项目运动史上的第一个世界冠军。自此，容国团的名字被刻在了象征乒乓球男子单打最高荣誉的圣勃莱德杯之上，他第一次圆了中国人的体育梦。在他夺冠的第二天，国际乒联就决定，

将下一届的世乒赛举办地放在中国，这也是中华人民共和国第一次获许承办国际性赛事。

年仅 21 岁的容国团为国家赢得了巨大的荣誉，同时也实现了他"三年夺取世界冠军"的誓言。当时兼任国家体委主任的贺龙元帅到机场迎接，毛泽东、周恩来等国家领导人也多次接见他。[①] 周恩来更将容国团夺冠和十年国庆列为 1959 年的两件大喜事，将中国首次生产的乒乓球命名为"红双喜"牌。自此，在民众中掀起了乒乓球热，一时间全国上下都在打乒乓球，容国团也受到前所未有的追捧，成为青年人的偶像。

1961 年 4 月，在第 26 届世界乒乓球锦标赛男子团体决赛上，面对中国队赛况落后的不利形势，容国团喊出了"人生能有几回搏，此时不搏更待何时?!"的誓言，挥拍上阵，最终力挫强劲的对手，为中国队第一次夺得世界男子团体冠军作出重要贡献。[②]

容国团分别于 1959 年、1961 年两次获国家体委颁发的体育运动荣誉奖章。1964 年，中国女队连败日本，他放弃休假，临危受命出任教练。1965 年，他率女队参加第 28 届世乒赛。在他的指挥下，中国女队势如破竹，获得女子团体冠军、女子双打和混合双打冠军，从此形成了只要有中国女乒运动员出场，就一定能拿冠军的场面。他的执教再次轰动了世界乒坛。为表彰他的卓越贡献，国家体育运动委员会于 1961 年和 1964 年两次给他记特等功，并多次授予他体育运动荣誉奖章和奖状。

1984 年，他被评为中华人民共和国成立 35 年来杰出运动员。1987 年，其家乡珠海市建立起一座容国团铜像。1989 年，在社会主义中国 40 年杰出运动员评选中，他荣列其中。2009 年 9 月 14 日，他被评为中华人民共和国成立以来感动中国人物之一。[③]

从 1959 年容国团为中国乒乓球队夺得第一个世界冠军以来，中国乒乓球队以顽强的拼搏精神，成为中国体育的金牌之师，乒乓球也成为中国人引以为傲的

---

① 刘署刚编著：《目击中国 100 年》，北京：北京联合出版公司，2015 年，第 88 页。

② 杨明珠、姚磊编著：《站上巨人肩膀享受学习放飞梦想——潜能开发篇》，武汉：湖北教育出版社，2015 年，第 21 页。

③ 刘国新、贺耀敏、刘晓、武力主编：《中华人民共和国史长编第 7 卷人物卷》，天津：天津人民出版社，2010 年，第 254 页。

国球。截至 2014 年 5 月 5 日第 52 届世界乒乓球锦标赛团体赛，中国乒乓球队已经出现了 108 位世界冠军。[1]

"人生能有几回搏，此时不搏更待何时?!"这是英雄的誓言，也展现了勇敢者战胜困难的积极心态。

### 缅怀容国团同志[2]

张长兴

1959 年在德国多特蒙德世乒赛上，容国团第一次夺得男单冠军。时隔 43 后，2012 年 4 月我国男女队旧地重逢，又双获男女团冠军，令人感慨万千，特赋诗一首。

> 深情往事忆当年，多特蒙德卷巨澜。
>
> 大雅千秋惊世界，雄风九域壮尧天。
>
> 归来留下凌云志，逝去含冤泪水寒。
>
> 福地重逢双获胜，鲜花敬献祭英贤。

## 三、林慧卿

中国体育的奠基时代，海外归侨起到了重要作用：乒乓球项目中的容国团、姜永守、傅其芳；羽毛球项目中的王文教、陈福寿、陈玉娘；游泳项目中的吴传玉、戚烈云；举重项目中的黄强辉……1959 年回国的林慧卿，也是这个归侨名单中的一位。

林慧卿，原籍广东新会，1941 年出生在印度尼西亚一个商人家庭。林慧卿在读初中时便获得了全印度尼西亚少年冠军的称号。1957 年、1958 年她曾两次蝉联全印度尼西亚女子单打冠军。1959 年初，她从就读的华文名校雅加达巴城中学高中毕业后，返回国内，考入上海体育学院，同时入选上海乒乓球队，开始了乒乓球的系统训练。林慧卿勤学苦练，技术水平提高得很快，1959 年第一次参加全国青少年乒乓球比赛，就获得了第三名。1961 年，在太原举行的全国乒

① 杨明珠、姚磊编著：《站上巨人肩膀　享受学习　放飞梦想——潜能开发篇》，武汉：湖北教育出版社，2015 年，第 21 页。

② 张长兴：《神州颂》，北京：九州出版社，2014 年，第 127 页。

乒球锦标赛决赛中，她遇上了比她大 6 岁的我国第一位世界冠军邱钟惠，一攻一削，打得十分精彩。最后邱钟惠虽经过一番苦战而取胜，但林慧卿的削球着实给邱钟惠以很大的威胁，从此，林慧卿成了当时乒乓界引人注目的人物。[①]

林慧卿打球的特点：横拍削球，稳守善攻，被誉为"中华第一代削球女王"。迄今为止，她还被乒乓球界公认为打球姿势最优美的运动员之一。1960 年，她和其他 107 位运动员一起入选国家乒乓球集训队到北京训练。经过一年多的训练，1961 年林慧卿作为上海队的主力队员参加了全国乒乓球锦标赛，在团体赛中战胜了世界女子单打冠军邱钟惠。1963 年，她在上海举行的全国乒乓球锦标赛中获得女子单打冠军。[②]

1963 年第 27 届世锦赛，林慧卿演出了自己的乒坛"首秀"，预选赛出线之后，她以 3：0 的比分击败了日本名将关正子。虽然她最后并未能夺得桂冠，却还是引起了不小的轰动。但乒乓球队的领导考虑到当时男队强女队弱的情况，1964 年底派容国团正式执教女队。[③]

1964 年，在南京举行的全国乒乓球锦标赛中，林慧卿与张燮林合作获混合双打冠军。1965 年在南斯拉夫的卢布尔雅那举行的第 28 届世界乒乓球大赛上，她与梁丽珍、李赫男、郑敏之等同时被遴选为女子团体赛的主力阵容。当与上届冠军日本队（教练荻村）在争夺考比伦杯的决战时，中国队派出了林慧卿和郑敏之两名横拍削球选手，对阵被日本乒坛奉为"墨绿色球台上的希望之星"的深津尚子和关正子，最终 3：0 得胜，首次为我国夺得考比伦杯。[④] 1965 年在第 28 届世锦赛中，林慧卿和郑敏之经过五局苦战，为中国队获得第一个女子双打世界冠军，首次为祖国捧回了女子双打冠军杯——"波普杯"。

连同第 28 届的团体冠军，林慧卿成为完成"世乒赛大满贯"纪录的第一位中国球员，创造了中国乒坛的一项新纪录。林慧卿被外电誉为"攻不破的防线"。[⑤] 林慧卿凯旋返京时，贺龙副总理还在庆功会上亲自为她斟酒祝贺，全国

① 李庭昆：《体坛撷英》，上海：上海人民出版社，2015 年，第 31 页。
② 梁英明：《拼搏与奉献——印度尼西亚归侨林慧卿的乒乓球人生》，北京：中国华侨出版社，2015年，第 82 页。
③ 梁英明：《拼搏与奉献——印度尼西亚归侨林慧卿的乒乓球人生》，北京：中国华侨出版社，2015年，第 83 页。
④ 李庭昆：《体坛撷英》，上海：上海人民出版社，2015 年，第 31 页。
⑤ 梁英明：《拼搏与奉献——印度尼西亚归侨林慧卿的乒乓球人生》，北京：中国华侨出版社，2015年，第 88 页。

政协副主席陈叔通还在贺诗中写有"善师其意推林郑,以守为攻奏绩奇"之赞句。

1971年第31届名古屋世乒赛,林慧卿先后力挫全日本冠军大关行江和欧洲亚军、捷克斯洛伐克的沃斯托娃等强手,终于继邱钟惠之后,成为我国第二位登上世界女子单打冠军宝座的选手。在女子双打决赛中,林慧卿又和郑敏之以3:0的比分战胜了日本选手而夺魁;接着,她还与张燮林合作,击溃了由南斯拉夫名将斯蒂潘契奇和罗马尼亚的名将亚历山德鲁配成的混双对子,为我国第一次夺得"赫杜塞克杯"而立下殊勋,为中国队夺取了第一个混合双打世界冠军。回到北京后,林慧卿正式挂拍并开始在中国乒乓球队执教,挑起了培养下一茬乒坛奇才的重任。第38届、39届叱咤世界风云的戴丽丽,就是她一手培养的队员。[①] 1979年起她还出任中国乒协副主席,并三次荣获国家体委颁发的"体育运动荣誉奖章"。[②]

林慧卿从没放弃以乒乓为桥梁,以银球促友谊,增进海峡两岸暨香港同胞感情的文化交流活动。1993年,她参加了香港华侨华人总会的工作,坚持"爱国、爱港、爱侨、爱乡"的宗旨,做了许多有意义的社团工作。林慧卿曾担任侨总的创会发起人、康体委副主任、副会长、荣誉会长等职。十多年来,她每年都会组织参加广州、深圳、珠海、澳门和香港五地的乒乓联谊赛。还曾两次与中国乒协和赞助商合作,在苏州举办"胜华杯"比赛,邀请欧洲顶尖女选手前来与中国国家女队打对抗赛。2001年,她在香港发起海峡两岸暨香港乒乓友谊联赛,以球会友。此后又办过两届,分别在台北、上海举行。

# 第三节 足 球

足球运动传入并植根中国,也是和华侨分不开的。1905年1月,华侨开办的广州南武公学就有学生自制足球进行比赛。[③] 1907年初,从日本归国的同盟会员

---

① 李庭昆:《体坛撷英》,上海:上海人民出版社,2015年,第35页。
② 李庭昆:《体坛撷英》,上海:上海人民出版社,2015年,第30页。
③ 关文明、陈琦:《华侨、华人体育的发展及其贡献》,《华南师范大学学报》(社会科学版)1995年第4期。

谢逸桥等在梅县创办的松口体育会，就有教授学员墩球（足球）。当地的青少年耳濡目染，将未成熟的柚子和棉布缠成圆球，就在晒谷场或屋前屋后的空地踢起来。①

华侨陈镇和、张显源、蔡文礼和谢文良、叶清荣、朱志成被选为中国足球队队员，分别参加了第 11 届和第 14 届奥运会；有"亚洲球王"之称，并被评为"世界五大球"之一的李惠堂是在香港出生的华人；曾担任过国家足球队主教练并取得过喜人的成绩——第 8 届亚洲杯足球锦标赛亚军的曾雪麟和连获三届全国"十佳运动员"的著名足球运动员容志行分别是泰国归侨和印度归侨。他们对中国的足球运动都作出了不可磨灭的贡献。

据统计，1951—1958 年，从香港、澳门回内地的运动员有 39 人左右。从香港回来的罗荣满、张植元、罗北、李锦根和从澳门回来的吴添来等足球名宿，他们归国后都加盟广东足球队，并担任主力队员；还有从香港回来的国际级足球裁判员曾培福，曾任广州市足球队教练兼裁判员。

梅县，地处广东省东北部山区。因其境内山多田少，生活艰难，近代以来，大量的梅县人远赴东南亚、非洲以及美洲等地谋生，梅县遂成为近代著名的"侨乡"之一。当时英、法、荷等国侵占了东南亚各国重要的商埠和港口，也带来了一些西式的体育活动及比赛。外出华侨深受国外生活、文化以及教育等影响，将国外的体育运动带回家乡，梅县也成为近代广东地区体育运动的发源地之一。②

广东省梅州市作为一个交通、经济并不发达的地区，却有着一百多年的足球历史。这里曾涌现出许多高水平球队，培养出许多著名球员，被冠以"足球之乡"的美誉。③ 中华人民共和国成立前，梅县足球队多次获得省运会冠军，并曾代表广东省参赛，多次战胜外籍球队。1951 年 10 月，梅县队代表广东参加南方六省二市足球选拔赛，领队叶家烈甚至发现其中六支球队都有梅县籍球员。④1956 年，国家体育委员会授予梅州"足球之乡"的称号。2013 年 11 月，梅州市还被评为"中国体育非物质文化遗产保护与推广城市"。⑤

---

① 黎国尧：《广东足球运动史》，《广东体育史料》1992 年第 1 期。
② 程鹏：《广东梅县强民足球队的活动情况及其影响探析》，《兰台世界》2014 年第 10 期。
③ 梅州市华侨志编委会：《梅州市华侨志》，内部资料，2001 年，第 52 页。
④ 叶家烈：《梅县足球史话》，中国人民政治协商会议广东省委员会文史资料研究委员会编：《广东文史资料　第十七辑》，内部资料，1964 年，第 142 页。
⑤ 朱小丹主编：《广东年鉴　2014　总第 28 卷》，广州：广东年鉴社，2014 年，第 275 页。

这些成就的取得，除了受客家传统文化影响外，也与华侨华人及港澳同胞的关注与支持密不可分。截至 1988 年，梅州籍华侨华人就达 175 万人，梅州籍港澳同胞亦有 30 多万人。① 华侨华人及港澳同胞具有爱国爱乡的优良传统，较早开始关注侨乡的文化、教育、体育建设。在梅州足球运动的传入、普及与发展繁荣中，华侨华人及港澳同胞都发挥了重要作用。

近代足球运动最早传入梅州的确切时间仍需考证。从地方志来看，早在 1901 年，五华县长布乡已有传教士在元坑中书馆的操场上教学生踢足球。② 1914 年，瑞士传教士万保全在梅县乐育中学建立起足球队。③ 这些记载凸显了传教士在足球传入中的作用。而事实上，除传教士外，近代华侨的媒介作用同样重要。

华侨促使现代足球运动在梅州的开展，对足球之乡的形成产生了重要的影响。由于梅州地处山区，交通不便，当时华侨回国探亲后往往需要待较长的时间，留在梅州的这段时间，他们的娱乐活动主要是玩足球，并引进了现代足球的技术和打法，直接促进了足球在当地的传播。同时，华侨还通过成立各种组织组建球队、举行比赛，极大地促进了足球运动在梅州的发展。如 1929 年建立的首个联系华侨和民间外交媒介的民间团体"梅县强民体育会"，是侨眷自发组织侨乡民众形成的体育团体，活动经费主要依靠海外华侨和港澳同胞的赞助。以强民体育会为主的"强民足球队"也很快在广东省的各种比赛中打出声威，为普及发展足球运动起到了推动作用，至今还激励着梅州业余足球队不断提高技术水平。④

二十世纪二三十年代，梅州就因世界球王李惠堂而蜚声中外。足球是梅州的传统体育项目，也是梅州体育的主角儿，在梅州有着深厚的群众基础。中华人民共和国成立以来，梅州为国家和多个省市培养输送了大批优秀的运动员和教练员，对中国足球运动的发展起到了积极的推动作用，被誉为"北有足球城（大连）、南有足球乡（梅州）"。1956 年，国家体委根据梅县足球运动的悠久历史和发展现状，授予梅县"足球之乡"称号。1963 年，梅县被指定为全国 10 个开展足球运动的重点市县之一。1979 年，梅县被确定为全国 16 个足球重点地区之一。

① 梅州市地方志编纂委员会编：《梅州市志》，广州：广东人民出版社，1999 年，第 1779 页。
② 梅州市地方志编纂委员会编：《梅州市志》，广州：广东人民出版社，1999 年，第 1665 页。
③ 梅县地方志编纂委员会：《梅县志》，广州：广东人民出版社，1994 年，第 996 页。
④ 李广铸：《李惠堂与足球之乡》，《岭南文史》2004 年第 3 期。

梅县地区现已成为梅州市，多年来梅州足球人才辈出，中华人民共和国成立以来，已先后为国家和13个省、市及"八一"队输送了优秀男女足球运动员和教练员321名，其中有曾雪麟、杨菲孙、王惠良、杨宁、池明华、黄德宝、张均浪、蔡锦标、郭亿军、谢育新、张小文、伍文兵、吴伟英（女）等[①]一大批著名足球教练员和运动员。梅州足球队（包括女足）参加广东省和全国各种比赛屡获佳绩，"足球之乡"驰名海内外。

近代梅州籍华侨多分布在作为英、法、荷殖民地的东南亚地区，这些地区也较早地出现了近代足球运动。因此，当地华侨较早接触足球运动，回国时也将这一运动带回家乡，华侨所捐献的学校也多设有足球教学。逐渐地，踢足球的风气在梅州兴起，"逐步传开，乃至穷乡僻壤"[②]。无论是用橡皮球，还是自制的棉花球，抑或是未成熟的柚子，梅县的孩子把足球当成生活中最具乐趣的一项体育活动，从而形成了一道独特的近代体育文化风景。[③] 甚至有"远在清末梅县的男孩子几乎人人都会踢足球"的说法。[④] 在1907年由爱国华侨谢逸桥、谢良牧、温靖侯等人创办的梅县松口体育传习所中，足球被列为学员训练项目之一。在学员结业时的运动会上，足球与会操、射击等项目共同出现，吸引了很多人观看。[⑤]

随着各足球队相继建立并开展足球比赛，足球运动得到了进一步普及。这一过程中，归侨发挥了重要作用。1913年梅县东山中学成立后不久，东南亚归侨、英文教员卢柏廷提倡、组织起东山中学足球队。[⑥] 此后，梅县的其他三所中学也相继成立足球队，其中梅州中学足球队聘请归侨邓少梅、余克辉为体育教员。[⑦] 1917年，梅县四所中学举行了首届足球比赛。此后，几支足球队自发组织"中学足球联合会"，约定每年冬季举行足球循环赛，归侨余克辉等人被聘为裁

① 广东省体育运动委员会：《广东体育40年》，广州：新世纪出版社，1992年，第88页。
② 李次民：《梅县足球运动史话》，中国人民政治协商会议广东省广州市委员会文史资料研究委员会编：《广州文史资料选辑 第二十四辑》，广州：广东人民出版社，1981年，第164页。
③ 程鹏：《广东梅县强民足球队的活动情况及其影响探析》，《兰台世界》2014年第10期。
④ 叶家烈：《梅县足球史话》，中国人民政治协商会议广东省委员会文史资料研究委员会编：《广东文史资料 第十七辑》，内部资料，1964年，第142页。
⑤ 房学嘉：《辛亥革命在岭东》，广州：暨南大学出版社，1993年，第33页。
⑥ 陈宜焕、李存章：《梅县足球运动的兴起和发展》，中国人民政治协商会议广东省梅县委员会文史资料委员会编：《梅县文史资料 第五辑》，内部资料，1984年，第12页。
⑦ 叶家烈：《梅县足球史话》，中国人民政治协商会议广东省委员会文史资料研究委员会编：《广东文史资料 第十七辑》，内部资料，1964年，第144页。

判员。①

在归侨的参与和支持下，梅县各中学间的足球友谊赛经常进行，社会上也逐渐出现足球球队。梅州中学毕业生杨向梓组织了岭东足球队，"由杨向梓、张荣昌、张资颂、陈定荣、魏震民、何曹基、陈耀模等为骨干，实力雄厚"②。1928年，梅县出现了一支由印刷图章工会工人及店员组成

图 5-5　温集祥（左一）

的球队。球队于1929年正式取名"梅县强民足球队"，寓意"强民始能强国、强国必先强民"。归侨杨友森、曾光锡、温集祥（见图5-5）等人成为球队的重要力量，印度尼西亚归侨温集祥更是凭借超强的实力被推选为队长。③ 随着归侨的加入，原本实力一般的强民足球队迅速成为梅县足球劲旅。

强民足球队从20世纪30年代一直活跃到80年代，并推动梅县足球不断进步与发展，这其中离不开强民足球队的创始人——归国华侨温集祥先生。温集祥16岁去印度尼西亚打工，19岁时回到梅县。1929年，在温集祥的建议下，强民足球队成立，主力队员有张卓瑨、黄雨柏、蓝淦、杨运潾等人。④ 即便条件艰苦，训练足球也是凑钱买的，他们仍十分刻苦，长年坚持长跑，锻炼体能，也因而形成了过硬的本领，逐渐在梅县崭露头角。

1931年，梅县举办了全县足球比赛，东山队、五中队、广益队、乐育队、强民队、岭东队等十余支队伍均参加了比赛。强民队连战十场，十场全胜，一鸣惊人。决赛中，与强队岭东队战成平手，最终以总排名第一荣获冠军。⑤ 一战成名后，强民队吸纳了更多青年人，实力大增，于第二年受邀参加了蕉岭县和汕头

---

① 肖仁龙：《华侨华人及港澳同胞对梅州足球发展的贡献》，《兰台世界》2012年第13期。

② 张学基：《强民体育会史略》，中国人民政治协商会议广东省梅县委员会文史委员会编：《梅县文史资料　第五辑》，内部资料，1984年，第28页。

③ 陈宜焕、李存章：《梅县足球运动的兴起和发展》，中国人民政治协商会议广东省梅县委员会文史委员会编：《梅县文史资料　第五辑》，内部资料，1984年，第12页。

④ 程鹏：《广东梅县强民足球队的活动情况及其影响探析》，《兰台世界》2014年第10期。

⑤ 程鹏：《广东梅县强民足球队的活动情况及其影响探析》，《兰台世界》2014年第10期。

市所举办的一些比赛，并因球技突出而大获好评。1933 年，强民队不负众望，再度蝉联梅县足球锦标赛冠军，从此，强民队成为梅县足球界首屈一指的强队。

1934 年，"强民足球队"改组为"强民体育会"，会员人数超过两百人，温集祥被推举为会长。同年 7 月，广东省政府举办了第十三届省运会。以强民队为主力所组建的梅县足球队不负众望，战胜了上届冠军汕头队，一时间声名鹊起，为全省足球界所瞩目。1936 年第十四届省运会上，梅县足球队再次冲击冠军，最终以 6∶4 的比分战胜了省保安队。此后，梅县足球的威名更是远传香港。

抗战爆发后，温集祥组织体育会的会员积极参加抗日救亡工作。1940 年前后，强民体育会的成员发展至近 600 人，其影响力也逐渐超出广东一隅而名扬全国。抗战胜利后，广东省政府派遣梅县足球队访问中南各省，所到之处屡战屡胜，轰动一时。1942 年，旅港同胞李惠堂率领南华主力回到广东，在五华当地组织了一支球队，欲与梅县足球试比高，吸引了众多球迷。最终，强民队以 3∶1 战胜了对手。[①] 李惠堂与温集祥因此也成为莫逆之交。

华侨华人及港澳同胞作为较早接触近代足球运动的群体，在眼界与技术上自然更胜一筹。因此，他们在提升球队实力、促进球队交流、营造家乡氛围上也作出了贡献，成为梅州足球实力壮大的关键力量。图 5-6 为温集祥给梅县女子足球队讲述球艺。

图 5-6　强民体育会会长温集祥（中）在给梅县女子足球队讲述球艺

---

① 程鹏：《广东梅县强民足球队的活动情况及其影响探析》，《兰台世界》2014 年第 10 期。

归侨提升了球队实力。在学校中，归侨的训练使球队实力大幅提升。在归侨卢柏廷的指导下，勤学苦练后的东山中学队实力大增，很快战胜了曾击败过自己的乐育中学队。自聘请归侨邓少梅、余克辉集中训练后，原本实力很弱的梅州中学队一度力克梅县各校足球劲旅，并远赴汕头战胜了一支素有盛名的美国教会中学队。①

在社会上，归侨的直接加入也使球队实力大为增强。强民足球队正是在吸收了几名归侨后实力大增，于1931年在梅县第一次足球锦标赛上一举夺冠。在参赛的十多支球队中，强民队连胜11场，战胜了乐育中学队、梅州中学队、东山中学队、岭东队、第三军大炮队等诸多强队，一举成名。② 此后，随着归侨管新泰、丘振基、张琼良等人的加入，球队实力得到了进一步提升。③

港澳同胞对球队交流具有促进作用。梅州足球兴起之初，旅居港澳的同胞发挥桥梁作用，主动为梅州球队与港澳球队交流搭建平台。在1935年和1937年的广东省运动会上，以强民足球队为主力的梅县队连续获得冠军，从而引起梅州旅港同胞的关注。香港嘉属商会会长林翊球等人设宴招待队员，并邀请球队到香港与南华足球队举行表演赛，称："一来可以见见大世面，增长知识从而提高球技水平，二来可以多接触同胞，欢叙友谊之情。"④

当时香港南华体育会会长是有"亚洲球王"之称的五华县人李惠堂。梅县足球队抵达香港后，受到李惠堂和香港嘉属商会的热情招待。在比赛时，南华队先在上半场派出乙组队员，结果被梅县队2∶2逼平；南华队于是下半场改派甲组队员上场，结果以7∶2大胜梅县队。⑤ 南华队的高超球技使梅县队队员大为震惊。赛后守门员黄勇胜说："南华队打入的7个球，都不是死踢硬射的，而是打角度。我去接球，就好像在塘里摸鱼一样，只是手指尾触到一点，球就溜进大门

---

① 叶家烈：《梅县足球史话》，中国人民政治协商会议广东省委员会文史资料研究委员会编：《广东文史资料　第十七辑》，内部资料，1964年，第144页。

② 张学基：《强民体育会史略》，中国人民政治协商会议广东省梅县委员会文史委员会编：《梅县文史资料　第五辑》，内部资料，1984年，第29页。

③ 陈宜焕、李存章：《梅县足球运动的兴起和发展》，中国人民政治协商会议广东省梅县委员会文史资料委员会编：《梅县文史资料　第五辑》，内部资料，1984年，第24页。

④ 张学基：《强民体育会史略》，中国人民政治协商会议、广东省梅县委员会文史委员会编：《梅县文史资料　第五辑》，内部资料，1984年，第30页。

⑤ 张学基：《强民体育会史略》，中国人民政治协商会议广东省梅县委员会文史委员会编：《梅县文史资料　第五辑》，内部资料，1984年，第31页。

里去了。"①

梅县足球队虽败给了南华队，但的确领教了对手精湛的球艺，在交流中提高了自身水平。在随后与驻港英国海军足球队举行的比赛中，梅县队以 2：1 获胜，因而士气大增。②

交流是足球运动发展的生命力。在林翊球和李惠堂等旅港同胞的促成下，梅县足球队有机会访问香港，从而拉开梅州与港澳球队交流的序幕。1958 年 5 月，澳门足球队曾到访梅县，与梅县工联队进行交流。③ 1980 年及 1984 年春，强民体育会举行庆祝会期间，香港嘉属商会都率愉园足球队到访梅州。④

无疑，充足的经费、灵活多元的体育机制及良好的足球氛围都是振兴梅州足球不可或缺的因素。而重新审视和重视华侨华人及港澳同胞对梅州足球的贡献，进一步密切华侨华人及港澳同胞与家乡的联系，仍具有重要意义。依托侨乡优势，进一步调动华侨华人及港澳同胞的积极性，为足球运动的普及与发展营造良好的氛围，梅州足球或许能够走出一条中国足球发展的特色之路。总之，在梅州足球传入、普及、发展及繁荣的整个过程中，华侨华人及港澳同胞都作出了巨大贡献，这也成为梅州足球能够长期保持全国领先的有力保障。

## 一、李惠堂

在中国足球发展史上，"亚洲球王"李惠堂堪称传奇人物。1976 年，他同贝利等人被德国权威足球杂志评为世界足球史上最久负盛名的"世界五大球王"⑤，是唯一与贝利一起当选过世界球王的中国人，也是唯一当选过国际足联副主席的中国人。

李惠堂于 1905 年出生在香港，祖籍梅州五华锡坑。儿时在老家读私塾期间，他经常和周围的小朋友们踢足球，返回香港后仍酷爱足球，并于 1922 年进入南

---

① 张学基：《强民体育会史略》，中国人民政治协商会议广东省梅县委员会文史委员会编：《梅县文史资料　第五辑》，内部资料，1984 年，第 32 页。

② 叶家烈：《梅县足球史话》，中国人民政治协商会议广东省委员会文史资料研究委员会编：《广东文史资料　第十七辑》，内部资料，1964 年，第 149 页。

③ 梅州市地方志编纂委员会编：《梅州市志》，广州：广东人民出版社，1999 年，第 1668 页。

④ 张学基：《强民体育会史略》，中国人民政治协商会议广东省梅县委员会文史委员会编：《梅县文史资料　第五辑》，内部资料，1984 年，第 40 页。

⑤ 叶小华、谭元亨、管雅编著：《客都梅州》，广州：华南理工大学出版社，2006 年，第 189 页。

华体育会踢球。此后，他多次代表中国出征远东运动会，并赴东南亚、澳大利亚等地进行交流，凭借出色实力和良好的品德赢得世界瞩目。①

作为梅州人，李惠堂也带动了家乡足球运动的开展。除了热情接待到港交流的梅县足球队外，他还在家乡组建球队、组织比赛。1941 年底香港沦陷后，李惠堂辗转回到五华县。1942 年秋，他建立起"锡江足球队"，到各乡镇比赛；1943 年组织"航建足球队"，到兴宁、梅县等地举行比赛；同年又与兴宁的文化教育界人士组织"老柴足球队"，与"华光""就成"等球队比赛交流。② 这期间，李惠堂两次带队到梅县与强民队举行比赛。第一次比赛，强民队以 3∶1 获胜；第二次比赛，李惠堂带领的航建队终于获胜③。两场比赛营造了良好氛围，梅州附近地区的人们纷纷前来目睹"球王"的风采，梅县的报纸更以"五华礼让强民"为标题称道比赛结果。④

他的"柚子射狗洞""铁脚震日寇"等传奇故事曾让多少梅州少年遐想不已。"看戏要看梅兰芳，看球要看李惠堂"，这是 20 世纪 30 年代在上海滩流传的佳话。在 20 世纪 20 年代和 30 年代，李惠堂率领香港南华队、上海乐华队参加万国足球赛并访问菲律宾、印度尼西亚、英国、苏格兰等国家，击败了葡萄牙队、苏格兰队等，连战皆捷，创造了华人足球队连续击败外国足球队的纪录。代表国家队 3 次参加远东运动会，均获足球冠军。

## 二、容志行

连续三年被评为全国"十佳运动员"之一的著名足球运动员容志行是印度归侨。

在中国足球冲出亚洲、走向世界的征程中，容志行为中国足球队立下汗马功劳，被誉为"国脚"（见图 5-7）。

容志行是广东台山人。1948 年，他出生在一艘中国开往印度的外轮上，

---

① 叶小华、谭元亨、管雅编著：《客都梅州》，广州：华南理工大学出版社，2006 年，第 187 页。
② 梅州市地方志编纂委员会编：《梅州市志》，广州：广东人民出版社，1999 年，第 1666 页。
③ 陈宜焕、李存章：《梅县足球运动的兴起和发展》，中国人民政治协商会议广东省梅县委员会文史委员会编：《梅县文史资料　第五辑》，内部资料，1984 年，第 26 页。
④ 张学基：《强民体育会史略》，中国人民政治协商会议广东省梅县委员会文史委员会编：《梅县文史资料　第五辑》，内部资料，1984 年，第 34 页。

1953 年从印度回国。1955 年入读广州市宝贤大街小学，由容海生改名容志行。1957 年年仅 9 岁即进入广州宝岗体校足球班。[1] 1958 年入选广州第三业余体校（二沙头体校）足球重点班进行正规的训练。1962 年参加广州市少年足球队，1964 年入选广州 2 人足球队。1966 年进广州市队，1969 年进广东省队。

图 5-7　容志行

1971 年 5 月，广东队迎战来访的古巴国家队，容志行奉召入队任中场核心，率领阵容不整的广东队以 2∶1 赢得了这场比赛，从此在广东队站稳了正选的位置。1972 年入选国家足球队，在边锋、前卫、中锋的位置上均有出色表现。1974 年随队访问香港。在与香港联队比赛中，他连晃 3 名防守球员，果断射门中的，被《香港报》称为"世界波"。[2]

1977 年 10 月 20 日，北京国际足球邀请赛移师上海江湾体育场，中国国家队迎战非洲劲旅扎伊尔队。当时双方打得难分难解，比分为 2∶2。胶着之下，容志行迅速从左边切入，在扎伊尔两名中卫的夹击下，背向大门用前胸接住来球，身体后倚，先飞起左脚，后甩动右脚，在腾空中用右脚背猛地击球，球直飞大门擦横梁破网。在场的所有观众，都被这一引人入胜的进球所吸引，全场随之轰动。

1978 年，在有多名国际球星参加的"美国宇宙队"访华比赛中，容志行出色的球技受到了球王贝利的称赞："在我未到中国之前，我认为中国队是没有超级球星的，但 11 号（志行）的盘球、射门及组织才能实在太出色，他是了不起的选手。"说罢还与容志行交换了球衣，大有英雄相见恨晚之感慨。容志行被球迷们赞誉为"中国的贝利"。[3]

1980 年初，容志行在香港"贺岁杯"比赛中，又率领广东队以 3∶3 逼平联邦德国冠军队——汉堡队，容志行的名字一时传遍省港。之后，在同年 12 月香

---

① 国家体育总局《志高远　行天下》编委会编著：《志高远　行天下——"志行风格"文集》，北京：人民体育出版社，2010 年，第 145 页。

② 倪玉明编著：《足球》，福州：福建科学技术出版社，2013 年，第 198 页。

③ 倪玉明编著：《足球》，福州：福建科学技术出版社，2013 年，第 199 页。

港第十二届世界杯足球赛亚太地区预选赛上，32 岁的容志行为国再披战袍。中国队先后战胜日本、澳门、朝鲜等队，获得出线资格。他是主力前锋，被评为亚太赛区第四组"最佳进攻队员"。1981 年世界杯亚太赛区决赛，在对阵亚洲冠军科威特队的关键比赛中，他头球建功，使中国队以 3∶0 的比分取胜，容志行立下汗马功劳。当时全国许多城市自发结队游行，高呼"振兴中华"口号。1979 年、1980 年和 1981 年，他连续三年被评为全国"十佳运动员"，足球运动员中至今没有第二人能享这种殊荣。① 1981 年获国家体委颁发的体育运动荣誉奖章，被球迷称为"中国球王"。

1982 年，他离开国家集训队担任广东少年足球队教练。1985 年任广东省体委体育工作大队党委副书记，1987 年底任书记。② 1991 年 6 月任深圳市体委主任兼党委书记及深圳市体育总会主席。2008 年退休。

退休后，容志行一直关心足球事业的发展，特别是对青少年的培养。从 2008 年开始，义务协助广东日之泉足球队（广东参加第十一届全运会队），并在乙级联赛决赛阶段随队前往成都，为该队冲甲成功做了不少努力。2009 年全年又义务担当广东日之泉队顾问，亲临中甲和全运会预、决赛每场比赛的现场，对年轻队员进行思想教育及技术指导，该队夺得第十一届全运会亚军，容志行功不可没。此外，容志行还加入广东万力名人俱乐部，定期到梅县等足球定点地区和学校对青少年进行辅导。③

### 三、曾雪麟

曾雪麟于 1929 年生于泰国，祖籍广东梅县扶大。1946 年高中毕业于梅州中学。1949 年参加中国人民解放军，入云南昆明第二野战军军政大学四分校学习。由于擅长踢足球，1952 年被选入西南军区足球队，并于 1954 年任"八一"队守门员，同年被选入中国青年队并随队赴匈牙利学习足球技术。1959 年退役后即任天津队主教练，率队于 1960 年获全国足球甲级队联赛冠军、第一届中国足协

---

① 张启明主编：《新体育知识一本通》，乌鲁木齐：新疆美术摄影出版社，2010 年，第 101 页。
② 孙杰、晓慧等编：《体育与健康素质篇之足球运动》，呼和浩特：远方出版社，2004 年，第 233 页。
③ 国家体育总局《志高远　行天下》编委会编著：《志高远　行天下——"志行风格"文集》，北京：人民体育出版社，2010 年，第 146 页。

杯（全国锦标赛）冠军。1965 年获第二届全运会足球赛冠军（当时称河北队）。1957 年至 1972 年，在天津足球队任队长、主教练。1972 年至 1983 年先后任北京青年足球队主教练、北京足球队主教练。1983 年 4 月担任国家足球集训队主教练，率队获第八届亚溯杯足球赛亚军，成为中国足球历史上的最好成绩。[①]

1989 年调任国家体委训练局咨询委员兼任金利来远东有限公司足球部部长（其叔叔曾宪梓是香港金利来公司董事长，多年来热心于资助祖国足球事业的发展），中国银利来有限公司公关部经理。1990 年退休后定居香港，执教愉园队，任中国足球协会副主席、深圳足球俱乐部顾问。[②] 其主持了"走向 2002 年"儿童足球夏令营和教练员的培训工作，为促进中国足球职业化和社会化做了大量的工作。

他热爱足球事业，大半生均在足球场上度过，为中国足球的腾飞作出了可贵的贡献。在天津、北京队掌教时，培养了 30 多名足球健将，给国家足球队输送了 40 多名队员。在众多的足球教练中，他是唯一被国家选派出国留学受专门培养的足球专业教练，曾撰写 10 多篇专业学术论文。他曾率队两次获得全国甲级足球赛冠军，一次获全国运动会足球赛冠军，两次亚军，一次全国足协杯赛冠军。在国家队任主教练时，曾获一次亚洲足球锦标赛亚军，一次全民赫鲁杯国际邀请赛亚军，一次长城杯国际邀请赛亚军。曾雪麟一生成绩显著，硕果累累，在足球界享有较高的威望。2016 年 2 月，他不幸因病去世，足球界震恸，亚足联专为其拓专版悼念（见图 5 – 8）。

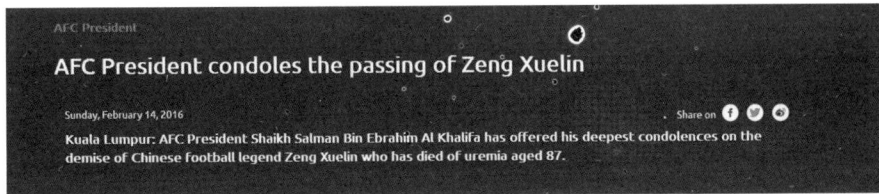

AFC President

**AFC President condoles the passing of Zeng Xuelin**

Sunday, February 14, 2016

**Kuala Lumpur:** AFC President Shaikh Salman Bin Ebrahim Al Khalifa has offered his deepest condolences on the demise of Chinese football legend Zeng Xuelin who has died of uremia aged 87.

---

① 孙杰、晓慧等编：《体育与健康素质篇之足球运动》，呼和浩特：远方出版社，2004 年，第 225 页。
② 梅县地方志办公室、梅县地方志学会编：《梅县客家杰出人物》，内部资料，2007 年，第 306 页。

AFC President condoles the passing of Zeng Xuelin

A goalkeeper in his playing career, the Thai-born Zeng helped Tianjin FC finish second in the first Chinese National Games in 1959 before becoming the club's coach the following year in which he helped the side win the top-flight league and Chinese FA Cup titles.

In 1973, Zeng took over the reins at Beijing FC where he achieved instant success by winning that year's league title. He became the China national team coach after helping Beijing win the league in 1982.

Zeng subsequently led the national team to finish runners-up in the 1984 AFC Asian Cup in Singapore.

Zeng will be remembered for his services and contribution to Chinese football, both for his club and the national team.

The thoughts and prayers of the AFC, the Chinese Football Association and the rest of the Asian football community are with the family and friends of Zeng.

图 5 - 8　亚足联为曾雪麟逝世拓专版

图片来源：亚洲足球联合会（Asian Football Confederation, AFC），http：//www. the - afc. com/news/afcsection/afc-president-condoles-the-passing-of-zeng-xuelin -29277。

# 第四节　排　球

排球在 1895 年由美国霍利奥克市基督教青年会体育干事威廉·摩根（William G. Morgan）发明，并在 1905 年左右首先由美国来华的传教士 J. 霍华德·克洛克带入我国广东地区。[①] 中国早期的青年会体育干事梁兆安曾回忆："1905 年排球运动传入我国。最先打排球的是一些广州和香港学校的学生，并举行校际排球赛。"然而，排球真正在我国流传开来，却没有十分明确的记载。对此，通常有两种说法较为可信。

一说，广东学生传入。1913 年，在菲律宾马尼拉召开的第 1 届远东运动会上，原来是田径或足球选手的广东学生，应东道主的邀请，临时凑成一支 12 人的排球队，其中便有广州南武学堂的许民辉和丘纪祥。他们在此次出征中对排球的打法和规则有了初步认识，回到广州后，便在母校玩起排球，同时还向一些有一定自发活动和设备条件较好的学校介绍这项运动。[②]

当时，台山的许多华侨子弟就在广州岭南大学，培英、培正等中学读书。

---

① 孙杰：《对排球起源与传播》，《甘肃高师学报》2000 年第 5 期。
② 王鸿谅：《南武三杰和排球故事》，《三联生活周刊》2007 年第 17 期。

1914 年，他们假期回乡时便开始结集成队，以排球消遣娱乐，并吸收当地青年参加。学生返校后，当地青年便分队展开角逐，切磋技艺。这时期的排球运动主要集中在侨眷聚居的地方或学校周围，队员以华侨子弟与学生为主。①

另一说，在美华侨华人传入。美国人威廉·摩根 1895 年发明排球后，由于其无须身体对抗而受到一部分上年纪人的欢迎，因此在这些普通群众间开展起来，形成了较好的排球氛围。当时在美国打工的台山籍华侨感受到了当地的排球氛围，意识到了排球运动的重要社会价值，因此为了更好地融入当地生活，与当地进行情感交流，取得彼此信任，他们就积极学习没有身体对抗的排球技术、规则。② 在体验到排球运动给他们带来了重要"甜头"之后，他们回乡时把排球运动带回台山，以促进台山人之间的情感交流，也为日后再次出国与外国人交流奠定了基础。而据《台山县华侨志》记载，台山首批出国打工者开始回乡的时间大约在 1916 年前后。③ 因此，可以推测台山排球运动的传入与当时在美国打工的台山籍华人华侨有密切关系。④

## 一、"排球之乡"——台山

台山市内人口 98.92 万，旅居海外及港澳台等 92 个国家和地区的台山籍乡亲却有 130 多万，堪称"内外两个台山"。2005 年 1 月，广东省体育局正式命名广东省首批十个"体育之乡"，台山市众望所归，被评为"排球之乡"。⑤

从二十世纪二三十年代开始，台山排球便已名扬天下。尤其是在五六十年代，国家队中的教练与队员有一半是台山人，因此有"无台不成排"之说。1956 年，台山被誉为"排球之乡"，周总理来台山视察时赞扬说："全国排球半台山。"1987 年，台山县又荣获了"全国体育先进县"的称号。

《广东省志·华侨志》中曾总结："台山能成为'排球之乡'，首先应归功于华侨。"排球在台山兴起、发展、繁荣的历史上，处处可见台山籍华侨华人及旅

---

① 郭裔：《广东台山学校排球运动研究》，《体育文化导刊》2011 年第 5 期。
② 林淑英：《海外华人华侨体育组织及活动状况的初步研究》，《体育科学》1996 年第 3 期。
③ 台山县侨务办公室编：《台山县华侨志》，内部资料，1992 年。
④ 马明兵、杜邦胜：《华人华侨在台山排球运动发展中的作用与思考》，《湖北师范学院学报》（自然科学版）2016 年第 2 期。
⑤ 耿之矗：《华人华侨与台山排球运动的兴起》，《兰台世界》2010 年第 23 期。

港澳乡亲的身影。

由于华侨华人的支持与华侨子弟的推动，排球传入台山并得以迅速普及，深受当地人们喜爱，出现了"兄弟双入场，父子两对阵，爷爷喊加油，奶奶烧开水"的全家总动员情景。①

台山华侨文化涵盖习俗、建筑、语言、传统体育等。传统体育在台山华侨文化中有它的特殊性，因为台山人对传统排球的认识蓬勃发展至今，比任何地方都更为重视排球，台山华侨文化不能没有传统排球这一重要内容。例如，在国内，逢年过节、回乡访友，华侨们都踊跃参加，甚至亲自组织策划，烘托氛围。在国外，经常在社团大型活动及商会交流中进行传统排球活动与赛事，为传承传统体育文化注入活力。

台山华侨的身份具有两重性，既是华侨身份又是传统体育爱好者。台山华侨由于生长在排球运动盛行的区域及环境里，看得最多和参与最多的也就是排球运动。据资料显示，一些老一辈的华侨和首领或多或少都有排球运动的经历，他们从小对排球运动就有足够的了解和认识。

多年来，台山人将这项运动提炼成为集休闲娱乐、运动健身、体育竞技和习俗为一体的体育项目，历经多年发展后，其逐渐固定为文化传承和文娱交流活动的重要内容，颇具传统性。② 在台山市，几乎"村村有排球场，寨寨有排球队"。每天茶余饭后，大伙便扯起网子打排球。

台山传统九人制排球与现代六人制排球截然不同。九人制排球的特点如下：场地大，即长 11 米、宽 22 米；人多，即 9 人成三排；网上争夺激烈，双方前排进攻及拦网各 4 人；不转位，前排年轻人进行攻、拦，后排经验丰富老队员防守兼指挥，老少同场竞技，一局 21 分定胜负。③

台山的老一辈华侨在出国前多是文盲半文盲。他们在生活实践中体会到没有文化的痛苦，甚至与家人书信来往也有诸多不便。因此，一旦事业有成，他们便不遗余力在家乡兴办教育。19 世纪初，华侨集资兴建的学校相继建立④，这些学

① 耿之矗：《华人华侨与台山排球运动的兴起》，《兰台世界》2010 年第 23 期。
② 潘兵、孔令建、李丽：《文化背景下华人华侨对传统体育的影响研究——以广东台山传统排球为例》，《当代体育科技》2015 年第 16 期。
③ 潘兵、孔令建、李丽：《文化背景下华人华侨对传统体育的影响研究——以广东台山传统排球为例》，《当代体育科技》2015 年第 16 期。
④ 刘重民：《浅谈华侨与台山侨乡文化教育的发展》，《五邑侨史》2004 年第 25 期。

校成为排球运动的摇篮，为台山排球运动的开展奠定了基础。

在台山，最先开展排球运动的学校是四九下坪堡小学和台城谭氏学校（现育英中学）。1915年，广府中学的伍晋民毕业归乡，因酷爱排球，在下坪高等小学任教时，便组织学生开展排球运动，并常约在培正中学读书的伍连享、伍廉瑞、黎连楹等一起打排球，同时给乡民和学生传授球技。[1] 伍廉瑞、黎连楹后来都成为中华排球队的中流砥柱，威震远东运动会赛场。

据1918年出版的《谭氏学校实录》载："本校应世界之新潮流，遂组织排球队，或九人或十二人或十六人，分队练习，按规比赛。暑假时，诸多同学留校，日习功课，晚戏排球。适旧同学谭耿夫假归寓此，得其指正妙法，日有进步。在牛牯臀（即现台城人民广场）划地为场，分队游戏。城中各校，互相继起……"[2]

1928年以前，排球技术在台山还比较原始。一开始，排球都是用红熟皮做的，重量较大，打球时要数"一、二、三"，在数"三"的同时把球击至对方，在学生和知识分子中，大家都用英文数数。排球运动与华侨的关系在此又可见一斑。[3]

据甄伯蔚先生撰文回忆，1928年，他就读育英中学四年级，任学校丙组排球队长，已经不再数数打球，球也改为白生皮，较轻。那时打的是九人制排球，分三排，每排三人，主攻手是二排左、右，有时二排中也担任主攻；主二传是头排中，主要靠他组织进攻，头排左、右是副二传；三排三人是主一传，主要靠他们制造进攻机会。九人制排球站位固定，技术专一，容易精通，能充分发挥各岗位的特长。直至20世纪90年代，在美国、加拿大等国的祖籍台山的华侨华人中，排球活动还保留着九人制排球比赛规则。[4]

进入20世纪30年代，台山的侨资学校如台山一中、台山师范学校（简称"台师"）在排球方面名冠一时，留下不少佳话。台山一中是台山最早成立排球队的学校，不过，获台山排球比赛冠军的总是台师。一直到1930年，这种格局才被打破，就在这一年，台山一中请来了著名的"三排王"——为中国排球队

① 台山县侨务办公室编：《台山县华侨志》，内部资料，1992年。
② 台山县档案馆编：《台山排球运动史稿》，内部资料，1984年。
③ 郭裔：《广东台山学校排球运动研究》，《体育文化导刊》2011年第5期。
④ 甄伯蔚：《台山排球运动发展简史（一）》，《新宁杂志》1991年第1期。

屡获冠军立下殊功的曾经荃（宝安人，后住香港，毕业于岭南大学）任体育主任。他技术全面、熟练、先进、新颖，特别是救球技术堪称卓绝。来到台山后，他训练从难从严，方法得当，对台山排球技术的提高和排球运动的发展起到了促进作用。仅仅一年后，在1931年5月举行的全县运动会上，台山一中除获田径第一以外，还首次获排、篮球冠军，全校欢腾。

据《台山县华侨志》记载，在1916年左右至1926年期间，是台山首批出国打工者回乡的高峰期。[①] 这些归国华侨和打工者有的本身就是排球爱好者，常给子弟传授球艺，并于1919年2月2日，在台山斗山浮石村成立了中国第一个农民排球组织——华利磨学会（华利磨是英文排球Volley ball的音译），以更好地推动排球运动在台山的传承。[②] 更重要的是，这些华侨和出国打工者回乡后给台山带来了大量的财富，每年常在两三千万美元以上，并于1938年达到高峰，仅这一年全县侨汇便达1.8亿美元以上。[③] 大量的财富为排球运动早期在台山的开展普及和竞技水平的提高奠定了经济基础。

由于各种体育会社的兴盛，台山的排球运动在社会上也得了到良好的发展。到了20世纪30年代，浮石华利磨学会成立的排球队，以"一乡之师"荣获六邑排球公开赛冠军，还远征香港，威震香江球坛。

至20世纪30年代初，台山社会烟赌林立，不少青少年不务正业，贪图享乐，嫖赌饮吹，挥霍金钱，海外华侨、邑内群众对此深恶痛绝。1931年，针对不少青少年不务正业、贪图享乐、嫖赌饮吹的风气，台城爱好体育的黄永栋等人，提倡以体育锻炼身体，在台城光兴路60号组织了"仁社体育会"，由归国华侨黄天法任名誉社长，黄永栋任社长兼队长。体育会建立后，广受欢迎，队员发展到200多人，成为台山排球运动的摇篮。"仁社体育会"过去在台山妇孺皆知，有"台山排球少林寺"之称。[④] 该会成立后受到了海外华侨华人的大力支持，队伍迅速壮大并取得了不俗成绩。[⑤] 出国打工者积极鼓励自己的子弟加入，以防止他们染上不良恶习、祸害村民，同时也为了锻炼身体保卫家产。为此他们出资购

---

① 台山县侨务办公室编：《台山县华侨志》，内部资料，1992年。
② 王曙星主编：《〈江门好〉续集》，珠海：珠海出版社，2002年，第183－184页。
③ 伍荣锡：《第一侨乡之我见》，《新宁杂志（史料）》，1991年，第42－43页。
④ 耿之矗：《华人华侨与台山排球运动的兴起》，《兰台世界》2010年第23期。
⑤ 陈光惠：《台山排球少林寺：仁社》，《新宁杂志》1996年第2期。

买排球（当时比较贵），修建场地让子弟学打排球，有时还奖励获胜球队，激发他们打排球的积极性。台山华侨华人对排球的支持与推广直接促成了台山排球的辉煌。

从成立到1950年的20年间，"仁社体育会"的排球队曾经历了台山、省、港及全国各地排球比赛数百场，战绩辉煌，誉满神州。据统计，仁社历年夺取的冠亚军奖牌40多枚，先后涌现出众多优秀排球运动员。台山解放后，仁社易名为台城联合排球队，球队的队员不断被选拔到军队和各省市排球队担任队员或教练，如李策大、黄育民、谭元芳、倪沛林、李金维、李松坤、伍伟泮、朱华、朱锦康、黄联等，他们当中后来也有许多人如许明觉、谭瑞坚、黄育民等旅居美、加后仍担任排球教练，桃李满天下。①

据《台山县华侨志》的记载，类似的由华侨资助成立的体育会在台山各地都有，而且是有会所、有经费、有球员、有组织、有设备。② 由于各种体育会社的兴盛，台山的排球运动在社会上也得了到良好的发展。可以说，正是华侨华人的积极倡议和大力支持，台山排球在战乱时代就有了专门的民间组织；也正是因华侨华人、出国打工者的慷慨解囊，保障了仁社等排球队的基本训练、比赛及后来的发展壮大。可以说，华侨华人使得台山排球运动在战乱时代仍能够传承和开展下去，并且竞技水平有所提高。

中华人民共和国成立前的战乱年代，台山女子排球运动的开展也得益于归国华侨。女子排球运动始于1924年，由加拿大归国女华侨青年叶重华在纲纪慎女师执教③。

叶重华，台山冈宁南溪村人，叶寿全之长女，叶以广之长妹。1907年出生于加拿大，1921年跟随其父回台城定居，学中文，就读于台城纲纪慎小学。翌年，被聘请为该校英语教员，边学中文边教英文，教与学集于一身。1927年，纲纪慎学校附设初级师范，并极力推广排球运动，叶重华女士任队长，成为台山女子排球之先驱。1929年，叶重华女士赴南京金陵女子神学院攻读，毕业后适逢抗日战争爆发，她仍留在华东华南两地区，辗转为教会之慈善机构服务。由于她酷爱排球，积极发动女生组织了台山县一支较早的女排球队。40年代中期，

---

① 陈光惠：《台山排球少林寺：仁社》，《新宁杂志》1996年第2期。
② 台山县侨务办公室编：《台山县华侨志》，内部资料，1992年。
③ 罗俊翀：《华侨华人对中国体育进步和竞技理念传播的贡献》，《八桂侨刊》2004年第4期。

台中女排曾名噪一时，到了后期，女师排球队跃上来，名居首位，形成你赶我追的局面。

20 世纪 40 年代活跃在台山排坛的不少是富裕阶层，其中多数是华侨子弟。①就像柬埔寨 1965 年 5 月 6 日《工商日报》载文所说的那样："当时，在四十年代活跃在台山排坛的，不少是富裕阶层，其中多数是华侨子弟。那些素质好而又爱好打排球的农民子弟，往往因家庭生活困难而四处奔劳，其球艺亦难发挥。"由此推断早期排球传入台山的情况，华侨华人以及侨属的影响是决定性的因素。

20 世纪 40 年代是台山排球运动兴起的高潮。抗战胜利后，曾经一度止息的排球活动又在全县范围内活跃起来，这与侨汇畅通激增有很大关系。那时几乎村村有球队，各区乡举办球赛的名目亦甚多。如节日赛、体育协会举办的或业务性的经常活动，还有各校、乡村球队为联络感情互相学习球艺的友谊赛。当时，以个人名义举行的球赛有"程万杯""伯轩杯"等。此外，还有以姓氏举行的"族人"球赛活动。这样，便使参加排球活动的人越来越多，球艺也与日俱增。连农村的学童也用废纸烂布捆扎成球，在巷道架条竹竿，或在塘基牵条绳就开始玩球；牧牛的牧童也用牛绳架起来作网，不分人数多少，便开始玩球。那可算是台山排球发展的鼎盛时期②，而旅美华侨出身的马杏修便是佼佼者之一。

## 二、马杏修

马杏修（1912—1956），生于广东省台山市白沙镇下屯村委会千秋里（见图 5-9）的一个旅美华侨家庭，他由运动员、体育教师、篮球、排球队教练，成为中华人民共和国国家男子排球队第一任教练，并兼任国家体委排球处处长。

马杏修自幼酷爱体育，在排球传入台山之后，便爱上排球活动。③ 1930 年 9 月，他进入台山县立中学（现台山一中）读书，担任该校篮球队队长和校排球队主力队员，更成为该校体育主任曾经荃（参加第八届远东运动会名将）的得意门生，得到了曾经荃的悉心培养。由此，马杏修的体育成绩突飞猛进，排球技术也得到了长足的进步。

---

① 台山图书馆：http://www.taishanlib.com/Disp.Aspx? Class ID=50&ID=1621。

② 暨南大学华侨华人研究所、香港中文大学海外华人研究社编：《华侨华人研究 第三辑》，广州：暨南大学出版社，1995 年，第 231 页。

③ 政协台山市委员会编：《星熠台山》，内部资料，2009 年，第 176 页。

**图 5-9　马杏修故里——白沙镇下屯千秋里**

图片来源：政协台山市委员会编：《星熠台山》，内部资料，2009 年，第 178 页。

马杏修不仅喜爱排球，还是田径好手。1932 年，在台山县第五届运动会上，马杏修荣获个人田径全能冠军，誉满台山侨乡。1933 年 5 月，代表台山参加广东省第十二届运动会，荣获男子甲组 100 米和 200 米第一名。因此，马杏修是一个以田径为基础全面发展的学生。①

1935 年秋，喜爱体育运动、品学兼优的马杏修考入广东省体育专科学校。1937 年毕业后，先后被分配到省立越华中学和台山县立中学任体育教师。

抗日战争爆发后，台山各地相继沦陷，学校处于半停课状态。1940 年 3 月至 1945 年 8 月，马杏修得到亲人的资助，前往美国留学，攻读体育专业。1947 年，他进入母校广东省体育专科学校任教，直至 1949 年。其间，马杏修一边教学，一边潜心研究体育理论，主持出版《体育世界》月刊，翻译国外篮、排球快攻战术，对当时广东体育起了积极的推动作用。②

中华人民共和国成立以后，马杏修被调任广东省东较场场长兼广东省篮球队教练。为了适应国际六人制排球比赛的要求，1950 年 7 月，马杏修参加了中华全国体育总会在清华大学举办的全国体育工作者暑假学习会，认真学习领会了六人制排球比赛的规则和办法，还对推行"准备劳动与卫国体育制度"（简称"劳卫制"）作了实践。为配合中国实行六人制排球赛，他撰写出版《六人排球裁判

---

① 政协台山市委员会编：《星熠台山》，内部资料，2009 年，第 177 页。
② 政协台山市委员会编：《星熠台山》，内部资料，2009 年，第 177 页。

法》；为推广六人排球运动，中央体训班和"八一"排球队这两支20世纪50年代初全国水平最高的排球队，经常深入基层、部队，作巡回示范表演和比赛，马杏修、黄亨等台山籍队员亲临球场作技术指导。①

1951年3月，马杏修带领广东省篮球队、广东省东较场排球队参加中南区篮球和排球选拔赛胜出。5月初，全国首届篮球、排球比赛大会在北京隆重举行，以广东运动员为主的中南区代表队七战全胜，获第一名。

1951年以后，马杏修先被省体育部门提拔担任中南区篮球队教练，后又兼任该区排球队教练，并担任国家男子排球队第一任教练，后兼任国家体委排球处处长。由于排球运动在台山发展快、普及广，在全国享有盛名。1953年底，中央体训班派马杏修返回台山挑选排球好手，补充国家排球队。经物色，挑选了黄广德、黄述周、蔡翘、马占元、马俊耀等近10名排球运动员进入国家队。这批队员退役后，大多成为全国各地的排球教练。图5-10为1953年马杏修与中国男子排球队的合影。

图5-10 1953年，马杏修（二排右一）与中国男子排球队运动员在北京一次比赛前的合影

图片来源：政协台山市委员会编：《星熠台山》，内部资料，2009年，第176页。

马杏修重视体育理论研究，积极撰写有关排球的论文，编写排球教学参考资料。他长期超负荷工作，呕心沥血，积劳成疾，但仍抱病撰写《今后排球运动的方向》《中国排球裁判法》等理论著作，为中国培养体育人才作出了重要贡献。②

中华人民共和国成立以来，台山市排球运动技术不断提高，人才辈出，先后

---

① 政协台山市委员会编：《星熠台山》，内部资料，2009年，第178页。
② 政协台山市委员会编：《星熠台山》，内部资料，2009年，第179页。

向国家排球队、解放军和各省、市队输送了 500 多名优秀排球运动员，被选入国家排球队的有 35 人（其中女子 2 人）。中华人民共和国成立后，先后任国家排球队教练的马杏修、容植聪和第一任国家排球队队长黄亨都是台山籍。国际高级教练员李策大①，是台山市水步镇独树沙田岗村人，他于 1984—1985 年赴阿根廷执行援外任务，担任阿根廷国家队主教练，1986 年被国家体委授予"新中国体育开拓者荣誉奖章"。

台山华侨对体育的作为，主要体现在为家乡传统体育传承与发展上，常见的方式，一是回乡探亲时出资举办体育比赛，通过开展活动丰富生活、拜访乡亲、找回过去的感觉和回味儿时的记忆；二是出资修建体育场馆和办体育学校，这样的举动在台山随处可见。② 总而言之，台山华侨出资为家乡体育事业的发展作出了卓越的贡献，过去有、现在有、将来还会有。随着华侨各项事业的不断发展与提高，经济实力不断雄厚，华侨对祖国未来的发展，特别是对我国体育事业，以及家乡传统体育的发展，在投入形式、投入内容、投入力度上会发生较大的转变，这是华侨们对祖国的真情回报。

群众基础雄厚，华侨华人以及港澳同胞大力支持，使台山排球运动在中国乃至世界上都享有盛名，并在二十世纪七八十年代达到鼎盛，战绩赫赫，人才辈出。排球对台山来说并不仅仅是一项体育运动，它曾经寄托着华侨华人对家乡的桑梓深情以及对家乡晚辈健康成长的美好愿望，现在又成为"内外两个台山"乡土之情的联络纽带，也成为台山侨乡文化的标志。我们追忆排球运动传入并在台山蓬勃发展的早期历史，从中体会到了华侨华人对祖国和故乡的款款深情，也认识到了他们在中国近现代历史舞台上所扮演的重要角色。更重要的是，台山排球运动的历史促使我们对排球运动乃至各项体育运动的意义进行重新评估。图5-11 为台山优秀排球教练员、裁判员、运动员名单。

---

① 台山市地方志编纂委员会编：《台山市志（1979～2000）》，北京：方志出版社，2011 年，第 1190 页。

② 潘兵、孔令建、李丽：《文化背景下华人华侨对传统体育的影响研究——以广东台山传统排球为例》，《当代体育科技》2015 年第 16 期。

# 台山优秀教练员、裁判员、运动员名单

**国际排球高级教练:**李策大(原解放军排球总教练)

**国家排球高级教练:**容植聪 李策大 黄亨 伍毅仁 朱绍伦 容惠汉

**一级排球教练:**陈兆灿 马焕南 黄汝光 梅仕明 廖家瑞 黄健洪

余树洪 陈伟英 伍贵华 黄英杰 陈任波 刘伯全

余介明 马奕平 李树文 余树伦 麦卓新 刘灿耀

雷瑞胜 陈启科 陈超发 文洪伟 李惠豹

## 代表国家派往外国的台山籍教练(专家)

**容植聪**曾先后出任越南国家队、柬埔寨银行队、尼泊尔国家队教练

**李策大**出任阿根廷国家队教练

**朱绍伦**出任非洲布隆迪国家队教练

**伍理民**出任叙利亚国家队教练

**容惠汉**出任智利国家队教练

**伍振辉**出任北也门国家队教练

**蔡振鹏**出任秘鲁国家队教练

**黄鼎民**出任柬埔寨国家队教练

## 台山籍国际级、国家级裁判员名单

**国际级排球裁判员:**马达才一原广州军体院排球教练员

**国家级排球裁判员有:**

黎福俊 伍卓凡 陈伟夫 容志光 钟 昌 麦锡良 陈冠华

梅 毅 李仕杰 陈洪耀 黄汝光 马达才 陈兆灿 伍齐乐

蔡灶钦 陈子锐 陈卓源 朱征宇 李仲坤

## 优秀运动员名单、中华人民共和国成立前台山籍优秀排球运动员

黄鼎芬 谭永湛 李福申 陈英宽 伍廉瑞 林权胜 刘权荣 刘权达
曹廷赞 黎连盈 李仲生 丘广銮 黎连泽 黄英杰 马元钜 黄惠康
梅迪贤 陈耀炽 刘炳胜 梅华宝 梅松福 江国钿 陈树之 陈树湛
李金维 陈祥华 黄育民 谭松欢 谭俊惠 谭持厚 邝均乐 黄永栋
马登堂 赵振羡 赵銎堂 刘华明 刘 九 倪沛林 刘炳胜 朱 康

以及后起之秀:黄 亨、梅池锐、陈立贤等(以上是据《广东体育史料》有关资料记载和一些老前辈口述整理)。

### 中华人民共和国成立后台山籍优秀排球运动员
### 解放后被选入国家排球队（国手）的我县运动员

| 黄　亨 | 马俊耀 | 黄广德 | 梅庭昌 | 梅景康 | 梅寿南 | 蔡　翘 | 蔡振鹏 |
|---|---|---|---|---|---|---|---|
| 江振洪 | 梅子文 | 伍理民 | 李策大 | 叶　灼 | 陈立贤 | 容植聪 | 伍振辉 |
| 陈凤素 | 黄福彦 | 伍毅仁 | 李遇祺 | 黄炎威 | 黄荣杰 | 容惠汉 | |

**运动健将**
**获得运动健将称号的台山籍运动员**
**排球运动健将：**

| 江振洪 | 李策大 | 伍理民 | 陈立贤 | 叶　灼 | 梅子文 | 蔡　翘 | 梅寿南 | 曾荣乐 |
|---|---|---|---|---|---|---|---|---|
| 倪庆祥 | 伍贵华 | 伍毅仁 | 陈伟英 | 朱锡暖 | 邝福槐 | 陈秀贤 | 伍国振 | 黄金炎 |
| 黄作常 | 刘荣祥 | 曾振基 | 余焕常 | 刘玉成 | 李兆平 | 伍振辉 | 容植聪 | 陈凤素 |
| 钟　昌 | 刘伯全 | 陈壬波 | 余介明 | 倪广泮 | 伍思颖 | 黄光宇 | 陈焕恩 | 余德任 |
| 余树洪 | 黄凯旋 | 伍欣惠 | 黄旭辉 | 黄汝光 | 马焕南 | 黄健洪 | 陈锡超 | 陈兆灿 |
| 朱国铮 | 朱绍伦 | 梅仕明 | 容惠汉 | 刘美珍 | 黄荣杰 | 伍丽尧 | | |
| 黄炎威 | 蔡振鹏 | 曾　七 | 李维硕 | 梅心怡 | 黄长毛 | 李元畅 | 王均亮 | |

图 5-11　台山优秀教练员、裁判员、运动员名单

资料来源：台山市档案局（馆）编，《台山排球之乡》，台山市档案局（馆），2008 年，第 73-75 页。

## 三、李策大

李策大（1933—1998）①，台山市水步镇独树沙田岗村人。1952 年肄业于台山师范学校，同年 10 月参加中国人民解放军。参军后，曾在中南军区体工队当排球运动员。1954 年 6 月调入"八一"体工队排球队，是中国人民解放军第一代优秀排球运动员。当运动员 10 年，勤学苦练，技术精湛，是一位敢于拼搏的运动员，有股不服输的犟劲，曾代表"八一队"在国内外重大比赛中多次夺得冠军，受到了领导和全军广大指战员的称赞。1956 年和 1962 年，李策大代表中国队参加第三、第五届世界排球锦标赛。1957 年被国家体委授予排球运动健将称号。1960 年 12 月加入中国共产党。1964 年起任"八一队"男排主教练员。

---

① 台山市地方志编纂委员会编：《台山市志（1979～2000）》，北京：方志出版社，2011 年，第 1190 页。

1969 年 11 月调任国家体育运动委员会运动系任国家男排二队主教练员。1974 年"八一队"重建后仍担任男排主教练员。1979 年被国家体委批准为国家级教练员。1984—1985 年赴阿根廷执行援外任务，回国后继续担任"八一队"男排主教练员、总教练等职。1986 年被国际排联批准为国际高级教练员，同年国家体委授予李策大"新中国体育开拓者荣誉奖章"。1988 年 12 月被全军高级专业职务评审委员会评为高级教练员。在队期间成绩突出，荣立个人二等功 2 次、三等功 3 次；1992 年被"八一队"党委评为"模范共产党员"，享受副军级待遇。撰写有排球技术论文多篇在《新体育》杂志和《中国体育科技》等刊物上发表。

# 第五节　羽毛球

羽毛球运动始于英国，后传入东南亚及北欧各国。我国在抗日战争前很少有人知道这项运动，其后来通过福建、广东侨胞由南洋传至我国华南地区，才逐步开展起来，但传播并不广泛，所以旧中国的羽毛球技术水平甚低。1936 年，圣约翰大学有支颇有名气的羽毛球队"飞棱"队，是由 8 名从南洋回国的华侨学生组成的。该队的部分队员，以后一直在上海等地区为推动我国羽毛球运动而努力。[①] 1948 年旧中国第七届全运会时，曾邀请当年获得汤姆斯杯冠军的马来亚华侨羽毛球队归国进行表演，大开国人眼界。

把羽毛球看作"国球"的是亚洲国家印度尼西亚。印度尼西亚开展羽毛球运动的历史并不长。大约是在 20 世纪 30 年代，羽毛球才从英国传入印度尼西亚。不过，这项运动在力量、速度、灵敏、耐力等多方面对人体的要求，恰好很适合身材轻巧的印度尼西亚人。因此，羽毛球运动很快在印度尼西亚发展起来。50 年代末，印度尼西亚的羽毛球水平就已跻身世界一流行列。1958 年，印度尼西亚队在汤姆斯杯赛中一鸣惊人，夺得冠军，从此开创了其的羽毛球全盛时期。在以后的汤姆斯杯赛中，印度尼西亚稳坐冠军宝座达 20 年之久。

印度尼西亚羽毛球霸主地位受到的挑战，主要来自中国。

羽毛球运动早在 1920 年前后就已传入我国，但运动水平不高。1953 年举行的第一次全国羽毛球比赛，只有 5 个队共 19 名选手参加。20 世纪 60 年代初期，

---

① 黎宝峻：《圣约翰大学体育活动》，《上海体育史话》1992 年第 25 期。

由汤仙虎、侯加鲥、陈玉娘、梁小牧等人组成的中国羽毛球队迅速攀上了世界高峰。他们与当时的世界冠军队印度尼西亚队交锋，四战四胜；在访欧比赛中，与劲旅丹麦队、瑞典队对阵，又十战十捷，威震海外。只是，当时我国还没有参加国际羽毛球联合会，所以，人称中国队是"无冕之王"[1]。自 1981 年起，中国逐步登上世界羽坛，在一段时间内所向无敌。特别是女子项目，稳坐冠军宝座。

后来，尽管羽毛球运动又有新发展，亚洲的马来西亚、韩国，欧洲的丹麦、英国、瑞典都有一些优秀运动员涌现，但印度尼西亚和中国仍不失为世界最强的羽毛球大国。[2]

## 一、中国与广东的羽毛球事业

1982 年 5 月 29 日，万里副总理在中南海紫光阁接见首次捧得"汤姆斯杯"的中国羽毛球代表队时曾深情地说："羽毛球在我国是 1949 年以来刚刚开始的一项运动，在第一、第二代的运动员和教练员中，有不少是归国华侨。归侨为中国羽毛球运动的发展作出了很大的贡献。"

我国羽毛球运动的蓬勃开展是从 20 世纪 50 年代初期开始的。及至 1954 年，王文教（福建籍）、陈福寿（福建籍）、施宁安、黄世明（福建籍）等一批从印度尼西亚归国的羽毛球好手组成第一支国家羽毛球队，从此打开中国在世界羽坛的局面，为以后攀登羽毛球技术高峰打下了坚实的基础，同时取得了震动国际羽坛的好成绩。据资料统计，1956 年至 1979 年的 23 年间，在国内及国际的羽毛球重大比赛中，归侨运动员获得的冠军有 70 余个之多。像林丰玉、王文教、陈福寿、侯加昌、汤仙虎、丘玉芳、方凯祥、陈玉娘（福建籍）、梁秋霞、梁小牧等，这些耳熟能详的著名羽毛球国手和教练员，都是从海外归来的赤子。他们成为中华人民共和国五六十年代羽毛球运动的中坚力量，并培养了一批世界级的优秀运动员。[3]

---

[1] 尽管中国羽毛球运动已达到了世界第一流的水平，但是由于当时的国际羽联某些人的顽固态度，中国的合法地位一直未能恢复，中国队一直被排斥在正式的世界大赛之外，包括洲际羽毛球赛和"汤杯""尤杯"比赛。所以 20 世纪 60 年代的中国羽毛球队，被人们送上了一个"无冕之王"的美称。李麟主编：《体育百科》，呼和浩特：内蒙古人民出版社，2008 年，第 89 页。

[2] 蒋楚麟、赵得见主编：《体育世界》，北京：北京图书馆出版社，1997 年，第 57 页。

[3] 文明、陈琦：《华侨、华人体育的发展及其贡献》，《华南师范大学学报》（社会科学版）1995 年第 4 期。

在 20 世纪 60 年代和 80 年代，中国的羽毛球运动经过了两个"全盛时期"，从"无冕之王"到"羽坛霸主"，涌现出了不少贡献突出的世界级羽坛明星。60 年代，主要是侯加昌、汤仙虎、吴俊盛、陈玉娘、梁小牧等。这一辈的运动员，包括他们的教练王文教、陈福寿等，大都是从印度尼西亚回来的归国华侨青年。他们热心报国，潜心钻研，刻苦训练，形成了中国独有的反攻为主，"快狠准活"的全新打法，为世界羽毛球运动的发展作出了突出的贡献。

进入 20 世纪 80 年代，我国羽毛球运动突飞猛进，捷报频传。80 年代，韩健、栾劲、熊国宝、赵剑华、韩爱萍、李玲蔚等这一批新秀，在王文教、侯加昌等老一辈运动员的精心培养下，迅速成长起来，取得了比他们的老师更辉煌的成就——取得过所有世界大赛上的所有项目的桂冠，多次囊括一次比赛的全部金牌，使得中国被国际羽坛人士称为"金牌富翁"。中国队明星荟萃，人人有绝招，全面发展了羽毛球运动的技术和战术，显示了强大的实力。

1982 年，中国队第一次参加"汤姆斯"杯的角逐，夺得冠军；1984 年，中国队第一次参加"尤伯"杯角逐，以无可争辩的优势夺杯；1983 年，中国运动员第一次参加世界羽毛球锦标赛，李玲蔚获女单冠军，林瑛、吴迪西获女双冠军；1985 年，韩健获男单冠军，韩爱萍获女单冠军，韩爱萍、李玲蔚获女双冠军；1983 年，首届系列大奖赛，栾劲、李玲蔚包揽男女单打金牌。[①] 1986 年，国际羽联（International Badminton Fedration，IBF）为了表彰中国羽毛球工作者对世界羽毛球运动发展作出的巨大贡献，授予朱仄、陈福寿、汤仙虎、侯加昌、陈玉娘"卓越贡献"奖章，授予梁小牧等 7 人"贡献奖"荣誉证书。[②] 1989 年以后，中国羽毛球运动，从高峰跌落下来，逐步步入低谷，但仍不失为世界一流强队。[③]

1958 年 10 月，广东羽毛球集训队正式成立，积极备战第一届全运会。队员是在省羽毛球锦标赛中，从各地市选拔出来的优秀选手。他们绝大部分是从印度尼西亚、泰国、马来亚、老挝等东南亚国家归国的华侨学生，共 20 多人。徐权芳时任教练员。

1959 年 1 月，全国第一届青少年锦标赛在广州市举行。徐权亨经过努力拼搏，荣获男子单打冠军。这是广东羽毛球队建队之后的第一项全国冠军。1959

---

① 李麟主编：《体育百科》，呼和浩特：内蒙古人民出版社，2008 年，第 89 页。
② 吴兆祥：《体育百科大全 16》，合肥：安徽人民出版社，2010 年，第 129 页。
③ 李麟主编：《体育百科》，呼和浩特：内蒙古人民出版社，2008 年，第 90 页。

年底，徐权芳、方凯祥、彭月梅、林爱珍代表广东参加第一届全运会。彭月梅获女子单打第二名，方凯祥获男子单打第三名，徐权芳、方凯祥获男子双打第三名，广东队异军突起，总分超过上海，跃居全国第二。[1]

20 世纪 60 年代初期国家经济困难，不少归侨队员的父母和亲友纷纷从国外来信，规劝他们返回原居住国与家人团聚，另谋出路。结果，没有一个队员离队出国，大家都安心进行训练。[2] 为了谋生存、求发展，大家群策群力，集思广益，终于自主创新了"全面专项身体素质训练方法"，开展了技术革新，全队的技术水平突飞猛进，处于全国领先地位，迈进了世界羽毛球先进水平的行列，使广东羽毛球队出现了一个高峰期。

1998 年，第一任领队曾祥麟同志，在纪念建队 40 周年时，触景生情，直抒胸臆，赋诗一首:[3]

四十春秋岂等闲，华侨弟子步维艰。

钻研技艺无轮日，磨炼功夫不计年。

挥拍攻关争问鼎，立功报国效先贤。

战功彪炳昭青史，继往开来创伟篇。

## 二、粤侨与羽毛球

广东的羽毛球发展绝对离不开优秀粤侨的贡献。原广东省体委主任、泰国归侨陈远高，曾参与第一届至第六届全运会广东体育代表团的领导工作。"六运会"在广州召开期间，其负责的体育服务总公司共筹集资金 5 000 万元，1978—1983 年，他四度获国家体委颁发的"体育贡献奖"。羽毛球名将梁小牧、侯加昌、方凯洋、傅汉洵等都是印度尼西亚归侨。其中梁小牧在退出赛场后从事羽毛球运动的研究及教练工作，1986 年获国际羽毛球协会授予的"贡献奖"。傅汉洵

---

① 《广东体育精英大观》编委会编：《广东体育精英大观（1953—1990）》，广州：广东人民出版社，2008 年，第 50 页。

② 《广东体育精英大观》编委会编：《广东体育精英大观（1953—1990）》，广州：广东人民出版社，2008 年，第 50 页。

③ 《广东体育精英大观》编委会编：《广东体育精英大观（1953—1990）》，广州：广东人民出版社，2008 年，第 52 页。

于 1971 年始任广州羽毛球队教练，与其夫人曾秀英（马来西亚归侨）培养出了世界冠军关渭贞等大批羽毛球人才，曾两次被国家体委授予体育荣誉奖章，是广东省劳动模范。

## （一）汤仙虎

在羽毛球界，汤仙虎是蜚声中外的传奇人物。他曾是"无冕之王"时代中国最好的男子单打选手，有 12 年国际赛场不败的纪录；执教 30 年，他又培养出了林丹、蔡赟、傅海峰等众多世界冠军、奥运冠军。

祖籍广东花县的汤仙虎 1942 年生于印度尼西亚。受父亲影响，1952 年，九岁时便开始在印度尼西亚从事羽毛球训练。1961 年，高中还没毕业的他回国加盟福建队。汤仙虎将印度尼西亚的羽毛球技术加以发展，开创了快速下压后上网控制网前的进攻技术、出色的头顶扣杀动作和快速灵活的步法，"汤式高吊杀一致性手法"被当时的众多运动员模仿，被羽坛称为典型的中国式打法。[①] 汤仙虎的打法特点与另一猛将侯加昌相比，技术更精确，球风大刀阔斧，犹如猛虎下山，而因其姓名中有一"虎"字，被圈中人爱称为"老虎"。他同侯加昌一起被称为"猴子和老虎"，成为世界羽坛"无冕之王"的代表人物。[②]

1962 年汤仙虎获新兴力量运动会男子单打冠军。他第一次荣获国际比赛冠军，是在 1963 年于雅加达举行的第一届新兴力量运动会上取得男子单打冠军。1965 年参加为庆祝万隆会议召开十周年而举行的新兴力量羽毛球比赛，获男子单打冠军，同侯加昌配合获男子双打冠军。同年 10 月，中国羽毛球队访问北欧参加丹麦国际邀请赛，汤仙虎在与丹麦队的一局比赛中以 15∶0 战胜曾 6 次获得全英锦标赛男子单打冠军的 E. 科普斯。[③] 那是中国羽毛球的第一个鼎盛时期，国际媒体称中国队为"无冕之王"，认为"只要没有中国参加，任何世界冠军都是不真实的"[④]。汤仙虎 1972 年参加全国五项球类运动会，获男子单打亚军，并获男子双打冠军；1963 年至 1973 年的十年中，击败过当时所有的世界冠军，在国际羽坛上保持了未败一场的最佳战绩；1974 年 9 月参加在伊朗举行的第七届亚

---

① 樊渝杰编：《体育人名辞典》，深圳：海天出版社，1991 年，第 134 页。
② 俞继英主编：《奥林匹克羽毛球》，北京：人民体育出版社，2001 年，第 30 页。
③ 乔丹、程成主编：《体育组织辞典》，呼和浩特：远方出版社，2006 年，第 193 页。
④ 俞继英主编：《奥林匹克羽毛球》，北京：人民体育出版社，2001 年，第 29 页。

运会，是我国获得男子团体冠军的主力队员，并同陈天祥配合获男子双打第三名。决赛中，年过三十的汤仙虎战胜印度尼西亚名将林水镜，立下大功。1975年他又获得第三届全运会单打和团体冠军。[①] 1978 年 12 月在泰国举行的第八届亚运会，36 岁的汤仙虎是我国获男子团体亚军的主力队员，同时，获男子双打亚军，与张爱玲搭档夺取男女混合双打冠军，完成运动员生涯的完美谢幕。

　　运动员时期的赫赫战绩，只是汤仙虎传奇的一部分。挂拍退役后，他书写了作为教练员的辉煌。他 1977 年开始兼任教练，1978 年、1979 年两次获国家体委颁发的体育运动荣誉奖章。[②] 他的下压后上网控制网前的技术动作，是进攻打法的新创造。1981 年底，汤仙虎正式担任国家队教练，执教中国羽毛球女队。任教期间培养了林瑛、吴迪西、郑显鲤、钱萍等优秀运动员。在他的指导下，短短半年，女双组合林瑛、吴迪西的技术明显提高，在 1982 年的全英公开赛上喜摘女双桂冠，1983 年又获世锦赛冠军。他于 1978 年、1979 年两次荣获国家体委颁发的体育运动荣誉奖章。20 世纪 80 年代中期，汤仙虎赴印度尼西亚执教，他的弟子魏仁芳在 1992 年成为第一位羽毛球奥运男单冠军。1997 年汤仙虎回国，当时，中国羽毛球男队陷入低潮，汤仙虎接手了男单教练的重任。2000 年奥运会上，他执教的吉新鹏成为中国羽毛球第一位奥运会男单冠军，而站在男单领奖台上的另外两名高手叶诚万、夏煊泽都出自他的门下。2002 年，中国男队在汤姆斯杯上折戟，男子双打是最大短板，60 岁的汤仙虎毅然接受挑战，在他的悉心指导下，蔡赟、傅海峰这对"风云组合"脱颖而出，两年后就为中国队重夺汤姆斯杯。2004 年，已退休的汤仙虎担任了羽毛球国家队总顾问。2006 年中国羽毛球女队成绩下滑，他用丰富的经验、有效的手段帮助姑娘们走出了低谷。

　　那些年，国家羽毛球队哪里困难大，汤仙虎就会出现在哪里，而且卓有成效，有人因此戏称他是"救火队员"。2007 年，65 岁的汤仙虎又挑起了一个"救火"重任。2004 年奥运会，排名世界第一的林丹首轮爆冷门出局，2006 年他在亚运会上又失手，林丹希望汤仙虎能帮助自己走出技术和心理上的双重障碍。而老帅果然高妙，一年多的心血换来了林丹在北京奥运会上的所向披靡。决赛中顺利击败世界排名第一的李宗伟后，林丹流着眼泪和场边的汤仙虎紧紧拥抱。从

①　李方诗等编：《中国人物年鉴　2009》，北京：中国人物年鉴社，2009 年，第 410 页。
②　向洪主编：《国情教育大辞典》，成都：成都科技大学出版社，1990 年，第 896 页。

那以后，"超级丹"势不可当地成为世界羽坛的男单霸主。伦敦奥运会前，汤仙虎再度出山为林丹护航，帮助林丹蝉联了奥运冠军。

半个多世纪，从顶尖高手到调教出不同时代众多顶级名将，汤仙虎被誉为羽坛"常青树""活化石"，如今 70 多岁的他仍在为中国羽毛球忙碌着。[①] 他还出版了《羽毛球运动技术图解》一书。

### （二）侯加昌

侯加昌是我国著名羽毛球运动员。祖籍广东省梅州市梅江区，出生于印度尼西亚三宝垄。他受父亲的影响，从小热爱祖国，喜爱羽毛球。

侯加昌 1960 年回国，考入广州体育学院运动系，后入选广东省羽毛球队。次年 7 月，参加六省市羽毛球邀请赛，获得冠军。1963 年夏，第一次代表中国队参加国际比赛，以 2∶1 战胜汤姆斯杯得主印度尼西亚队。同年，在印度尼西亚首都雅加达举行的第一届新兴力量运动会上，他获得男子单打亚军。[②] 1963 年获"运动健将"称号。1965 年，他参加中国羽毛球队赴北欧比赛，中国队获得五项冠军、四项亚军，名扬世界。1972 年 6 月，在国内举行的一次大型体育运动会上，侯加昌获得男子单打冠军。1974 年，在第七届亚运会羽毛球比赛中获男子单打冠军，并作为中国队的主力队员赢得了男子团体冠军。1976 年，在第四届亚洲羽毛球锦标赛中，战胜了印度尼西亚羽坛名将林水镜获冠军。1978 年，在世界羽毛球联合会举办的第一届世界羽毛球锦标赛中，他与队友庾耀东合作获双打冠军。

结束运动员生涯后，侯加昌又投入到为祖国培养优秀人才的教练身份中去。1979 年任国家羽毛球队教练。1981 年获国家级教练称号。[③] 培养了韩健、栾劲、陈昌杰、杨阳、赵剑华、李和波、熊国宝、吴文凯等世界冠军共 11 人。技术全面，能攻善守，灵活多变，打法积极，速度快，步法灵活，以快拉快吊结合突出打法独具一格。获汤姆斯杯冠军四次，先后 11 次获得国家体委颁发的体育运动荣誉奖章。

---

① 郭童超：《羽坛传奇人物——汤仙虎》，《今日中学生》2016 年第 4 期。
② 广东梅州客家联谊会编著：《世界客家名人谱 第 1 卷》，广州：花城出版社，1999 年，第 190 页。
③ 向洪主编：《国情教育大辞典》，成都：成都科技大学出版社，1990 年，第 896 页。

### 世纪之谜——"天皇巨星"与"无冕之王"谁更强①

　　印尼羽毛球运动员梁海量从 1968—1976 年共 8 次获得全英羽毛球锦标赛男子单打冠军（在没有举办世界羽毛球锦标赛时，全英羽毛球锦标赛的冠军被视为世界羽毛球冠军）。在所参加的羽毛球比赛中几乎无败绩，被誉为世界羽毛球的"天皇巨星"。而中国的汤仙虎、侯加昌两人，因不参加全英羽毛球锦标赛，而从未与梁海量交手。但是在汤、侯成名后与所有其他外国运动员的比赛中从未输过一场，甚至于从未丢过局。因此，世人极想看到"无冕之王"的代表人物汤仙虎、侯加昌与羽球王国的世界"天皇巨星"梁海量比赛一场，分个高低。

　　1973 年 12 月，香港羽总举办了一次规模盛大的羽毛球国际邀请赛，印尼没来参加。为使中国羽毛球运动员有机会与世界冠军印尼队交手，泰国在 1974 年举办了曼谷国际羽毛球邀请表演赛，印尼虽派运动员参加，但梁海量没出现在赛场。而在 1974 年伊朗首都德黑兰举行的第 7 届亚运会羽毛球比赛，梁海量在又获当年的全英羽毛球男子单打冠军的状态下却再次回避。失去了这样几次难得的机会后，汤仙虎与侯家昌这两位耀眼的世界羽球明星，终于未能了却与梁海量切磋球技的夙愿。

### （三）梁小牧

　　梁小牧，女子羽毛球运动员。1943 年 5 月出生于印度尼西亚，汉族，广东省南海县人。1958 年从印度尼西亚回国，当年开始从事羽毛球训练。1963 年参加全国羽毛球锦标赛，获女子单打冠军，并与曾秀英合作获女子双打冠军。同年，代表国家参加在印度尼西亚雅加达举行的第一届新兴力量运动会，是我国获得女子团体冠军的主力队员，同时获得女子单打亚军，和陈玉娘合作夺得女子双打亚军。1964 年、1965 年两度获得全国比赛的女子单打亚军。1965 年参加在印度尼西亚雅加达举行的亚非会议十周年纪念大会羽毛球比赛，获得女子单打亚军，同陈玉娘配合又获得女子双打亚军。

　　技术特点：技术全面，单双打兼备，手法娴熟，步法灵活，战术上擅长拉开突击，杀吊落点好，上网步法快，控网能力强。

　　1963 年被国家体委记一等功，1964 年被广东省体委评为运动队个人标兵。

---

① 俞继英主编：《奥林匹克羽毛球》，北京：人民体育出版社，2001 年，第 18 页。

后调任河北省体育科学研究所运动训练研究室工作。① 后任佛山市体委副主任，并任致公党佛山市主委，市十届人大常委。多次代表中国参加国际羽毛球比赛，并取得好成绩。曾获运动健将称号，被国家体委评为"一等功臣"，被省体委评为"五好运动员""个人标兵"。1986 年被国际羽联授予"贡献奖"。在海内外华侨、侨眷和体育界中有一定威望和影响。著有《我和羽毛球》《羽毛球》二书。撰写过有关羽毛球技术、战术等专业文章，并翻译（英文）羽毛球混合双打训练比赛等文章多篇。②

1972 年 4 月 9 日，周总理视察二沙头运动训练基地，在队伍中，总理认出了梁小牧，关心询问她的情况。当晚她又荣幸地在区礼堂坐在总理身边聆听他的讲座。当总理得知广东羽毛球队训练场地有问题时，当即指示在二沙岛内建造羽毛球场。周总理知道梁小牧带小队员时很高兴地说："让新手赶上自己，这是新中国运动员应有的美德。"③

为了迎接 1959 年第一届全国运动会，全国各地都召开了运动会。学校体育老师问我会不会打羽毛球，我回答说，以前看过打球，但不会打。老师说："行，你报名参加羽毛球比赛吧！"这可把我吓了一跳，我连羽毛球拍怎样握，比赛的规则都不清楚，就稀里糊涂要参加比赛了。也许，仗着我身体好，市里又让我参加省里的比赛。当然，我的成绩不好。可是，广东省羽毛球界的老前辈都建议让我练一练，学校也同意我参加集训。我从来没想过打羽毛球，当领导要我参加羽毛球集训队时，我心里是不愿意的，但那时自己有着一颗强烈的爱国心，觉得既然回到祖国，就要服从分配，否则就太落后了……就这样，我勉勉强强地来到了省集训队。真没想到，1958 年 11 月 11 日踏入运动队的这一天，成了我生活中的一个转折点。从那以后，我在教练及同志们的指导下，真的成了一名羽毛球运动员，而且，还在比赛中为祖国争得了不少荣誉。

——节选自梁小牧《心向着祖国》④

① 樊渝杰编：《体育人名辞典》，深圳：海天出版社，1991 年，第 132 页。

② 国务院侨办侨务内司：《全国归侨侨眷知识分子名人录》，北京：中国华侨出版社，1997 年，第 931 页。

③ 《广东体育精英大观》编委会编：《广东体育精英大观（1953—1990）》，广州：广东人民出版社，2008 年，第 65 页。

④ 梁小牧：《心向着祖国》，《冠军的童年》，天津：新蕾出版社，1983 年，第 69 页。

### （四）傅汉洵

傅汉洵，1941 年 11 月生于印度尼西亚，广东人，中共党员，致公党中央委员。父亲傅高宾是印度尼西亚北苏门答腊省先达市的华人侨领和羽毛球协会副主席。受喜爱打羽毛球的父亲熏陶，他从小就热爱羽毛球运动。1960 年由印度尼西亚归国，任广州市体工队羽毛球教练、中国青年羽毛球队教练、国家羽毛球队高级教练。

多年来，傅汉洵为国家队输送了 8 名队员，其中关渭贞、劳玉晶、张新广、杨新芳、何一鸣等代表国家队参加各项比赛，并被评为国际级运动健将。由于成绩突出，傅汉洵 1977 年获国家体委体育运动荣誉奖章，1981 年被评为市"劳动模范"，1982 年被评为市科技工作积极分子，1984 年被评为省"劳动模范"，1985 年获"新中国体育开拓者"荣誉奖章。1987 年在评选"全国一十名最佳教练员"活动中获提名奖被选为市人大代表。1986 年、1987 年被中国羽联和国际羽联分别授予"对羽毛球运动突出贡献"荣誉奖。1989 年被评为市"优秀中青年专家"、市"优秀共产党员"，国家体委"全国优秀运动队思想政治工作先进个人"，并被评为"全国优秀归侨侨眷知识分子"。1992 年被评为省"优秀中青年专家"。[①]

# 第六节　游　泳

无论是儒家的"智者乐水"，佛教的"镜花水月"，还是道家的"上善若水"，水无不具有善而仁、澄而静、清浅而温润之特质。水在中国传统文化观念里可以用来观望、把玩、濯足，甚至感悟哲学，却从来不是用以征服的，而这正是大陆文明与海洋文明的显著区别。

广东第一个游泳池是光绪十三年（1887）由广州市沙面"广州俱乐部"兴建的，是只供外国人使用的室内游泳池（约 23 米长）。民国二年（1913）、五年（1916），岭南大学、广州基督教青年会先后建成游泳池。至抗日战争前，广州已

---

① 国务院侨办国内司：《全国归侨侨眷知识分子名人录》，北京：中国华侨出版社，1997 年，第 928 页。

建成东山游泳场、黄沙游泳场、石围塘游泳场（粤铁路局建）、广东省立一中游泳池。民国二十七年（1938），广州沦陷后，这些游泳场由于缺乏管理，受到严重损坏。①

1946年，抗日战争胜利后的第一个夏天，广州地区各游泳场修复后重新开放。"三民主义青年团"广州组织在沙面西北对岸建了一个康乐会，设有大型游泳场。该会举办了数期游泳训练班。同年，广州西郊坦尾建成颇具规模的江水游泳场——海角红楼游泳场。1948年5月在上海举行第七届全运会。这一届游泳比赛有印度尼西亚、马来亚、菲律宾等地华侨和香港、台湾选手参加，总体水平较高。广东女队获团体总分第五名，男队未能进入前六名。单项男子200米、800米自由泳接力分获第三、第四名；女子郑燕瑛获仰泳第三名，郑雪瑛获400米自由泳和200米俯泳第四名。②

原中国人民解放军"八一队"游泳教练张木龙，是泰国归侨，也是第一个获得全国游泳锦标赛男子400米个人混合泳金牌的运动员。1957年8月25日至28日，在北京举行的全国游泳锦标赛中，解放军队的张木龙以5′48″2的成绩，获得男子400米个人混合泳金牌。③

## 一、杨秀琼

水上生活，实质上长久以来在中国的社会生活中是空缺的。《诗经·国风·周南·汉广》有诗云："南有乔木，不可休思；汉有游女，不可求思。汉之广矣，不可泳思；江之永矣，不可方思。"汉广不可泳，游女不可求，留下的也不过是遗憾一场。

推动游泳这一运动为大众所知，开此风气，甚至使其进入官方语境的非杨秀琼莫属。杨秀琼，成为20世纪30年代波涛浩瀚、战争决堤的东方苦海中最为摇曳多姿的那尾"美人鱼"。

杨秀琼（1918—1982，见图5-12），原籍广东东莞杨屋村人。1918年出生在中国的"游泳之乡"广东东莞，这里河汉纵横，一年四季气候温和。在刚刚

---

① 广东省地方史志编纂委员会编：《广东省志·体育志》，广州：广东人民出版社，2001年，第890页。
② 广东省地方史志编纂委员会编：《广东省志·体育志》，广州：广东人民出版社，2001年，第396页。
③ 万里青主编：《新中国体育之最》，北京：人民体育出版社，2008年，第57页。

学会走路时，杨秀琼的父亲就开始教她游泳。

其父杨柱南，任香港南华体育会游泳教练。1928 年，杨秀琼与母亲龙慧明、姐姐杨秀珍、弟弟杨昌华一起，随父亲移居香港。香港气候和暖，一年四季均适宜游泳，所以游泳在 20 世纪 30 年代的内地虽为彻头彻尾的新鲜事物，但在香港却已颇为盛行。父亲安排她到尊德女子学校读书，同时利用自己在南华体育会游泳场工作的有利条件，把秀琼、秀珍、昌华带到游泳场进行正规和严格的训练。在父亲的指导下，杨秀琼苦练基本功，泳技突飞猛进。[①]

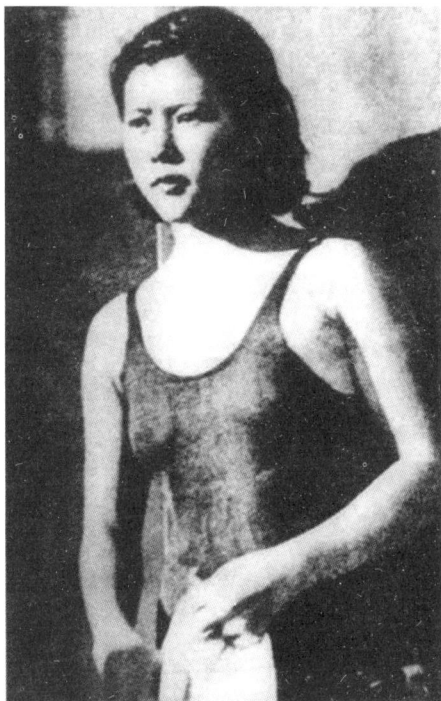

图 5 - 12　杨秀琼

1930 年，香港举行全港游泳大赛，年仅 12 岁的杨秀琼初试身手，便一举夺得 50 米和 100 米自由泳两项冠军，从此名扬中国泳坛。

第二年，杨秀琼参加了香港至九龙的渡海比赛。[②] 时值盛夏，观赛者众多，当日参加渡海比赛最初遥遥领先的均是外国选手，在最后关头，杨秀琼劈波斩浪，一跃而前，最先到岸。

1933 年，由国民党主办的第五届中华民国全国运动会（简称"全运会"）[③]在南京中央体育场揭开序幕。这届历时十天的全运会，第一次将女子五项游泳列为正式比赛项目，杨秀琼代表香港队参加（见图 5 - 13）。当杨秀琼在此届全运会中一举夺得五项冠军时，在场观看的蒋介石夫人宋美龄认她为干女儿，还特意送给她一辆美国紫竹牌小轿车。

---

① 东莞市地方志编纂办公室编：《东莞人物录　第 1 辑》，内部资料，1988 年，第 218 页。
② 庄莹：《民国胭脂和她们的时代》，济南：山东画报出版社，2015 年，第 55 页。
③ 全国运动会始办于 1910 年。1924 年第三届全运会第一次允许女子运动员参加比赛。女子项目除传统的田径、篮球、排球、网球之外，另新设立游泳、垒球、铁饼和国术。

图 5 - 13　1933 年第五届全国运动会香港女子
游泳三杰，中为"美人鱼"杨秀琼

　　在中国女子游泳尚处于萌芽状态的 20 世纪 30 年代，杨秀琼囊括了女子游泳比赛全部五项的桂冠：50 米自由泳、100 米自由泳、100 米仰泳、200 米俯泳，以及与刘桂珍、杨秀珍、梁咏娴合作为香港队取得的 200 米接力集体冠军。她掠出泳池时的健美身姿，阳光而耀眼，自那时起，"东方美人鱼"的称号便不胫而走。[①] 为了一睹"美人鱼"的风采，泳池的看台上常挤满了观众，每当杨秀琼出赛，掌声、喝彩声经久不绝。而那一年的杨秀琼，虚龄十五，健而又美最生动。

　　1933 年至 1936 年，是杨秀琼水上春秋的鼎盛时期。1934 年 5 月 12 日，杨秀琼代表中国队去菲律宾马尼拉参加第十届远东运动会。中国队在女子游泳项目上，包揽了五项比赛的全部冠军，其中杨秀琼得 50 米自由泳、100 米自由泳、100 米仰泳三项个人冠军，以及 200 米接力一项集体冠军。后来蒋介石亲自接见了她，国民政府主席林森也邀请她合影。从此"美人鱼"之名威震东亚，她更有了国际上的声望。

　　在女子游泳被纳入国家赛事常规项目不足一年的 1934 年，杨秀琼及中国的

---

①　马振犊等：《南京百年城市史　1912—2012　13　人物卷》，南京：南京出版社，2014 年，第 363 页。

女子运动员就包揽了这一项目的全部金牌。自 1915 年第二届远东运动会正式设立游泳项目，中国运动员连续二十年没有取得该项目金牌的局面，被女子游泳运动员打破。①

1935 年 10 月，上海第六届全运会，"美人鱼"杨秀琼仍是报刊记者最集中的焦点。这届全运会，杨秀琼虽没有包揽全部金牌，只获得了 50 米自由泳的亚军，但在女子游泳选手中仍然冠领群芳。

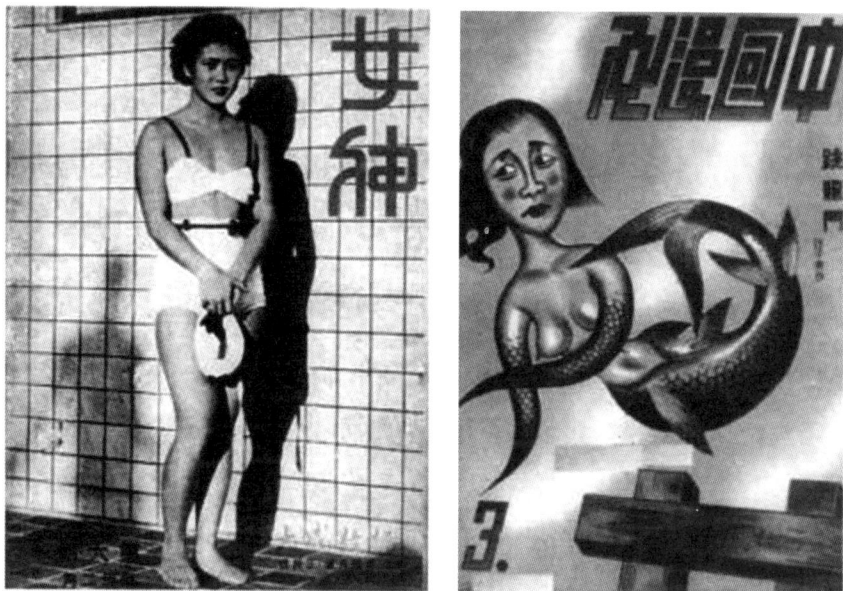

图 5－14　杂志以"美人鱼杨秀琼"作封面

1936 年 8 月，第十一届奥运会在德国柏林召开，杨秀琼作为唯一的中国游泳队女子选手参赛，参加了强手荟萃的较量。可惜的是，杨秀琼在预赛中即告落选，和其他参加田径、球类的中国运动员一样，都没有得分，铩羽而归。

全面抗战开始后，蒋介石迁都重庆，杨秀琼和丈夫陶伯龄受邀到重庆参加全国游泳比赛。在这次比赛中，"美人鱼"一洗奥运会的耻辱，夺得女子游泳赛 8 项全能冠军。

此后不久，杨秀琼便远渡重洋，漂泊异乡，到加拿大温哥华侨居。1982 年

---

① 庄莹：《民国胭脂和她们的时代》，济南：山东画报出版社，2015 年，第 60 页。

10 月 10 日，杨秀琼在加拿大温哥华病逝，终年六十二岁。[1]

## 二、张天辉

张天辉（1932— ），广东省汕头人，生于泰国，高级教练员。5 岁学会游泳，中学时还喜爱篮球和羽毛球运动，1948 年返回祖国，在汕头上学。1952 年代表解放军参加了第一届全国游泳比赛，1953 年打破了 100 米蝶泳全国纪录，1954—1955 年打破并保持了 200 米蝶泳全国纪录，1955 年被选派赴匈牙利训练，同年参加第五届世界青年联欢节，与队友一起获得 4×200 米自由泳接力第五名。1959 年在匈牙利举行的社会主义国家公安系统运动会获 200 米蝶泳第三名，同年任国家游泳集训队教练。1963—1987 年担任广东省游泳队教练、领队兼教练组组长，带领广东游泳队参加第四、第五、第六届全运会，并分别在第五、第六届全运会上获得男子组总分第一和第二，女子组获前三名。[2]

1966 年被派征柬埔寨任国家游泳队教练一年，带队参加亚新运动会取得 8 项第一名，8 项第二名，9 项第三名。1970 年任广东游泳队教练组长兼班主任。任教期间训练过的优秀运动员有梁桂良、韦炯源和罗兆应等。[3] 1980 年被选为参加第 22 届奥运会游泳集训队教练，并开始训练运动员罗兆应，至 1987 年第六届全运会，罗兆应年年创新 100 米和 200 米蝶泳全国纪录。在担任运动员和教练期间，曾多次代表国家或广东省游泳队出访匈牙利、苏联、波兰、东德、美国、澳大利亚、伊拉克、泰国、越南等国家参加比赛。

1954 年获中南军区政治部记三等功 1 次，1983 年和 1987 年获广东省体委记二等功 1 次和记功 1 次。1982 年被国务院侨办和全国侨联授予"侨务工作先进者"称号。1983 年国家体委特授予其"中华人民共和国体育运动三级"奖章。1989 年被国家体委评为全国游泳优秀工作者。1985 年和 1992 年获得国家体委颁发"新中国体育开拓者"荣誉奖及"中华人民共和国体育工作三级奖章"。1992 年退休后至 1996 年被泰国游泳协会聘为泰国国家游泳队教练，期间训练一名运动员不断创新泰国 100 米蝶泳全国纪录。20 世纪 60 年代曾在体科所《科技资

---

[1] 庄莹：《民国胭脂和她们的时代》，济南：山东画报出版社，2015 年，第 66 页。
[2] 牟树良主编：《中国时代经济论坛》，北京：中国时代经济出版社，2003 年，第 1116 页。
[3] 樊渝杰编：《体育人名辞典》，深圳：海天出版社，1991 年，第 58 页。

料》发表文章《蝶泳训练和技术》，1987 年在全国游泳学术论文报告会上作"罗兆应多年训练探讨"的报告，获得荣誉证书。[①]

广东游泳队于 1952 年 9 月组建。1979—2000 年间，队员编制 50～80 人，有教练 5～10 人。改革开放后，省体委兴建场馆，更新设备，改善训练条件，队员的游泳技能快速提高，该队在参加全国各项赛事中，针对每个项目和每个运动员的具体情况，分别指导训练。

教练张天辉根据蝶泳运动员罗兆应的特点，确定以提高其 200 米蝶泳成绩为主攻方向，对其进行系统的、高强度的训练，提高速度耐力，并注意身体素质水平的训练，使罗兆应的成绩不断提高。1986 年的训练特点是，分两大周期进行。每个周期的前期侧重训练有氧代谢，一般采取中长距离游练。全年不降低身体素质训练，包括陆上力量训练。各专项都训练游蛙、蝶、仰、自四式。接近比赛期间，则加大高强度训练。[②]

1. 培养一个优秀的游泳运动员，需要进行多年有计划，有目的，有针对性的系统训练。

2. 老队员的训练和年轻选手训练有很大的不同，要着重思想教育和心理训练，在训练工作中要建立互相信任、互相尊重的师生关系。

3. 运动技能的形成，技术水平的提高，都是以发展相应素质为基础的，素质协调发展越快，运动技能就越容易达到高水平。根据不同年龄和不同水平运动员，有步骤地进行多手段刺激训练是促使素质协调发展的较有效的训练方法。

——节选自张天辉《罗兆应多年训练的探讨——从第五届到第六届全运会的准备》[③]

## 三、叶欢容

叶欢容（1947—　　），女子游泳教练员，广东人，生于香港。自幼学会游泳，

---

①　牟树良主编：《中国时代经济论坛》，北京：中国时代经济出版社，2003 年，第 1117 页。

②　《广东省志》编纂委员会编：《广东省志（1979—2000）　24　体育卷》，北京：方志出版社，2014 年，第 279 页。

③　张天辉：《罗兆应多年训练的探讨——从第五届到第六届全运会的准备》，《第一届全国游泳科学论文报告会论文汇编》，内部资料，第 67 页。

1958 年（11 岁）入业余体校，1962 年入广东省游泳队，1963 年入国家游泳集训队。1963 年在第三届新运会中获女子 100 米和 200 米蝶泳第二名、4×100 米自由泳接力第一名和 4×100 米混合泳接力第二名。1964 年在新兴力量国际游泳比赛中获 100 米蝶泳和 4×100 米混合接力第一名，200 米蝶泳和 4×100 米自由泳接力第二名。1966 年在金边举行的亚新会中获 100 米蝶泳、4×100 米自由泳接力和 4×100 米混合泳接力三项第一名，获 200 米蝶泳第三名。1964—1965 年打破并保持了 100 米蝶泳全国纪录，1971—1973 年打破并保持了 100 米自由泳全国纪录。技术特点是爆发力和划水效果较好。1974 年任广东省队教练。[1]

到 1986 年止，被誉为东莞双蝶之一的女运动员叶欢容，先后十二次打破女子 100 米蝶泳、自由泳全国纪录，成为我国打破游泳纪录最多的女运动员之一。[2]

另外一位被誉为东莞双蝶之一的梁桂良，在亚洲新兴力量运动会上一鸣惊人夺得冠军，此后五次打破 100 米蝶泳全国纪录，1985 年被国家体委授予"新中国体育开拓者"的光荣称号。

## 四、戚烈云

戚烈云（见图 5 - 15），广东省台山县海晏镇人，1934 年生于香港，中国蛙泳运动员。他是中国第一个游泳世界纪录保持者，有"蛙王"之称。

图 5 - 15　戚烈云

---

[1] 樊渝杰编：《体育人名辞典》，深圳：海天出版社，1991 年，第 58 页。
[2] 叶康发总编：《劈波斩浪五十年——东莞市道滘镇体校校史略编》，内部资料，2008 年，第 60 页。

　　戚烈云自小就产生了对水的感情和对游泳的热爱。1949 年得到蛙泳名师黄焯荣的指导。1952 年在全港游泳赛中，一举夺得 100 米和 200 米蛙泳冠军。1954 年，回到内地，加入中南体工游泳队，在教练和队友们的帮助下，开始科学训练。他积极开动脑筋，充分发挥腿部力量的优势，创造出独特的高航式蛙泳技术而独树一帜，从此游泳成绩迅速提高。1955 年代表广东获全国游泳比赛 100 米和 200 米蛙泳冠军，成绩分别为 1′14″9 和 2′45″7。① 1956 年入国家游泳集训队。1956 年在国际游泳比赛中获 100 米蛙泳第四名，同年获"运动健将"称号。1956 年 8 月、9 月，随中国游泳队访问匈牙利、波兰和民主德国，均获好成绩。

　　1957 年 5 月 1 日，在广州越秀山游泳场举行的庆祝"五一"国际劳动节游泳比赛中，戚烈云以 1′11″6 的成绩打破捷克斯洛伐克运动员 V. 斯奥齐尔保持的男子 100 米蛙泳 1′11″7 的世界纪录（当年被国际游泳联合会正式承认，并颁发证书和破世界纪录奖章），成为中国第一个游泳世界纪录创造者。②

　　1957 年 7 月，戚烈云参加在莫斯科举行的第三届国际青年友谊运动会，取得了 200 米蛙泳第二名的成绩。1958 年当选为全国青年联合会副主席，1959 年获 100 米蛙泳第三名（1′13″6）。1959 年获国家体委颁发的体育运动荣誉奖章。1960 年 10 月，随中国青年游泳队访问匈牙利，取得了 100 米、200 米蛙泳第三名的成绩。1963 年担任国家集训队教练。1984 年再次当选为第六届全国青联会副主席，还是香港中华业余游泳联合会名誉会长，并被评为中华人民共和国成立 35 年来杰出运动员。③

　　戚烈云的技术特点是腿部爆发力强，蹬水有力，首创以腿为主的高航式蛙泳技术。1962 年起任国家集训队教练，他的学生有高慎卿、李丽芬、步子刚、颜小石、凌宁等优秀泳手。④ 戚烈云先后于 1958 年、1984 年当选为全国青年联合会副主席。他为祖国体育事业和建设事业作出了不朽的贡献。

　　①　吴兆祥：《体育百科大全4》，合肥：安徽人民出版社，1998 年，第 180 页。
　　②　广东省档案馆编著：《岭南风云：新中国成立前后广东档案秘闻》，广州：华南理工大学出版社，2009 年，第 335 页。
　　③　任锡训：《中外体育名人大辞典》，北京：警官教育出版社，1995 年，第 531 页。
　　④　当代广东研究会编：《岭南纪事》，广州：广东人民出版社，2004 年，第 145 页。

## 五、吴传玉

吴传玉，我国著名的游泳运动员，出生于印度尼西亚爪哇的沙拉笛加。

1948 年，吴传玉作为中国游泳选手参加了在伦敦举行的第十四届奥运会。1951 年，他参加了在柏林举行的第三届世界和平青年与学生友谊联欢节，在游泳比赛中取得了 100 米仰泳第二名的成绩，之后返回祖国。

1952 年 7 月，作为中华人民共和国的运动员代表，吴传玉参加了在芬兰举行的第十五届奥运会。在 100 米仰泳比赛中，他竭尽全力游出了自己的好成绩——1′12″3。

1953 年，他又参加了在罗马尼亚布加勒斯特举行的世界民主青年联欢节大学生运动会，在百米仰泳决赛中获得冠军。这是中华人民共和国成立后，在世界性比赛中取得的第一个冠军。

令人惋惜的是，1954 年 10 月，吴传玉在赴匈牙利比赛的途中，因飞机失事遇难，年仅 26 岁。人们将永远牢记他为中华人民共和国体育事业作出的巨大贡献。[①]

表 5 - 1　1957—1990 年广东游泳运动员进入（或相当）世界排列名次表

| 年份 | 项目 | | 名字 | 成绩 | 名次（相当） |
|---|---|---|---|---|---|
| 1957 | 男子 | 100 米自由泳 | 林锦珠 | 57″2 | 6 |
| | | 100 米蛙泳 | 戚烈云 | 1′11″6 | 1 |
| | | | 曾英逸 | 1′14″4 | 11 |
| | | | 莫国雄 | 1′14″6 | 12 |
| | | 200 米蛙泳 | 戚烈云 | 2′40″5 | 2 |
| 1958 | 男子 | 100 米蛙泳 | 莫国雄 | 1′15″3 | 19 |
| | | 200 米蛙泳 | 韦炯源 | 2′43″ | 21 |

---

① 晓霞：《为新中国争得第一块金牌的吴传玉》，《体育文史》1984 年第 1 期。

（续上表）

| 年份 | 项目 | | 名字 | 成绩 | 名次（相当） |
|---|---|---|---|---|---|
| 1959 | 男子 | 100 米自由泳 | 符大进 | 56″8 | 11 |
| | | | 林锦珠 | 57″1 | 17 |
| | | 100 米蛙泳 | 莫国雄 | 1′13″ | 4 |
| | | | 戚烈云 | 1′13″4 | 7 |
| 1960 | 男子 | 100 米自由泳 | 符大进 | 55″4 | 6 |
| | | 100 米蛙泳 | 莫国雄 | 1′11″ | 1 |
| | | | 戚烈云 | 1′12″8 | 10 |
| | | | 罗计崧 | 1′13″5 | 16 |
| 1961 | 男子 | 100 米自由泳 | 符大进 | 55″6 | 7 |
| | | | 林锦珠 | 56″6 | 23 |
| | | 100 米蛙泳 | 莫国雄 | 1′10″3 | 3 |
| | | | 戚烈云 | 1′12″2 | 16 |
| | | 200 米蛙泳 | 莫国雄 | 2′40″6 | 26 |
| 1962 | 男子 | 100 米自由泳 | 符大进 | 56″3 | 26 |
| | | 100 米蛙泳 | 莫国雄 | 1′10″ | 4 |
| 1963 | 男子 | 100 米自由泳 | 符大进 | 55″5 | 17 |
| | | 100 米蛙泳 | 莫国雄 | 1′10″3 | 7 |
| 1964 | 男子 100 米自由泳 | | 符大进 | 54″9 | 15 |
| 1965 | 男子 | 100 米自由泳 | 符大进 | 54″7 | 15 |
| | | 100 米蛙泳 | 罗计崧 | 1′09″ | 6 |
| 1966 | 男子 100 米蝶泳 | | 蒙荣乙 | 59″1 | 6 |
| 1980 | 女子 100 米蛙泳 | | 梁伟芬 | 1′12″84 | 18 |
| 1985 | 女子 100 米蛙泳 | | 黄丽玲 | 1′13″3 | 46 |
| 1986 | 女子 200 米蝶泳 | | 莫婉兰 | 2′15″8 | 46 |
| 1987 | 男子 | 50 米自由泳 | 冯强标 | 23″36 | 44 |
| | | 100 米仰泳 | 林来九 | 57″14 | 19 |

（续上表）

| 年份 | 项目 | | 名字 | 成绩 | 名次（相当） |
|---|---|---|---|---|---|
| 1988 | 男子 | 50 米自由泳 | 冯强标 | 23″28 | 44 |
| | | 100 米仰泳 | 林来九 | 57″49 | 41 |
| | 女子 200 米蝶泳 | | 莫婉兰 | 2′14″77 | 37 |
| 1989 | 男子 | 50 米自由泳 | 冯强标 | 23″27 | 41 |
| | | 100 米自由泳 | 林来九 | 57″73 | 36 |
| 1990 | 男子 | 50 米自由泳 | 冯强标 | 23″13 | 37 |
| | | 100 米仰泳 | 林来九 | 57″13 | 22 |

资料来源：广东省地方史志编纂委员会编：《广东省志·体育志》，广州：广东人民出版社，2001 年，第 403 页。

# 第七节　举　重

举重是我国一项古老的运动项目。在古代，举重一般作为衡量武士力量的一个标志。战国时期，"武王有力，好戏，力士任鄙、乌获、孟说皆至大官，王与孟说举鼎，绝膑"。（《史记·秦本记》）商鞅曾在京城竖起重木征求力士，中者赏以百金，著名的"一言为重百金轻"（王安石诗）即是。西楚霸王项羽扛鼎的故事也在民间广为流传。汉代设"鼎官"，负责扛鼎事宜，胜者被封为"武力鼎士"。到晋朝成帝时，举重已成为武考中的一种考试项目。在《文选》中，左思著的《吴都赋》里就提到"翘关扛鼎"（"翘"即举的意思，"关"即门关）。《唐选举志》记载："长安（武后）二年（公元 702 年），始置武举，其制有马抢翘关负重身材之选。翘关长丈七尺，径三寸半。凡十举后，手持关距出处无过一尺。负重者，负米五斛，行二十步皆为中等。"可见唐朝的武举对举重方面也是有一定规定的。

明清两代沿用唐朝的武举考试制度，也有举重科目，不过把翘关改为举石。"石"也叫石墩，是一种特制的举重器材，两边有扣手，以便抓紧。其动作性质，有如现在的硬拉。到清朝，举重的方式更为多样。康熙时，举刀就是一种，刀的重量为一百二十斤。至乾隆时，举的方式则更多了。在考刀的时候，除舞花

外，有作"两手双举、单举、三花四门"。在举石方面，有"自膝玉腹及负石以走"。到嘉庆年间，武考规定"武乡会试头场试马箭……二场试步箭，合格后再试技勇"。技勇以"八力弓，八十斤刀，二百尺石为三号""十二力弓，一百二十斤刀，三百斤石为头号""弓必开满，刀必舞花，石必离地一尺"。(《钦定武场条例》卷五) 道光年间，"琼州府文昌县武生符成梅，年八十四岁，精力未衰，能拉三号劲弓，刀舞一花，摄石离地"。

从历史记载来看，我国古代举重的发展，同武术、摔跤、射箭的发展是分不开的，这些都同为古时习武者的锻炼内容。因为那些使用重兵器的人，必须有着过人的体力，因此，举重乃是他们必练的项目之一。

随着举重运动的逐步发展，初期所用的举重器械也随之逐步改进，于是成为流传至今的不同重量的石担、石锁。在举重方式上，有单手举、双手举、脚蹬、头花、背花、颈花，以及石锁的抛掷和各种接法等。[①]

举重运动在我国民间相当普遍，这还可从历代小说中得到考证。如《水浒》中有武松在天王堂前双手托举、单手抛掷石墩的叙述；《聊斋志异》中有"汪士秀力举石臼"的故事。

## 一、现代发展

1925 年前后，国际上流行的杠铃举重运动开始在上海、广州等沿海大城市中开展。1929 年，我国就已有了国际上流行的用杠铃举重的运动。上海精武体育会在 1929 年设置了一副铁制杠铃，以开展近代举重运动。

20 世纪 30 年代兴起的健美运动，对举重运动的开展曾起了积极的推动作用。举重与健美有着密切的关系。杠铃、哑铃等是进行健美运动不可少的器械，举重也是开展健美运动的重要手段之一。我国健美运动的开创人赵竹光，在沪江大学求学期间，与曾维祺和陈宪琦等人组织了"沪江大学健美会"，用一副杠铃和哑铃进行锻炼。1940 年 5 月又正式成立了"上海健身学院"。1941—1948 年期间，赵竹光主编了《健力美》杂志。该杂志从 1941—1949 年共发行了 24 期。1940 年 5 月，赵竹光同曾维祺合作，又在上海静安寺附近的南京西路 1419 号创建了

---

① 体育院、系教材编审委员会《举重》编写组编：《举重》，北京：人民体育出版社，1978 年，第 7 页。

"上海健身学院"，并亲自担任院长。此外，他还首创了健身函授科，将健身运动推广到全国，函授学员有 4 000 余人。由于赵竹光等人的杰出贡献和非凡努力，上海成了引进现代举重和健美运动的重要发源地，赵竹光也被人们誉为中国竞技举重运动的重要开拓者。①

这一期间，上海开展举重和健美运动的还有中华基督教青年会和精武体育会。到 20 世纪 40 年代，又相继建立"现代体育馆"、青年会体育部，但很少专门进行举重锻炼，只是从事"健美运动"。②

与此相呼应，广州有从南洋归国的谭文彪和颜运龙于 1937 年合办的"南亚健身院"（后因抗战全面爆发而关闭，谭文彪又于 1948 年在广州创办了"谭氏健身学院"）。该院不但有民间传统的石担和石锁，而且还有较好的铁质杠铃、哑铃以及卧推凳和深蹲架等辅助器械。他们以教学生练健身（健美）为主，也练习现代竞技举重运动。另外，当时广州还有一些学校和社会团体也开展了举重和健美运动，如岭南大学、文理学院、培正中学、南海中学以及长堤青年会，国民体育会和一些工会组织都有练习举重的设备。在广州的第十埔游乐场也有 10 余副石担，并经常有人在此练习举重。1948 年代表广东省参加中华民国第七届全运会的举重选手，基本上都是从上述学校练习举重的学生中选出来的。在南京，也有戴毅所设的"首都健身学院"开展举重活动。

上述健身学院和体育场所都比较经常、广泛地开展举重运动，并利用举重器材开展健美活动。③ 它们的共同特点就是都把健美运动和举重运动结合起来开展，同时也就把现代的铁质杠铃和哑铃引进来了。

旅居东南亚国家的华侨，对引进和开展我国现代举重运动起到了积极的作用。一些海外华侨为了洗刷"东亚病夫"的耻辱，积极锻炼身体，开展举重活动，为中国近代举重史谱写了光辉的篇章。

中国近代华侨的举重活动，主要是指南洋一带的马来亚（包括新加坡）和印度尼西亚等地华侨开展的举重活动。在这一地区居住着全世界 80% 以上的华侨，而且也是举重运动开展得最活跃、水平最高的地区，因此具有代表性。这里

---

① 钱光鉴、杨世勇：《亚洲举重史》，北京：人民体育出版社，1996 年，第 39 页。

② 《举重》，北京：人民体育出版社，1991 年，第 8 页。

③ 国家体委体育文史工作委员会、中国体育史学会编：《中国近代体育史》，北京：北京体育学院出版社，1989 年，第 460 页。

介绍的华侨举重活动，只限于该地区各国独立之前（马来西亚、新加坡都是 20 世纪 50 年代以后才独立的，其他地区如印度尼西亚，也是在 1945 年以后才宣布独立）的举重活动。因为在这以前的华侨只有一个中国国籍，不属于其他任何国家。

在 19 世纪后期，被迫从苦难深重的中国漂洋过海到南洋谋生的广大华侨已经定居下来。华侨为了继承和发扬祖国的文化传统，培养有知识有教养和体魄健壮的后代，纷纷集资兴办教育事业，开展体育运动。另外，英国、荷兰殖民主义者在开拓和发展该地区的殖民地经济的同时，也把现代欧洲的一些体育运动传播到南洋，如欧洲盛行的举重、健身等。当地殖民政府为了获得更多的体质健壮的廉价劳动力，对华侨体育活动也持积极态度，如当地政府在许多城镇设立了体育俱乐部开展体育活动。广大华侨为了在政治经济和其他社会生活方面相互支持，也按照不同的籍贯组成多种团体，这些团体都很重视体育活动。例如，马来亚吉隆坡的惠州会馆就专设了一个体育部，吸引该团体所属的广大华侨职工和中小学生参加举重健身等活动。此外，在一些比较大的城市中，还有专门建立的体育组织即精武体育会，如久负盛名的吉隆坡精武体育会，其规模比同一时期的上海精武体育会大好几倍。精武体育会设有专门的健身房、体操房、国术馆等。吉隆坡精武体育会还设有专职教练，专人负责，并有董事会，一切经费由当地华侨富商提供。[1] 精武体育会成为发展华侨举重运动，造就优秀举重人才的重要基地。

另外，早在 20 世纪初期，在马来亚和印度尼西亚等地的华侨中，已经开展了现代国际上流行的杠铃举重和健身活动，而且他们也较早地掌握了双手推举、抓举和挺举的动作技术，并取得了较好的运动成绩。他们通过回国参加比赛，同时将较为先进的技术带入了国内，从而推动了我国竞技举重的开展。[2] 如前轻量级挺举世界纪录创造者、我国著名举重教练员黄强辉（祖籍福建厦门）原是印度尼西亚华侨，青少年时期就酷爱举重和健身运动，曾夺得印度尼西亚最轻量级全国健美冠军。他于 1952 年回到中国，1955 年被选入国家举重集训队，1958—1959 年三次打破轻量级挺举世界纪录，曾任中国举重协会副主席、国家举重队总教练，为中国现代举重运动的发展作出了重要贡献。

---

① 黄瑞球：《近代华侨体育一瞥》，《成都体院学报》1982 年第 3 期。
② 黄瑞球：《近代华侨体育一瞥》，《成都体院学报》1982 年第 3 期。

随着体育运动的发展，一些华侨团体还自筹资金举办运动会。当时在英属殖民地马来亚的竞赛活动有两种形式：一是当地政府官办的竞赛；二是由侨团体负责，一切经费开支都由华侨捐献的民办竞赛。官办和民办竞赛交叉进行，例如马来亚华侨总会举办的竞赛是在全马来亚运动会（华人、印度人、马来亚人和其他外国人都可参加）之前举办，以便选拔优秀运动员参加全马来亚运动会。在全马来亚运动会上，华侨运动员成绩占有极大优势，举重等项目的最高纪录绝大多数都由华侨运动员保持。

在1935年10月全国第六届运动会中，举重标准动作第一次被列为表演项目。这届全运会的竞赛规程规定："为提倡所设锦标以外之运动起见，特举行各项表演……"其中包括举重表演聘请的裁判员由3人组成，裁判长诸民谊，裁判员周家骐、王俊旦（表演比赛当天实际到达赛场的裁判员只有诸民谊和周家骐两人）。这次举重表演赛在第六届全运会开幕后的第六天，即1935年10月16日10时在上海国术场举行。报名参加举重表演的有北平、上海、福建、河南等五个省、市、地区及马来亚华侨共18名运动员，实际参加举重表演的运动员只有14人，其中5人是从南洋专程前来的华侨。表演赛共分5个级别，即次轻量级（体重不超过60公斤）、轻量级（体重60公斤以上至67.5公斤）、中量级（体重67.5公斤以上至75公斤）、轻重量级（体重75公斤以上至82.5公斤）、重量级（体重82.5公斤以上）。表演项目为推举、抓举、挺举三项，而较能准确掌握三种标准动作的，只有来自南洋的几个侨胞。计总成绩规程允许运动员可同时参加2个级别的表演比赛，但马来亚华侨黄社基一人实际上参加了三个级别的表演赛。表演赛所用器械为当时标准的铁质杠铃。[①]

马来亚华侨技压群芳，获得了全部级别的总成绩冠军。各个级别的具体成绩如下：

---

① 钱光鉴、杨世勇：《亚洲举重史》，北京：人民体育出版社，1996年，第40页。

表 5 - 2　1935 年 10 月全国第六届运动会举重表演比赛成绩

单位：磅

| 次轻量级 | | | |
|---|---|---|---|
| 黄龙德 | 马来亚 | 486（132 + 154 + 200） | 1 |
| 李君英 | 北平 | 385（121 + 110 + 154） | 2 |
| 满宝珍 | 北平 | 275（121 + 0 + 154） | |
| 耿长清 | 北平 | 253（121 + 0 + 132） | |
| 轻量级 | | | |
| 梅树椿 | 马来亚 | 473（143 + 154 + 176） | 1 |
| 秦架彭 | 上海 | 363（110 + 110 + 143） | 2 |
| 范文仁 | 福建 | 363（110 + 110 + 143） | 3 |
| 於文礼 | 上海 | 230（110 + 0 + 120） | |
| 江桉 | 福建 | 121（0 + 0 + 121） | |
| 王奎亮 | 北平 | 121（0 + 0 + 121） | |
| 中量级 | | | |
| 黄社基 | 马来亚 | 500.5（132 + 166 + 202.5） | 1 |
| 梅树椿 | 马来亚 | 497（137.5 + 148.5 + 211） | 2 |
| 满宝珍 | 北平 | 390.5（121 + 115.5 + 154） | 3 |
| 王奎亮 | 北平 | 121（0 + 0 + 121） | |
| 轻重量级 | | | |
| 黄社基 | 马来亚 | 508（132 + 159.5 + 216.5） | 1 |
| 海军祥 | 河南 | 434.5（132 + 126.5 + 171） | 2 |
| 秦架彭 | 上海 | 374（110 + 110 + 154） | 3 |
| 姜世杰 | 北平 | 264（110 + 0 + 154） | 4 |
| 苏祥麟 | 北平 | 242（0 + 110 + 132） | 5 |
| 重量级 | | | |
| 黄社基 | 马来亚 | 524.5（137.5 + 159.5 + 227.5） | 1 |

资料来源：钱光鉴、杨世勇：《亚洲举重史》，北京：人民体育出版社，1996 年，第 40 - 41 页。

注：1 磅合 0.454 公斤。

尽管这次举重表演赛的水平不高，但为竞技举重运动在中国的进一步开展起到了积极的促进作用。这次比赛的五个级别的冠军成绩，也就是 1936 年 4 月中华全国体育协进会正式公布的第一批举重全国最高纪录（1935年）。这也是国际竞技举重在中国开展以后正式公布的第一批全国纪录。

1936年5月11日，在上海举行了举重选拔赛，以便选出运动员参加在柏林举行的第十一届奥运会比赛。具体成绩如表5-3所示：

表5-3　1935年5月上海举重选拔赛成绩

| 次轻重级 | 黄社基 | 马来亚华侨 | 265（70+80+115）公斤 |
|---|---|---|---|
| 轻量级 | 沈良 | 上海 | 252.5（72.5+80+100）公斤 |
| 中量级 | 翁康庭 | 上海 | 270（80+80+110）公斤 |
| 中量级 | 徐广根 | 南京 | 265（80+75+110）公斤 |
| 轻重量级 | 查端龙 | 上海 | 290（90+85+115）公斤 |
| 重量级 | 常冠举 | 上海 | 302.5（97.5+85+120）公斤 |

资料来源：钱光鉴、杨世勇：《亚洲举重史》，北京：人民体育出版社，1996年，第43页。

赛后正式选定了参加第十一届奥运会的3名举重运动员，他们是黄社基（Wong Sean-Kee）、沈良（Sheng Liang）、翁康庭（Own kong-ding）。黄社基是马来亚华侨，1913年6月5日出生于广东，身高1.70米，体重60公斤；沈良出生于1913年1月27日，身高1.64米，体重64公斤；翁康庭，1913年11月27日出生于浙江，身高1.70米，体重71公斤。领队兼教练由叶良担任。叶良33岁，江苏嘉定人，上海市国术馆总务主任。在出国参加奥运会比赛前的短期集训期间，这3名选手的成绩均有较大的提高。黄社基在训练中的最好总成绩达到275（75+85+115）公斤，沈良的最好总成绩达到270（80+80+110）公斤，翁康庭的最好总成绩达到297.5（87.5+95+115）公斤。

1936年6月出版的《勤奋体育月报》第3卷第4期曾专门介绍了这3名举重运动员。文章写道："黄社基是全国次轻量级和轻量级最高纪录保持者。马来亚华侨。对于举重三项试举方法，自幼即有练习。体重131.5磅，与次轻量级体重要求仅相差一磅。身体虽不大，其比赛所用方法及姿势则均佳。这次所举成绩584磅，超过梅树椿所保持的1935年全国纪录（473磅），与1932年在美国举行的第十届奥运会相比较，在第4—5名之间。因此，黄君此次被选为代表赴德比赛，颇有得分之希望。但也预料到本届奥运会该项运动成绩之进步。欧洲各国举

重运动员强手均有参加，竞争激烈也属必然。沈良，轻量级运动员，体重133磅，臂力极大，试举法则之练习为时未久，当然无黄社基之得法。其成绩为555磅，与上届奥运会轻量级第六名之成绩相仿佛。此去加紧练习可得到进步，轻量级中之成绩可数上乘。轻量级运动员翁康庭，上海运动员，体重155磅，体高身壮，对于举重练习之时期尚短。如假以时日加紧训练，可得到更大进步，属可选之才。"①

1936年6月26日，中华民国代表团100余人乘船赴德国参加第十一届奥运会。7月23日抵达柏林。第十一届奥运会于8月1日至16日在柏林举行。举重比赛在开幕式的第二天（8月2日）开始。我国3名选手分别参加了次轻量级和轻量级两个级别的比赛。由于其他国家选手水平提高较快，第十一届奥运会成绩整体相比上届有较大的提高，加上国民党政府对举重运动并不重视，集训时间短，乘船时间长达28天，体力消耗太大，比赛成绩均不理想。例如，黄社基和沈良参加的次轻量级比赛（次轻量级共有15个国家的21名选手参赛），两人的总成绩分别仅为255（70＋80＋105）公斤和242.5（72.5＋75＋95）公斤，列第16名和第20名；翁康庭在轻量级比赛（轻量级有12个国家的16名选手参赛）中推举77.5公斤、抓举75公斤，因挺举失败而无总成绩。赵竹先生主编的《健力美》杂志第4卷第5期曾为此评论说，中国参加第十一届奥运会举重比赛选手的成绩名列"十四五名"之后。②

1936年，中华全国体育协进会正式颁布了《举重规则》，规范了举重竞赛，有利于举重竞赛的正规化和举重运动的发展。

1948年5月，在上海举行的第七届全国运动会中，举重列为正式比赛项目。实际参加的运动员仅23人，其中包括从南洋回国参加比赛的华侨8人。比赛分五级，最高总成绩为：次轻量级陶福享275公斤、轻量级龙伟德270公斤、中量级辜荣棠297.5公斤、轻重量级龙亚鼎307.5公斤和重量级常冠群325公斤。除重量级冠军被上海的常冠群获得外，其余4个级别的冠军也分别为马来亚华侨陶福享、龙伟德、辜荣棠和龙亚鼎所得（具体成绩排名如表5－4）。另外，马来亚华侨何丽英女士（祖籍广东）在这届运动会上第一次参加了正式的女子举重表演赛，她的运动成绩为150公斤。

---

① 钱光鉴、杨世勇：《亚洲举重史》，北京：人民体育出版社，1996年，第44页。
② 钱光鉴、杨世勇：《亚洲举重史》，北京：人民体育出版社，1996年，第44页。

表 5-4　1948 年上海第七届全国运动会举重成绩排名①

| 次轻量级 | | | | | |
| --- | --- | --- | --- | --- | --- |
| 名次 | 姓名 | 推举 | 抓举 | 挺举 | 总成绩 |
| 第一名 | 陶福享（马） | 87.5 公斤 | 82.5 公斤 | 105 公斤 | 275 公斤 |
| 第二名 | 胡维予（沪） | 77.5 公斤 | 77.5 公斤 | 95 公斤 | 250 公斤 |
| 第三名 | 周文理（印） | 85 公斤 | 70 公斤 | 90 公斤 | 245 公斤 |
| 第四名 | 汪绍章（沪） | 72.5 公斤 | 70 公斤 | 95 公斤 | 237.7 公斤 |
| 轻量级 | | | | | |
| 名次 | 姓名 | 推举 | 抓举 | 挺举 | 总成绩 |
| 第一名 | 龙伟德（马） | 80 公斤 | 85 公斤 | 105 公斤 | 270 公斤 |
| 第二名 | 陆震鹤（警） | 80 公斤 | 80 公斤 | 100 公斤 | 260 公斤 |
| 第三名 | 杨民权（汉） | 70 公斤 | 72.5 公斤 | 105 公斤 | 247.5 公斤 |
| 第四名 | 朱林根（警） | 77.5 公斤 | 70 公斤 | 97.5 公斤 | 245 公斤 |
| 中量级 | | | | | |
| 名次 | 姓名 | 推举 | 抓举 | 挺举 | 总成绩 |
| 第一名 | 辜荣棠（马） | 95 公斤 | 87.5 公斤 | 115 公斤 | 297.5 公斤 |
| 第二名 | 孟锡良（沪） | 77.5 公斤 | 77.5 公斤 | 105 公斤 | 260 公斤 |
| 第三名 | 刘牧（穗） | 70 公斤 | 72.5 公斤 | 95 公斤 | 237.5 公斤 |
| 第四名 | 万国泰（沪） | 65 公斤 | 70 公斤 | 95 公斤 | 230 公斤 |
| 轻重量级 | | | | | |
| 名次 | 姓名 | 推举 | 抓举 | 挺举 | 总成绩 |
| 第一名 | 龙亚鼎（马） | 80 公斤 | 100 公斤 | 127.5 公斤 | 307.5 公斤 |
| 第二名 | 黄辉（沪） | 82.5 公斤 | 72.5 公斤 | 120.5 公斤 | 257.5 公斤 |
| 第三名 | 陆永清（警） | 67.5 公斤 | 65 公斤 | 90 公斤 | 222.5 公斤 |
| 第四名 | 萧云龙（鄂） | 70 公斤 | 60 公斤 | 85 公斤 | 215 公斤 |
| 重量级 | | | | | |
| 名次 | 姓名 | 推举 | 抓举 | 挺举 | 总成绩 |
| 第一名 | 常冠群（警） | 97.5 公斤 | 95 公斤 | 132.5 公斤 | 325 公斤 |
| 第二名 | 何友彰（穗） | 67.5 公斤 | 65 公斤 | 95 公斤 | 227.5 公斤 |
| 第三名 | 何长海（浙） | 65 公斤 | 70 公斤 | 90 公斤 | 225 公斤 |

注：马为马来亚华侨，印为印度尼西亚华侨。

资料来源：见 1948 年 7 月出版《健力美》杂志第 4 卷第 5 期第 33 页"记第七届全运会举重赛"，作者：耿立鸣。转引自杨世勇：《中国举重史》，成都体育学院内部资料，1987 年，第 22 页。

---

① 杨世勇：《中国举重史》，成都体育学院，内部资料，1987 年，第 22 页。

这场比赛除了马来亚华侨，次轻量级运动员陶福享（槟城一家金银首饰商品店的职工）的成绩为 275 公斤，相当于同年第十四届奥运会的第 6 名水平，其他选手水平都比较低。在这届全运会上，女子举重被列为表演项目。当时，马来亚华侨何丽英女士与其他八名男选手回国参加全运会，因为女子举重没有列为比赛项目，而且女运动员仅有何丽英一人，因此竞赛组织委员会将女子举重列为表演项目。1948 年 7 月一家伦敦的《健力美》杂志还刊登了何丽英在女子举重表演中挺举时的照片。她的推举成绩为 90 磅（40 公斤）、抓举 105 磅（47.5 公斤）、挺举是 140 磅（63.7 公斤）。由于国民党政府对举重运动持敷衍态度，举重台又不合乎规格，致使双手推举一项尚未结束，举重台已遭到较大损坏，比赛难以继续进行。[①]

陶福享和辜荣棠（吉隆坡精武体育会的教练）在 1946 年澳大利亚举行的大英帝国联邦运动会上夺得了举重比赛金牌，汤兆伯和陈金美也分别得银牌和铜牌。[②]

与此同时，1942 年 9 月 1 日国际青年节时，在延安举行了"九一"扩大运动会，举重被列为正式比赛项目。同年冬天，八路军驻重庆办事处也举行了一次运动会，举重被列为比赛项目。

1946 年马来亚（包括新加坡）选拔举重运动员，参加在澳大利亚举行的大英帝国联邦运动会。这个运动会的规模很大，因为当时英国的殖民地遍布全世界，运动水平也相当高。选拔赛在吉隆坡精武体育会举行，有华侨、印度人、马来人和其他外籍运动员参加，争夺非常激烈，创造了许多具有世界水平的新纪录。最后，代表资格仍为陶福享、辜荣棠、汤兆伯和陈金美四位华侨运动员获得。由于名额的限制（一个级别只选一人），许多具有国际水平的华侨选手如龙亚鼎、周子述、谢永耀等人均告落选。特别是新加坡 56 公斤级的谢永耀，他的挺举成绩 120 公斤，离当时世界纪录仅 5 公斤，由于总成绩（推举、抓举、挺举的总和）输给同级别的陶福享而未入选（如能参加比赛，成绩可列第二名），人们都为他惋惜。而陶福享、辜荣棠在英联邦运动会上力冠群雄，夺得了金牌，汤兆伯和陈金美也分别获得银牌和铜牌。陶福享和辜荣棠的成绩，一时震动了世界

---

①　杨世勇：《中国举重史》，成都体育学院，内部资料，1987 年，第 23 页。

②　王振亚：《旧中国体育见闻》，北京：人民体育出版社，1987 年，第 228 页。

举坛。

《健力美》体育杂志特地把他俩的照片作为封面，并加以评论，认为这两位中国人的成绩是世界水平的，如果在技术上作一些改进和加强训练，完全有可能打破世界纪录，拿奥运会冠军！这是出自西方有影响力体育刊物对中国运动员的第一次赞扬和评论，广大华侨都为此而高兴。但使人感到十分痛心和遗憾的是，由于种种原因，这两位有才华的海外孤儿失去了参加奥运会的资格。1948 年他们曾回国参加国民党政府行将崩溃时在上海举行的最后一次全运会，虽然创造了中国第一个举重纪录，但因疏于训练而壮志未酬，成绩已远远不如当年了。①

中华人民共和国成立七十年来，在党的领导下，经过广大体育工作者艰巨的努力和刻苦的锻炼，我国各项级别的举重成绩有了飞速的提高，进入了亚洲举重运动的前列，并频频打破举重世界纪录。

## 二、"举重之乡"——东莞石龙

全国著名侨乡东莞市的体育运动有着深厚的群众基础。中华人民共和国成立后，历届党政领导十分重视体育运动的发展。党的十一届三中全会后，改革开放所带来的经济腾飞给东莞体育带来了新的生机。由于东莞的体育运动十分出色，在第三、第四、第五届全运会上被评为全国体育先进单位，先后 3 次被评为全国"游泳之乡"。石龙镇被广东省政府命名为"举重之乡"，石龙镇业余体校被国家体委授予"国家体育运动荣誉奖章"。1987 年，东莞被国家体委命名为首批"全国体育先进县"。截至 2004 年，东莞先后为国家和省输送了 500 多名优秀运动员（其中运动健将 65 人，国际运动健将 5 人），涌现了陈镜开、曾国强、陈满林、叶润成等一大批世界体坛名将，为建设社会主义体育强国作出了极大贡献。

石龙，这座曾被誉为"广东四大镇"之一的古城，如今又被誉为"中国举重之乡"。自 1956 年陈镜开首次打破世界纪录以来，石龙举重人才辈出，名震中外，长盛不衰，先后有叶浩波、陈满林、陈伟强等 4 人 18 次打破世界纪录，占全国举重破世界纪录 36 次的一半（截至 1979 年）。20 世纪 50 年代陈镜开 9 次打破世界纪录；60 年代叶浩波、陈满林分别四破、三破世界纪录。在 1978 年第五

---

① 　上海市华侨历史学会编：《上海侨史论丛　第 1 集》，上海：上海市华侨历史学会，第 56 页。

届省运会举重比赛中，石龙镇获团体总分第一名，有 3 人 18 次打破六项省青年纪录，全队 15 人全部进入前六名，获得个人奖的有 11 个第一名、12 个第二名、8 个第三名、4 个第四名、4 个第五名、5 个第六名。80 年代更是猛将如云，战果显赫，在第 23 届奥运会上，来自石龙的曾国强以 235 公斤的总成绩获得了 52 公斤级冠军；祖籍石龙的陈伟强获得了 60 公斤级冠军；从石龙体校输送到解放军队的赖润明获得 56 公斤级银牌，这是中国举重史上第一枚奥运会银牌。在同年的亚洲举重锦标赛中，曾国强又以优异的成绩囊括了 52 公斤级的 3 枚金牌。1982 年至 1988 年，该镇运动员在国际、国内、省内的比赛中成绩显著，其中在国际比赛中获金牌 11 枚、银牌 9 枚、铜牌 1 枚；在全国比赛中获金牌 9 枚，银牌 8 枚、铜牌 5 枚。2 人 3 次打破两项亚洲纪录，5 人打破七项全国纪录，平一项纪录；3 人打破五项全省纪录。在 1985 年 10 月"希望星"大会师的全国首届青少年运动会中，石龙小将力挫群雄，荣获金牌 3 枚、银牌 1 枚，2 人 10 次打破五项全国少年纪录，展示了雄厚的后备力量和美好的前景。截至 1988 年，石龙健儿在国际比赛中共获得 25 枚金牌、6 枚银牌和 3 枚铜牌，并率先突破我国在国际体育中"零的纪录"；先后为国家输送了 25 名优秀运动员，达到健将级的 10 人、一级运动员 6 人。为此，1983 年国家向石龙镇颁发了"国家体育运动荣誉奖章"；1984 年广东省政府授予石龙"举重之乡"的光荣称号。①

石龙之所以能成为举重之乡，是因为其有着深厚的文化传承。这个处在广州与深圳枢纽位置的地方，已经有 800 多年的历史。清代此处习武之风盛行，出过许多名武举人。过去，这里也是南粤重要的码头。当地人说，在码头搬运货物的苦力或许就是举重

**图 5－16　石龙的"举重之乡"雕塑**

---

① 王锦昌：《举重之乡人才辈出探源》，《人才研究》1988 年第 3 期。

兴起之源。① 1956 年陈镜开打破世界纪录后回家乡汇报表演，年轻人才放下刀枪剑戟，举起石锁，掀起了举重的热潮。

石龙举重训练基地主任陈苏媚说起举重博物馆，十分自豪："没有哪个地方比石龙更有资格建举重博物馆。"的确，石龙是中国体育版图上一个不可忽略的地方，其他的荣誉不必说，光是"陈镜开"三个字就让广东石龙名满天下。1956年 6 月 7 日，在上海卢湾体育馆举行的中苏举重友谊赛中，陈镜开以挺举 133 公斤的成绩打破美国运动员温奇保持了两年的 132.5 公斤的最轻量级挺举纪录，实现了中国在世界纪录中零的突破。②

石龙举重有两个辉煌的年代，一个是陈镜开打破世界纪录的 20 世纪 60 年代，以"石龙三杰"陈镜开、陈满林、叶浩波为代表；另一个就是在奥运会与亚运会赛场上扬威国际的 80 年代，当时最有名的就是赖润明、曾国强和陈伟强，这三个人被当地人骄傲地称为"石龙三虎将"。③

## 三、第一个打破世界纪录的举重运动员——陈镜开

陈镜开（1935—2010），我国著名男子举重运动员，中国第一个世界纪录创造者、新中国体育开拓者，中国举重协会前主席，亚洲"举联"终身名誉主席。

1935 年出生于广东省东莞县石龙镇。1953 年练习举重，成绩提高得很快。1954 年，时任中南军区体工队举重教练的李启龙物色举重运动员，他很欣赏陈镜开健壮的体格及刻苦拼搏的精神，决定吸收他为体工举重队队员。1955 年一年时间内，陈镜开的挺举成绩从 95 公斤猛增到 120 公斤。1955 年入中南军区体工队，后入选国家举重队。1956 年 6 月 7 日，在上海卢湾体育馆举行的中国、苏联举重友谊赛中，以 133 公斤的成绩打破美国运动员温奇保持了两年的 56 公斤级 132.5 公斤的最轻量级挺举世界纪录，成为中国第一个打破世界纪录的运动员，实现了中国在世界纪录中零的突破。同年又以 135 公斤、135.5 公斤两次打破挺举世界纪录。之后，一共在两个级别上连续 9 次打破世界纪录。1956 年获"运动健将"称号。1959 年起五次荣获国家体委颁发的体育运动荣誉奖章。

---

① 王敬泽：《石龙举重一镇对抗全世界》，《新体育》2014 年第 11 期。
② 王敬泽：《石龙举重一镇对抗全世界》，《新体育》2014 年第 11 期。
③ 王敬泽：《石龙举重一镇对抗全世界》，《新体育》2014 年第 11 期。

1956—1964 年，在上海、广州、北京、太原、莫斯科、莱比锡等地举行的国内外重大举重比赛中，他先后 9 次打破最轻量级和次轻量级挺举世界纪录，为中国体育事业创造了辉煌成就。①

　　1956 年 6 月 7 日，在上海市体育馆举行的"中国人民解放军、上海联队与苏联举重友谊赛"中，年仅 20 岁的陈镜开参加了最轻量级的比赛。在挺举第一次试举中，就成功地举起了 125 公斤。紧接着他要求把重量加到 133 公斤，这个重量超过了世界纪录 0.5 公斤。他由于太紧张，第一次和第二次 133 公斤没有举成功，但终于在第三次试举中，他双手紧握横杠，把 133 公斤重的杠铃轻松翻站起来，紧接着一个漂亮的箭步分腿上挺，把杠铃高高举过了头顶（见图 5 - 17）。这个成绩打破了美国运动员 C. 温奇保持的 132.5 公斤的最轻量级挺举世界纪录。中国体育史上的第一个世界纪录诞生了！它打开了中国体育走向世界的第一个突破口，掀开了中国各项体育运动向世界水平迈进的第一页，开创了中国举重运动发展史上的新纪元。那一年，陈镜开名噪大江南北。旅法华人女作家钟丽思在她的作品《顽童时代》中，记录了当时广东的孩子们是怎样学习英雄的："娃娃们，将个人家中大大小小的石锁提去大院，在满天落霞的辉煌壮丽中，憋足劲学陈镜开。"②

　　1957 年 8 月 6 日，在苏联莫斯科东北部幽静的"索科尔尼基"公园附近的"矿工"体育馆里，正在举行第三届国际青年友谊运动会举重比赛。当时，参加最轻量级比赛的陈镜开身体情况不好，腰疼发作，在抓举比赛时肩部肌肉拉伤，在推举、抓举比赛中，落下世界著名选手、苏联名将哈

图 5 - 17　1956 年 6 月 7 日，陈镜开在上海体育馆获得中国体育史上第一个世界举重冠军情形

---

① 东莞市石龙镇博物馆编：《石龙历史人物录》，内部资料，2012 年，第 136 页。
② 东莞市石龙镇博物馆编：《石龙历史人物录》，内部资料，2012 年，第 139 页。

里芬 15 公斤。此时哈里芬的总成绩已是 320（102.5 + 95 + 122.5）公斤，而陈镜开这时的总成绩只有 312.5（95 + 87.5 + 130）公斤。陈镜开下定决心：要求举 140 公斤！比赛主办者认定大局已定，冠军一定是苏联选手了，竟事先把苏联国旗挂在冠军的升旗位置上。陈镜开沉着地走上举重台，用下蹲式提铃技术很有把握地将杠铃翻了起来，猛然一个箭步分腿上挺，140 公斤的杠铃被他高高举过了头顶！联欢节青年运动会期间的第一个世界纪录诞生了！中国人用事实使一年前污蔑陈镜开第一次打破世界纪录是假的、是撰写出来的人惊得目瞪口呆。陈镜开不仅以 322.5 公斤的总成绩战胜了苏联名将哈里芬，而且创造了惊人的新的世界纪录，同时也是他创造的第 4 个世界纪录。这也是中国举重运动员在重大的国际比赛中夺得的第一个冠军。中国的国旗在国歌声中冉冉升起，人们称赞陈镜开是"了不起的中国人"！①

陈镜开对体育事业作出了重大贡献，他 5 次获得国家体育运动荣誉奖章，曾荣立特等功一次、一等功两次、记功一次，受到党和国家领导人毛泽东主席、周恩来总理、贺龙副总理的多次接见，并被推选为第二、第三、第四、第五届全国人大代表和中国举重协会主席。亚洲举重联合会为表彰他在亚洲举重事业中所作出的卓越贡献，授予其"终生名誉主席"称号和亚洲举重联合会最高荣誉金质勋章。此外，他还荣获国际举重联合会授予的金质奖章和最高荣誉铜质奖章，国际健美联合会授予的银质和金质勋章。国际奥委会为表彰他为发展体育事业和对奥林匹克运动所作出的贡献，授予其奥林匹克银质勋章，这是我国唯一一位获得国际体育最高殊荣的运动员。1979 年起担任中国举重协会主席。1980 年任广东省体委副主任，是第二、第三、第五届全国人大代表。1987 年国际奥委会主席萨马兰奇授予他奥林匹克银质奖章。② 1984 年、1994 年先后被评为中华人民共和国成立 35 年来和 45 年来杰出运动员。1989 年被评为中华人民共和国成立 40 年杰出运动员之一。1994 年被评为中华人民共和国体坛 45 英杰之一，同年被选为世界举重名人馆成员。1996 年获中国举重协会贡献奖金奖。③

1956—1979 年，我国举重运动员打破世界纪录情况如表 5 - 5 所示。1948—1975 年，全运会举重比赛基本情况如图 5 - 18 所示。

① 东莞市石龙镇博物馆编：《石龙历史人物录》，内部资料，2012 年，第 141 页。
② 《中国人物年鉴 2009》，北京：中国人物年鉴社，2009 年，第 408 页。
③ 东莞市石龙镇博物馆编：《石龙历史人物录》，内部资料，2012 年，第 142 页。

表5－5　我国举重运动员打破世界纪录表（1956—1979年）

| 次数 | 级别 | 项目 | 成绩（公斤） | 姓名 | 时间 | 地点 |
|---|---|---|---|---|---|---|
| 1 | 最轻量级 | 挺举 | 133 | 陈镜开 | 1956年6月 | 中苏友谊赛（上海） |
| 2 | | | 135 | | 1956年11月 | 中苏友谊赛（北京） |
| 3 | | | 135.5 | | 1956年11月 | 中苏友谊赛（上海） |
| 4 | | | 139.5 | | 1957年8月 | 第三届世界青年活动会（莫斯科） |
| 5 | | | 140.5 | | 1958年9月 | 国际比赛 |
| 6 | | 推举 | 118 | 陈满林 | 1965年2月 | |
| 7 | | | 118.5 | | 1966年11月 | 亚新会（金边） |
| 8 | | 抓举 | 108 | 黎纪元 | 1963年11月 | 新运会（雅加达） |
| 9 | | | 108.5 | 叶浩波 | 1964年10月 | |
| 10 | | | 109 | | 1965年5月 | 第二届全运会（北京） |
| 11 | | | 113 | | 1965年9月 | 第二届全运会（北京） |
| 12 | | | 115 | | 1965年9月 | 第二届全运会（北京） |
| 13 | 次轻量级 | 挺举 | 148 | 陈镜开 | 1959年3月 | 国际友谊杯赛（莫斯科） |
| 14 | | | 148.5 | | 1961年5月 | 国际友谊杯赛（太原） |
| 15 | | | 151 | | 1963年4月 | 国际友谊杯赛（长沙） |
| 16 | | | 151.5 | | 1964年5月 | 国际友谊杯赛（上海） |
| 17 | | | 153 | 肖明祥 | 1965年9月 | 第二届全运会（北京） |
| 18 | | | 153.5 | 季发元 | 1966年3月 | 第二届全运会（北京） |
| 19 | | | 155 | 肖明祥 | 1966年5月 | 新兴力量举重邀请赛（北京） |
| 20 | | | 157.5 | | 1966年5月 | 新兴力量举重邀请赛（北京） |
| 21 | | | 158 | | 1966年11月 | 亚新会（金边） |
| 22 | | 推举 | 128.5 | 陈满林 | 1966年3月 | 亚新会（北京） |
| 23 | | 抓举 | 124 | 肖明祥 | 1966年3月 | 亚新会（北京） |
| 24 | 轻量级 | 挺举 | 155 | 黄强辉 | 1958年4月 | 亚新会（重庆） |
| 25 | | | 158 | | 1958年11月 | 国际比赛 |
| 26 | | | 158.5 | | 1959年4月 | 国际比赛 |
| 27 | | 推举 | 145.5 | 邓国银 | 1966年5月 | 新兴力量举重邀请赛（北京） |
| 28 | 中量级 | | 149 | 刘殿武 | 1965年5月 | 中罗对抗赛（北京） |

（续上表）

| 次数 | 级别 | 项目 | 成绩（公斤） | 姓名 | 时间 | 地点 |
|---|---|---|---|---|---|---|
| 29 | 轻重量级 | 挺举 | 176.5 | 赵庆奎 | 1958年9月 | 中罗对抗赛（北京） |
| 30 | | | 177.5 | | 1958年11月 | 中、波、乌对抗赛（北京） |
| 31 | 56公斤级 | 抓举 | 126.5 | 吴数德 | 1981年8月 | 亚洲举重锦标赛（名古屋） |
| 32 | | 挺举 | 151.5 | 陈伟强 | 1979年6月 | 全国举重达标赛（上海） |

资料来源：《体育手册》编写组：《体育手册》，上海：少年儿童出版社，1983年，第220－221页。

**旧中国第七届全运会**
**1948年上海**
**（正式列为比赛项目）**

▲ 次轻量级
1 陶福亨（马华）　　275公斤
2 胡维子（上海）　　250公斤
3 周文理（印尼华）　245公斤

▲ 轻量级
1 龙伟德（马华）　　270公斤
2 陆振鹤（警察）　　260公斤
3 杨名权（云南）　　247.5公斤

▲ 中量级
1 覃荣棠（马华）　　297.5公斤
　　（95＋87.5＋115）
2 孟锡良（上海）　　260公斤
3 刘　牧（广州）　　237.5公斤

▲ 轻重量级
1 龙亚鼎（马华）　　307.5公斤
　　（80＋100＋127.5）
2 黄　辉（上海）　　257.5公斤
　　（82.5＋72.5＋102.5）

3 陈永清（警察）　　222.5公斤
　　（67.5＋65＋90）

▲ 重量级
1 常冠群（警察）　　325公斤
　　（97.5＋95＋132.5）
2 何友彭（广东）　　227.5公斤
3 何长海（浙江）　　225公斤

注："马华"即马来西亚华侨
　　"印尼华"即印度尼西亚华侨

**新中国第一届全运会**
**1959年　北京**

▲ 最轻量级（56公斤以下）
1 陈镜开（广东）　　320公斤
　　（95＋95＋130）
2 黎纪元（解放军）　302.5公斤
　　（85＋92.5＋125）
3 薛德明（上海）　　300公斤
　　（90＋92.5＋117.5）

▲ 次轻量级（60公斤以下）
1 尤家栋（内蒙）　　317.5公斤

（95＋97.5＋125）

2 杨兆权(解放军)　　315 公斤

　　（105＋90＋120）

3 余祝权(广东)　　305 公斤

　　（90＋90＋125）

▲ 轻量级(67.5 公斤以下)

1 黄强辉(黑龙江)　　370 公斤

　　（110＋110＋150）

2 徐鸿林(江苏)　　357.5 公斤

　　（110＋107.5＋140）

3 黄惠成(上海)　　342.5 公斤

　　（107.5＋105＋130）

▲ 中量级(75 公斤以下)

1 舒　刚(广东)　　375 公斤

　　（112.5＋115＋147.5）

2 彭国富(解放军)　　372.5 公斤

　　（110＋112.5＋150）

3 朱鸿全(上海)　　372.5 公斤

（117.5＋105＋150）

▲ 轻重量级(82.5公斤以下)

1 赵庆奎(河北)　　415 公斤

　　（122.5＋132.5＋160）

2 江光宏(安徽)　　375 公斤

　　（107.5＋117.5＋150）

3 曲炳瑜(上海)　　365 公斤

　　（117.5＋110＋137.5）

▲ 次重量级(90 公斤以下)

1 李白玉(四川)　　437.5 公斤

　　（135＋132.5＋170）

2 谢延发(解放军)　　390 公斤

　　（115＋112.5＋162.5）

3 伍绍良(广东)　　365 公斤

　　（110＋105＋150）

▲ 重量级(90 公斤以上)

1 常冠群(上海)　　395 公斤

　　（137.5＋102.5＋155）

2 韩来祥(解放军)　　377.5 公斤

　　（112.5＋120＋145）

3 王立钧(河北)　　375 公斤

　　（112.5＋112.5＋150）

**第二届全运会 1965 年　北京**

▲ 最轻量级(56 公斤以下)

1 叶浩波(广东)　　345 公斤

　　（97.5＋112.5＋135）

2 黎纪元(解放军)　　342.5 公斤

　　（107.5＋100＋135）

3 董化田(江苏)　　340 公斤

　　（102.5＋100＋137.5）

▲ 次轻量级(60 公斤以下)

1 季发元(湖北)　　372.5 公斤

　　（122.5＋105＋145）

2 张宗贵(江苏)　　347.5 公斤

　　（110＋102.5＋135）

3 朱楚强(湖南)　　345 公斤

　　（102.5＋102.5＋140）

▲ 轻量级(67.5 公斤以下)

1 邓国银(四川)　　400 公斤

　　（135＋120＋145）

2 陈正业(解放军)　　392.5 公斤

　　（122.5＋117.5＋152.5）

3 刘怀友(河南)　　390 公斤

　　（130＋110＋150）

▲ 中量级(75 公斤以下)

1 岑阿七(上海)　　412.5 公斤

(132.5 + 120 + 160)

2 张元仓(河北)　　400 公斤

(120 + 120 + 160)

3 袁家帆(湖南)　　397.5 公斤

(105 + 127.5 + 165)

▲ 轻重量级(82.5公斤以下)

1 钱玉凯(新疆)　　455 公斤

(142.5 + 140 + 172.5)

2 杨唐先(湖北)　　425 公斤

(130 + 135 + 160)

3 郑坤龙(河北)　　405 公斤

(132.5 + 115 + 157.5)

▲ 次重量级(90 公斤以下)

1 吴冠喜(解放军)　442.5 公斤

(132.5 + 127.5 + 182.5)

2 谢延发(解放军)　437.5 公斤

(135 + 127.5 + 175)

3 翁钦华(广西)　　435 公斤

(130 + 140 + 165)


▲ 重量级(90 公斤以上)

1 彭光珠(河北)　　477.5 公斤

(155 + 142.5 + 180)

2 王立钧(河北)　　457.5 公斤

(155 + 132.5 + 170)

3 吴福林(解放军)　450 公斤

(160 + 120 + 170)


**第三届全运会 1975 年　北京**

▲ 次最轻量级(52公斤以下)

1 贺益成(湖南)　　207.5 公斤

(92.5 + 115)

2 蒋华根(上海)　　207.5 公斤

(95 + 112.5)

3 吴　胜(广东)　　205 公斤

(87.5 + 117.5)

▲ 最轻量级(56 公斤以下)

1 肖明祥(广西)　　245 公斤

(110 + 135)

2 陈满林(广东)　　235 公斤

(102.5 + 132.5)

3 甘运标(广西)　　220 公斤

(100 + 120)

▲ 次轻量级(60 公斤以下)

1 刘英剑(北京)　　245 公斤

(105 + 140)

2 张志芳(黑龙江)　237.5 公斤

(110 + 127.5)

3 陆天佑(浙江)　　235 公斤

(105 + 130)

▲ 轻量级(67.5 公斤以下)

1 高明赐(广东)　　270 公斤

(120 + 150)

2 杨秀成(河北)　　260 公斤

(115 + 145)

3 潘良正(湖北)　　257.5 公斤

(115 + 142.5)

▲ 中量级(75 公斤以下)

1 苗国胜(辽宁)　　272.5 公斤

(115 + 157.5)

2 陈源海(广东)　　270 公斤

(117.5 + 152.5)

3 袁　力(北京)　　265 公斤

(112.5 + 152.5)

▲ 轻重量级(82.5公斤以下)

1 杨桂霖(福建)　　295 公斤

　　　　　　　　(132.5＋162.5)　　　　　　　232.5(100＋132.5)

2 宋洪玉(辽宁)　　280 公斤　　　　▲ 60 公斤级

　　　　　　　　(130＋150)　　　　1 谭汉永(广西)　　270(120＋150)

3 杨唐先(湖北)　　277.5 公斤　　　2 陈建才(湖北)

　　　　　　　　(127.5＋150)　　　　　　　　262.5(112.5＋150)

　　　▲ 次重量级(90 公斤以下)　　　3 陈华生(福建)　260(115＋145)

1 钱玉凯(北京)　　300 公斤　　　　▲ 67.5 公斤级

　　　　　　　　(125＋175)　　　　1 赵新民(江苏)

2 田树林(天津)　　285 公斤　　　　　　　　310(137.5＋172.5)

　　　　　　　　(117.5＋167.5)　　　2 姚景远(辽宁)

3 于守金(山东)　　282.5 公斤　　　　　　　287.5(125＋162.5)

　　　　　　　　(125＋157.5)　　　　3 徐克华(江苏)

　　　▲ 重量级(90 公斤以上)　　　　　　　285(122.5＋162.5)

1 杨怀庆(山东)　　305 公斤　　　　▲ 75 公斤级

　　　　　　　　(135＋170)　　　　1 李顺柱(江苏)　　310(140＋170)

2 宋振竹(山东)　　292.5 公斤　　　2 容家怀(湖北)

　　　　　　　　(125＋167.5)　　　　　　　　297.5(127.5＋170)

3 方杏根(解放军)　292.5 公斤　　　3 邝穗华(解放军)

　　　　　　　　(130＋162.5)　　　　　　　292.5(120＋172.5)

　　　　　　　　　　　　　　　　　▲ 82.5 公斤级

　　　　　　　　　　　　　　　　　1 蔡福强(北京)

**第四届全运会 1979 年　北京**　　　　　　307.5(135＋172.5)

　　　▲ 52 公斤级　　　　　　　　2 佐德才(北京)

1 蔡俊成(广东)　235(105＋130)　　　　　　302.5(137.5＋165)

2 吴数德(广西)　　　　　　　　　3 吴玉文(河北)

　　　　　　235(107.5＋127.5)　　　　　　292.5(132.5＋160)

3 杨海平(江苏)　　　　　　　　　▲ 90 公斤级

　　　　　　227.5(100＋127.5)　　1 马文广(山东)

　　　▲ 56 公斤级　　　　　　　　　　　335(147.5＋187.5)

1 贺益成(湖南)　250(110＋140)　　2 张乃柱(吉林)

2 张樑洲(广东)　　　　　　　　　　　　　305(137.5＋167.5)

　　　　　　240(112.5＋127.5)　　3 王国新(江苏)　300(135＋165)

3 肖明云(广西)　　　　　　　　　▲ 100 公斤级

1 宋振竹(山东)　　　　　　　　　　　　　282.5(125＋157.5)

　　　　　　310(132.5＋177.5)　　3 陈　平(江苏)　280(120＋160)

2 吴汉祥(湖北)　300(125＋175)　　　▲ 110 公斤以上级

3 田树林(天津)　300(130＋170)　　1 杨怀庆(山东)

　　　▲ 110 公斤级　　　　　　　　　　　332.5(150＋182.5)

1 刘光林(解放军)　　　　　　　　2 郭伟茹(黑龙江)

　　　　　　300(127.5＋172.5)　　　　　　315(142.5＋172.5)

2 王小平(吉林)　　　　　　　　　3 蒙乃东(北京)　285(125＋160)

图 5－18　全运会举重比赛时间、地点、前三名运动员成绩（1948—1975 年）

图片来源：《体育手册》编写组：《体育手册》，上海：少年儿童出版社，1983 年，第 222－226 页。

# 第八节　篮　球

篮球运动刚刚诞生 4 年就传入了中国，时值清朝晚期的光绪二十一年，也就是 1895 年。当时，美国基督教青年会派人前来天津传教，一位名叫来会理的教士，正是篮球运动发明人奈史密斯先生的第一批篮球弟子，也可以说是世界上最早的篮球运动员。这位来会理先生抵达天津港，先后于 1895 年 12 月 1 日和 8 日，在北洋西学堂、北洋医学堂举办基督教讲演会，并且在会后进行了奇妙的篮球表演。不过，这项运动的名称一开始很模糊，许多中国人包括媒体，都曾把篮球称作筐球。从此以后，篮球运动首先在天津学堂和教会组织中开展起来，很快就传播至北京、上海、广东以及社会各界。[①]

美国基督教青年会立足天津，招募教会学员，发展基督信徒，于 1909 年在南开区东马路（今 94 号）筹建教会楼堂，1914 年竣工完成。这一来，也就建成了中国第一个室内篮球馆。这座楼堂今犹在，成为天津市少年宫驻地。

华北地区，特别是天津，是早期篮球重地，涌现出一批津门虎将。不料，到 1945 年抗战胜利前后，篮球"风水"大势南移，上海劲旅迅速崛起，广东城镇良将如云。这是因为，20 世纪 40 年代中期以后，南方各省政治上相对稳定，经济文化比较繁荣，更与海外接触频繁便利，由此接受了许多篮球最新战术，赢得了风气之先。

旧中国的篮球技术水平很低。由菲律宾华侨组成的群声篮球队，训练有素，技术水平甚高，曾在 1946 年 9—10 月间来访中国，从未遭败绩。该队由于经常与拥有多名美国篮球明星的美军驻菲律宾部队交流比赛，学习与掌握了一些美国篮球先进技术，比如，我国当时用单手投篮的极少，而群声队几乎全部都是单手投篮，并带来了全场紧迫、短传快攻、假动作等新颖打法。这些新打法的传入，对于提高篮球技术水平起到了一定的作用。此外，有的华侨运动员还归国投身篮球运动。如中华人民共和国成立前，暨南大学归侨学生王南珍、蔡演雄、尹贵仁和菲律宾华侨蔡文华、李世侨、余进及新加坡华侨黄天锡曾被选为中国篮球队队

---

① 赵瑜：《篮球的秘密》，西安：陕西人民出版社，2014 年，第 23 页。

员，分别参加了第 11 届和第 14 届奥运会。① 中华人民共和国成立后，归侨陈常凤任"八一"女篮教练。

中华人民共和国的篮球事业真正成长发展起来是在改革开放以后。1993 年，我国第一家篮球俱乐部在广东东莞成立，其后各地商业俱乐部开始纷纷出现，极大地推动了我国篮球在民间与外界交流往来和竞赛经验的积累与水平提升，逐渐形成了今天我国篮球事业繁荣发展的局面。②

## 一、陈常凤

陈常凤，女，祖籍广东省汕头市潮安县，1935 年出生于印度尼西亚巨港一个华侨家庭。身高 1.60 米，篮球后卫，国家级运动员、教练员。

少年时期正值日本侵略军占领南亚列岛，为了安全，家人将她打扮成男孩。中学时陈常凤成了印尼巨港中学女子篮球队的骨干，回国后才算堂堂正正地穿上女儿装。③ 1952 年，陈常凤从印度尼西亚回国后在广东省华侨中学读书。当年被中南军区有关领导看中，参军加入了中南军区体工队，随后又调到解放军"八一"女子篮球队，从此经历了 40 余年的军队体育生涯。她是解放军组建女子篮球队的第一批队员，是 20 世纪 50 年代和 60 年代初家喻户晓的女篮球星，获"全国神投手"称号，贺龙元帅称她为球场"小老虎"。作为后卫，她又是球场上率领队伍进攻和防守的组织者。④

1952—1970 年为中南军区、"八一"和国家女篮代表。1952—1955 年代表中南军区队，在全军比赛中名列前茅。1957 年她入选中国女篮，参加莫斯科世界青年联欢节，曾获第 4 名，战胜过当时名列世界茅的苏联莫斯科混合队、俄罗斯队、保加利亚队、罗马尼亚队、南斯拉夫队。1959 年获第一届全运会亚军，1965 年获第二届全运会冠军，获三次全国甲级联赛冠军。1957 年代表中国女篮获莫斯科世界青年联欢节第四名。1957 年被评为"运动健将"。从 1960 年即开

---

① 王振亚：《旧中国体育见闻》，北京：人民体育出版社，1987 年，第 225 页。

② 杨迪、徐大可编著：《当代运动与艺术潮流　篮球运动训练指南　上》，长春：吉林出版集团有限责任公司，2015 年，第 18 页。

③ 柳梆主编：《北京潮人人物志》，北京：中国物资出版社，1996 年，第 348 页。

④ 柳梆主编：《北京潮人人物志》，北京：中国物资出版社，1996 年，第 348 页。

始兼"八一"女篮教练，1970—1973 年任广州军区后勤部队教练员，该队曾战胜来访的南斯拉夫女篮。

1973—1979 年任"八一"女篮教练员。在她的指导下，"八一"女篮获1975 年第三届全运会第三名，1977—1978 年两届全国青年联赛冠军，1979 年第四届全运会第三名。1980—1984 年任"八一"女篮主教练，她所带的队伍获1980 年全国甲级联赛冠军，1983 年第五届全运会冠军。1982 年，在济南国际邀请赛中曾战胜奥运会第四名南斯拉夫队。在 1984 年北京国际邀请赛中战胜波兰、日本、朝鲜等队，获第二名。1984—1985 年任"八一"体工大队副大队长，1985 年任"八一"体工大队篮球队总教练。1985 年中华人民共和国体育运动委员会授予她"新中国体育开拓者"的光荣称号。[1] 曾撰写《关于后卫的技击性问题》论文。[2]

她先后 5 次荣立三等功、2 次二等功。球场似战场，长期的高度紧张、剧烈搏斗，使她腰部和膝关节受伤。为此，总政治部和民政部批准她为革命残废荣誉军人。[3]

## 二、蔡演雄

泰国归侨蔡演雄是二十世纪三四十年代球艺高超、活跃于篮球场的中国著名篮球运动员。曾随队参加 1936 年柏林第 11 届奥运会，1938 年一度回泰国参加当地篮球队，远征新加坡、马来西亚。中华人民共和国成立后曾任上海、广东体育运动委员会副主任、中华全国体总常务委员。1972 年退休后，步入商界，继续为国家建设出力。[4]

蔡演雄 1914 年出生于泰国华侨家庭，祖籍广东丰顺县，少年时在泰国华校就读，稍大后便回国在上海暨南大学求学直至毕业。在校时就热爱篮球，驰骋球场，成为校际继而全国的著名篮球运动健将，并开始了他多彩的一生。

---

① 柳梆主编：《北京潮人人物志》，北京：中国物资出版社，1996 年，第 349 页。
② 樊渝杰编：《体育人名辞典》，深圳：海天出版社，1991 年，第 93 页。
③ 柳梆主编：《北京潮人人物志》，北京：中国物资出版社，1996 年，第 349 页。
④ 泰国归侨联谊会《英魂录》编委会编：《泰国归侨英魂录 8》，北京：中国华侨出版社，2015 年，第 236 页。

青年时期，蔡演雄在上海暨南大学教育系读书时，已是篮球场上引人注目的佼佼者。他身高1.82米，运球低得刚离地面，带球出入罚球区的人群中，有如鳗鱼戏水，当对方队员被吸引过来时，他运球的手突然向横一拨，将球向左右腋下或身后传给队友上篮，出神入化。当时上海各大报纸纷纷以"蔡演雄神威惊四座""蔡演雄大展雄风"等醒目标题及大幅照片报道。1938年大学毕业后，他创造的篮球低运球技术，把他带上了专业运动员的旅途，并很快成为20世纪30年代中国体坛的篮球名将。1935年入选上海代表队当上主力队员。当时上

图 5 - 19 蔡演雄（中）
图片来源：网易体育—CBA

海和海外的报刊上有这样的描写："他运球矫若游龙，偷营劫寨如入无人之境"，"进而能攻，退而能守，劫、传、投、运球，均臻炉火纯青之境"，"是球技高强的特殊天才"。①

1936年8月，蔡演雄以篮球主将的身份加入了由77人组成的中国体育代表团，赴德国首都柏林参加第11届奥运会。在奥运会期间，他与各国运动员广交情谊，还与美国著名运动员欧文斯合影留念。由于缺乏基础训练，又在太平洋、地中海坐船颠簸了20多天，体力消耗很大，抵达欧洲时已经是人神憔悴。中国篮球队在三场预赛中失利，全团连一分都未拿到。这个奇耻大辱，深深刺痛了蔡演雄一行中国运动员的心。

柏林奥运会回来以后，蔡演雄苦练球艺、球技，先后加入了上海代表队、中华队、上海明星队、暨南大学队和上海百乐门队等，与国内外的强队比赛，取得了辉煌的成绩。1937年他代表上海中华队赴日本访问；1938—1939年，他所在的球队打败了上海公共租界由美国人组成的球队，夺取了两届国际锦标赛冠军。1938年返回泰国后，他加入泰华全黑篮球队，远征新加坡、马来西亚，战绩辉煌，为泰华体育史留下了光辉的一页。当时泰国报纸惊呼："个人之表演最厉害

---

① 泰国归侨联谊会《英魂录》编委会编：《泰国归侨英魂录8》，北京：中国华侨出版社，2015年，第237页。

的是世运选手蔡演雄，他带球精妙，确具突出天才。"①"蔡演雄"这个名字，和另一位客家人——足球名将李惠堂一样响。

1948 年，蔡演雄代表上海队参加第七届全运会获冠军，并参加由费彝民领队的上海大公篮球队赴印度尼西亚访问，还担任了大公篮球队干事。1949 年上海解放后，蔡演雄先生出任上海体育总会副主任，光荣出席上海市第二届人民代表大会。1955 年调任广东省体育运动委员会副主任，并由中华人民共和国国务院总理周恩来签署任命书。

几十年来，蔡演雄为我国体育事业的发展，尤其为广东省的体育事业作出了卓越的贡献。正是在他当省体委领导期间，广东省体育运动在举重、乒乓球、羽毛球、游泳、足球项目上抓得紧，全省有运动健将 200 多人、一级运动员 900 多人，那几年共打破 70 多项次省纪录、20 多项次全国纪录，著名运动员如陈镜开、莫国雄、杨三生、梁丽珍、符大进等如雨后春笋涌现出来。1961 年，我国选手在第 26 届世界羽毛球锦标赛中取得辉煌成绩，其中广东选手就有 22 位，是派出选手最多的省份。蔡演雄离任之际，被中华全国体育总会授予荣誉委员称号，并被国家体委授予"新中国体育开拓者"荣誉奖章。②

1977 年，蔡演雄先生赴香港从商，担任立明企业有限公司董事长，仍不忘为我国体育事业的发展尽心尽责。从 20 世纪 50 年代中期至 21 世纪初，他始终情系奥运，为中国参加和申办奥运会而在海内外报刊撰文，或接受海内外记者采访。他与 20 世纪 30 年代三位奥运选手联名，由其执笔共同发表了一篇文章，支持北京奥运会。遗憾的是，蔡演雄先生不幸于 2007 年 6 月 29 日在香港冯敬尧医院病逝，终年 93 岁。

---

① 泰国归侨联谊会《英魂录》编委会编：《泰国归侨英魂录 8》，北京：中国华侨出版社，2015 年，第 237 页。

② 泰国归侨联谊会《英魂录》编委会编：《泰国归侨英魂录 8》，北京：中国华侨出版社，2015 年，第 238 页。

# 第九节 其 他

## 一、"体育之乡"——中山

中山的体育运动有着光辉的历史。20 世纪 30 年代，中山的篮球运动盛极一时，各区乡普遍有球队和球场，通过比赛，提高篮球水准。华侨亦积极支持篮球活动，每逢喜庆节日便出资举办赛事。如环城区恒美学校、沙溪下泽学校、龙头环周学校开幕时，由华侨郭剑英、陈宽、周崧出资分别举办"郭剑英鼎""陈宽鼎""周崧鼎"篮排球赛。县中、师范、仙逸中学等学校，篮球活动也十分活跃。

由于有海外华侨的大力支持，中山的体育运动水平在 1928 年第十一届省运会上已崭露头角。1935 年第十三届省运会，中山市夺得男子篮球、女子排球、女子垒球、男子乒乓球和女子乒乓球五次团体冠军和乒乓男子、女子单打冠军，田径赛获得 22 枚金牌，获奖之多，引人注目，被誉为"体育之乡"。1941 年第十五届省运会，中山组织 100 人参加比赛，居全省 30 个单位的首位，夺得田赛和径赛及全能三个总分第一。1949 年派 13 人参加香港运动会，获 9 项第一、6 项第三、4 项第四，名扬香岛。[1]

## 二、黄伟国

男，1934 年 11 月生，广东普宁人。1938 年由泰国归国，毕业于北京体育学院（现为北京体育大学），后任北京体育大学田径教研室副教授、澳门田径总会教练员。

主要成就：1974 年在北京体育学院运动系工作期间，所培养的学生在第七

---

[1] 暨南大学华侨华人研究所、香港中文大学海外华人研究社编：《华侨华人研究 第三辑》，广州：暨南大学出版社，1995 年，第 232 页。

届亚洲运动会上取得我国第一枚田径亚运金牌，1980—1988 年在北体竞技学校工作期间培养的学生，在全国中学生运动会及全国性运动会上取得金牌及其他名次。1986—1991 年参加全国田径教学训练大纲制订工作，任中长跑组组长，该大纲获国家体委科技进步一等奖、国家科技进步二等奖，个人被评为"先进工作者"。编导的录像片《中长跑》，1993 年被中国体育科学学会评为"第三届体育声像作品创作一等奖"。1988 年被国家体委评为"全国优秀裁判员"。1993—1995 年被派往澳门担任澳门田径总会教练，发表有关知识、技术、训练等文章共 16 万字，对推动当地田径运动的发展起了较大的作用，培养的运动员也曾在国际比赛中取得金、银、铜牌，从而结束了澳门田径运动员在国际比赛中未登领奖台的历史。此外还受邀担任澳门铁人三项总会委员，对澳门铁人三项运动的开展和提高作出较大的贡献。①

## 三、黄新河

女，1938 年 1 月生，广东梅县人，侨眷，毕业于北京体育学院。曾任北京体育大学体操教研室教授，国际体操一级裁判员，并任北京队和贵州省体操学校顾问，第五届海淀区政协委员。

主要成就：我国优秀体操运动员。1959 年在第一届全运会中获自由体操冠军，并被共青团中央授予"共青团全国红专积极分子"称号。近年来多次参加世界杯、世界锦标赛、亚运会、奥运会体操等裁判工作，并主持了全运会、全国体操锦标赛、"中国杯国际邀请赛"等竞赛裁判工作，在国内外体操界享有较高声誉，1989 年、1993 年两次被国家体委授予"全国优秀裁判员"称号。承担"全国体操教练员岗位培训指导组"工作，在培养我国高、中级教练员的工作中作出了积极的贡献。主持了"全国体操教学、训练大纲"委管课题的研究，该项研究获 1993 年国家体委体育科学进步一等奖，在"项群训练理论"研究中主写了"技能类表现难美项群"该项论文并在第十一届亚运会上做了书面报告。②

---

① 国务院侨办国内司：《全国归侨侨眷知识分子名人录》，北京：中国华侨出版社，1997 年，第 929 页。
② 国务院侨办国内司：《全国归侨侨眷知识分子名人录》，北京：中国华侨出版社，1997 年，第 930 页。

## 四、刘世华

男，1932 年 9 月生，广东东莞人，侨眷，毕业于北京中央体育学院（现为北京体育大学）。北京体育大学教授，全国标枪领导小组副组长。

主要成就：自任教以来重点从事投掷项目的教学、训练与科研工作。1975—1976 年为布隆迪共和国培养运动员，所培养的运动员共打破 11 项本国纪录，并在中非运动会上获 1 金 2 银 3 铜，受到布国总统的接见与鼓励。1978 年为坦桑尼亚培训男子标枪运动员，三次打破本国纪录。培养学生唐国丽，1981 年三次打破女子标枪亚洲纪录并获亚洲锦标赛女枪冠军，1984 年获南京田径邀请赛第 1 名。培养学生罗中华，1989 年获世界大学生运动会第 8 名和北京国际田径邀请赛第 2 名，1990 年获全国第 2 名。1981 年获"市劳动模范"称号。①

## 五、刘庭怀

男，1926 年生，广东人。1954 年 4 月由印度尼西亚归国，曾任长沙市修业学校体育高级教师兼体操教练，并任第七届全国政协委员。

主要成就：30 多年体操教练生涯中边探索，边训练，边创造，总结出了一套培养少年女子体操运动员的科学的教学方法，受到体操界同行的肯定。多次率队代表湖南参加全国少年体操比赛，成绩均列前五名，其中文佳、周小玲、夏燕飞成为世界冠军。1990 年 8 月，修业学校体操队代表湖南参加全国少儿体操比赛，获团体冠军、全能冠军及四个单项的全部金牌。1992 年 4 月，率队参加在澳大利亚举行的泛太平洋中学生运动会，获体操团体亚军，女子个人全能、平衡木、跳马 3 枚金牌、2 枚铜牌。被评为"全国体育优秀教师""全国归侨先进个人""全国归侨优秀知识分子""劳动模范"和市"有特殊贡献的专家"。②

① 国务院侨办国内司：《全国归侨侨眷知识分子名人录》，北京：中国华侨出版社，1997 年，第 931 页。
② 国务院侨办国内司：《全国归侨侨眷知识分子名人录》，北京：中国华侨出版社，1997 年，第 932 页。

## 六、陆乃雄

男，1921年10月生，广东南海人，民盟盟员，致公党党员。1949年9月由越南归国，毕业于广东省立体育专科学校，曾任云南师范大学体育系教授，云南省第四、第五、第六届政协委员，云南省篮球协会副主席。

主要成就：从事体育教学50余年，结合教学撰写了《篮球理论课教材》《浅谈篮球新规则与篮球运动新发展》《单淘汰制排表形式的研究》等多篇文章，并受到好评。多次被评为"云南师大优秀教师"。1985年被评为"全国体育优秀裁判员"，1989年12月被评为"全国优秀归侨侨眷知识分子"，1992年被评为"全国普通高等学校优秀体育教师"，1993年被编入《当代中国著名教练员、裁判员大辞典》。①

## 七、关浩本

男，1934年4月生，广东开平人，侨眷，中共党员。毕业于华中农学院，广州中医学院体育教研室教授，国家高校体育研究会高校体育教师培训班气功教授，广州体院香港体育师资培训班气功课教授。

主要成就：将中国健身传统经验与体育教学相结合，实行了符合中医教学特色的体育教学改革。广州中医学院被评为省体育工作优秀集体和全国实施《国家体育锻炼标准》的先进单位。从1958年开始，对中国气功进行学习和研究，创编《松静动功力》一书。1984年在清华大学进行了气功态掌相的测试，证明外气是客观存在的能量物质，接着对气功进行了不断的探索和研究。发表论文有《中国体育特色及其发展道路》《健康大学生练功前后头发中铜锌含量的测定》《气功外气对人体T细胞增殖反应作用的研究》《气功外气对人体正常淋巴细胞和肿瘤细胞作用的效应》《气功外气对小白鼠腺细胞1L－2活性及增殖反应的作用》等，并参加中国气功科学研究会和第三届国际气功学术研讨会交流，其论文收入国际气功会议论文汇编。1994年应邀参加了在美国举行的首届世界传统医

---

① 国务院侨办国内司：《全国归侨侨眷知识分子名人录》，北京：中国华侨出版社，1997年，第932页。

学研讨会暨优秀论文颁奖大会，其研究成果受国内外学者的关注。1988 年被省高教局评为"先进工作者"。1989 年被评为"全国优秀教师"享受政府特殊津贴。[①]

## 八、贝恩渤

男，1947 年 1 月生，广东汕头人，侨眷。曾任武汉体育学院运动心理研究所副所长，并任湖北省体育科学学会理事。

主要成就：研究运动员的心理诊断、心理选材、心理咨询和心理训练。多次作为课题组主要成员，承担国家科委委管课题的科研任务，其中《优秀运动员科学选材研究》获国家科技进步二等奖、国家体委科技进步一等奖，《对我国优秀运动员心理咨询与心理品质的调查研究》获国家体委体育科技进步三等奖，另有 3 项委管课题获国家体委科技进步四等奖。他发明的"运动时间知觉判断测试仪"具有新颖性与独创性，填补了运动心理学测试仪器方面的空白。1986 年获武汉黄鹤发明奖和全国第二届发明金奖，两次参加北京国际体育仪器器材展览。1990 年获中国体育科学学会"优秀会员"称号。1992 年获国家体委授予的"全国运动员科学选材工作先进个人"称号。在 1990 年亚运会和 1992 年奥运会国家体委科研攻关服务课题工作中，为中国击剑队取得优秀成绩与重大突破作出了一定贡献，为此，所在的课题组两次受到国家体委的表彰。获 1993 年"国家体委第 25 届奥运会中国体育代表团集训队科研攻关与科技服务优秀课题组"二等奖。事迹被收入《中国发明家大词典》。[②]

① 国务院侨办国内司：《全国归侨侨眷知识分子名人录》，北京：中国华侨出版社，1997 年，第 928 页。
② 国务院侨办国内司：《全国归侨侨眷知识分子名人录》，北京：中国华侨出版社，1997 年，第 927 页。

## 附录

### 中华人民共和国成立 60 年历史上最具影响力的 60 位体育人物①
（粤侨代表用斜体表示）

20 世纪 50 年代：*陈镜开（举重，广东石龙）*、郑风荣（田径，山东济南）、*容国团（乒乓球，香港—中山）*、穆祥雄（游泳，天津）

20 世纪 60 年代：王富洲（登山，河南西华）、李富荣（乒乓球，浙江绍兴）、邱钟惠（乒乓球，云南绥江）、胡荣华（象棋，上海）、*汤仙虎（羽毛球，广东花县）*、年维泗（足球，北京）

20 世纪 70 年代：潘多（登山，西藏昌都）、钱澄海（篮球，浙江鄞县）、*容志行（足球，广东台山）*、汪嘉伟（排球，上海）、邹振先（田径，辽宁大连）

20 世纪 80 年代：许海峰（射击，安徽马鞍山）、郎平（排球，天津）、*李宁（体操，祖籍广东佛山）*、孙晋芳（排球，江苏苏州）、马艳红（体操，北京）、栾菊杰（击剑，江苏南京）、朱建华（田径，上海）、聂卫平（围棋，河北深县）、蔡振华（乒乓球，江苏无锡）、李玲蔚（羽毛球，浙江丽水）、高敏（跳水，四川自贡）

20 世纪 90 年代：王义夫（射击，辽宁辽阳）、叶乔波（速滑，吉林长春）、伏明霞（跳水，湖北武汉）、王军霞（田径，吉林蛟河）、熊倪（跳水，湖南长沙）、庄泳（游泳，上海）、谢军（国际象棋，北京）、邓亚萍（乒乓球，河南郑州）、李永波（羽毛球，辽宁大连）、黄玉斌（体操，黑龙江齐齐哈尔）、刘国梁（乒乓球，河南新乡）、孙雯（足球，上海）、李小双（体操，湖北仙桃）

21 世纪：杨扬（短道速滑，黑龙江汤原）、陈中（跆拳道，河南焦作）、姚明（篮球，上海）、刘翔（田径，上海）、孙海平（田径，上海）、陈忠和（排球，福建龙海）、罗雪娟（游泳，浙江杭州）、王楠（乒乓球，辽宁抚顺）、张怡宁（乒乓球，北京）、申雪/赵宏博（花样滑冰，黑龙江哈尔滨）、丁俊晖（台球，江苏宜兴）、郑洁/晏紫（网球，四川成都）、杨威（体操，湖北仙桃）、郭晶晶（跳水，河北保定）、张宁（羽毛球，辽宁锦州）、孟关良/杨文军（皮划艇，浙江绍兴/江西丰城）、林丹（羽毛球，福建龙岩）、刘春红（举重，山东烟台）、邹市明（拳击，贵州遵义）、张娟娟（射箭，山东青岛）、殷剑（帆船，四川西昌）

---

① 《中国人物年鉴 2009》，北京：中国人物年鉴社，2009 年，第 408 页。

# 第六章　粤侨支持家乡发展体育事业的可持续性探析

华侨华人对祖（籍）国体育事业的贡献是巨大的：在引进现代竞技运动人才和体育运动知识、技术、项目等方面，起着桥梁作用；在传播祖国传统体育运动项目、扩大中华体育在世界的影响方面，起着先锋作用；在为祖（籍）国尤其是侨乡筹集体育基金、兴建体育设施方面，起着支柱作用；在开发体育功能、伸张民族精神、增强对祖国的向心力方面，起着促进作用；在沟通海峡两岸体育交往，促进祖国统一方面，起着推动作用。①

本民族任何一个成员，不论自身是否意识到，都深深刻着民族性格的烙印；而且，民族越古老，历史越悠久，烙印越深，且越有社会延续性，然而习惯成自然，思想上、心理上、行为上习以为常。体育运动项目有许许多多，华侨华人何以最爱武术？自己练得最多，推得最广，除因武术具有健身、自卫功能外，在社会心理深处，是源于这是中华民族的体育传统，很能体现民族性格。民族性格对于社会心理的整合作用，是其能将本民族成员丰富多彩的社会生活、变化万千的社会心理吸引、凝聚成为一种独有的民族精神。在本民族大群体中，民族性格趋于定向化，凝聚成一种看不见摸不着的笼罩于群体空间的心态、心境与心势。

在许许多多的国际竞赛中可以看到，华侨华人，海峡两岸同胞、港澳同胞总是会为我国运动队的每一个胜利而欢欣鼓舞，为我们的每一次挫折而惋惜叹息。竞技场上运动员之间的配合性与对抗性，扩展为观众的协同性与竞争性。这是一种极为明确的定向心流，无须任何人的鼓动。即使往往原先互不相识，但民族性格所形成的国魂意识，会像千万根无形的纽带，将本民族成员连在一起，心心相印，情感互动，汇为群体情感的巨浪，激荡在运动场上。这种心态，华侨华人较

---

① 孝尧：《华侨华人支助祖国体育运动的动因探索》，《福建体育科技》1995 年第 1 期。

其他民族，更显突出。许多外国朋友都提到，从竞技场上可以看到华侨华人自发的热爱祖国的心态。这是因为我国传统文化的基本精神，可概括为"尊祖宗、重人伦、崇道德、尚礼仪"，"尽忠报国"。

体育运动的性质与功能，十分适应民族性格的社会需要。满足华侨华人的物质与精神需要，是华侨华人厚爱体育、支持祖国体育的一种动力。从性质与功能上研讨，体育运动不仅是生理活动，还是社会心理活动；不仅动身，还动心。体育具有强身健体的生理功能，具有影响人们社会地位和促进人们之间友谊的社会功能及体现国家民族荣辱的精神功能。作为体育运动系统主导性子系统的竞技运动，是一种充满着人与人相互协同、相互竞争的社会性活动，精神功能日益增大，是弘扬爱国主义精神的一种载体。过去，我国国力恭弱，民族的体质日趋轻细，外人讥为"东亚病夫"，使华侨华人深为忧伤。作为能有效强国强民的体育手段，自然会为其所厚爱，从而锻炼身体，振兴中华，这逐渐成为广大海外国人之共识。从爱国爱民，发展成为大力提倡体育、支助体育，是历史的必然。

1929年，福建籍华侨陈嘉庚先生邀请并资助闽南国术团到新加坡等地表演时，曾以长联咏志：

　　　　谁号东亚病夫此耻宜雪，且看中华国术我武维扬。

　　　　勿忘黄帝子孙任人鱼肉，相率中原豪杰为国干城。[①]

现在，中国早已告别那段被称为"东亚病夫"的耻辱历史，成为一个体育强国和体育大国。在中国体育事业的发展过程中，华侨华人对体育事业的鼎力资助和积极参与，是中国体育事业向前发展的一支重要力量，我们不应该忘记华侨华人为促进和发展中华民族的体育事业作出的贡献。侨务工作将坚持以人为本和为侨服务，紧紧围绕发展的中心任务，在发挥侨务资源优势，多形式、多渠道在更大范围、更宽领域、更高层次为促进我国体育事业更快更好的发展方面作出更大的贡献。

---

① 郑如赐：《试论陈嘉庚与侨乡体育》，泉州市体育运动委员会编：《福建省泉州市体育志》，内部资料，1995年，第188页。

# 第一节 对广东体育发展的建议

## 一、主抓内部发展

1. 建立华侨华人民族传统体育发展与研究组织

如建立华侨华人民族传统体育联合会、华侨华人民族传统体育发展研究会等，推动华侨华人民族传统体育的发展。现阶段华侨华人民族传统体育处于一种自由发展状态。

2. 举办常规性华侨华人民族传统体育与交流活动

如举办常规性华侨华人民族传统体育运动会、华侨华人传统体育发展论坛等，促进相互交流与合作，提高华侨华人民族传统体育发展水平和世界影响力。

3. 建立侨校体育学院，培养本科、研究生层次的华侨华人民族传统体育人才，为华侨华人民族传统体育发展提供动力

如暨南大学体育学院依托国务院侨办下设的中华才艺（武术、龙狮）基地，积极发挥了面向港澳台及海内外华侨华人学子的体育教育与文化传承的作用。

4. 在华侨华人较为集中的国家和地区建立类似孔子学院的民族传统体育教育机构，促进华侨华人民族传统体育水平的普及和提高

如孔子学院中专门开设了民族传统体育课程，需求呼声最高的 3 个民族传统体育课程分别为太极拳、武术和少林拳。但各大洲传统体育教学间科学性、系统性不甚理想，仍需不断努力。

## 二、营造良好外部环境

1. 高屋建瓴，制订和实施体育项目发展规划

振兴"××之乡"，擦亮金字招牌，将当地特色运动事业纳入本地的国民经济和社会发展计划。当地财政每年可以拨出专项经费，并随着经济发展逐步增加投入。要振兴当地特色体育项目，离不开科学的规划。只有科学规划、狠抓落实，才能保证其朝着健康的方向持续发展。当地体育主管部门应该站在战略的高

度，认真分析特色体育项目发展的历史和现状，听取该领域元老、专家和市民的多方意见，制订"振兴行动计划"，努力建立完善各项机制，动员社会广泛参与，狠抓落实，促进特色体育项目的可持续发展。

2. 注重策划，加强宣传

体育项目发展需要创新和有品牌意识。以梅州足球为例，其光荣历史鲜有树碑立传，人们对于梅州足球文化少有挖掘积淀，忽视梅州的足球文化资源，使得足球精神和文化的传承难以为继。有学者指出，中国足球在传统、现代文化精神等方面存在着深刻的文化缺失，是我国足球发展中存在的突出问题，[①] 梅州足球也不例外，这同样是足球之乡陷入发展困境的直接原因之一。要摆脱这种困境，振兴足球之乡，既需要加强对足球史料的整理，进行足球文化资源和景观的整合，如球王李惠堂故居的修缮、小型足球博物馆的建设等；也需要通过各种途径加强宣传，使更多的人了解梅州足球的昔日辉煌和梅州的足球文化。

3. 充分发挥侨乡的优势

以梅州为例，梅州是客家文化集散地，有"客都"之称，同时又是著名的华侨之乡。在振兴足球之乡体育事业的发展过程中，梅州应该充分利用这种优势，发动企业、外出乡贤、海外侨胞、港澳台同胞等热心人士关注、支持梅州足球事业，筹集资金，改善足球运动所需要的硬件设施，加强足球文化交流，如建设能举办各层次、高水平足球赛事的标准足球场，配备开展业余训练所需的足球运动场，举办一些高水平的赛事等。

## 三、注重民俗民族体育文化

1. 创新与转型相融合

对民族体育文化的保护，包括在传承基础上的开发与创新，而创新被视为民族体育长久发展的重要条件。谢雪峰等人认为一种文化如在没有改变其文化核心内涵的基础上而存在的人、社会、自然这三者和谐而自然的互动与变化，这种文化依旧可以认定为原生态的。[②] 在开发与利用侨乡文化时，应给予民族体育以重

---

① 马连鹏、张鲲：《现代足球的民族精神与中国足球的文化缺失》，《体育学刊》2006 年第 6 期。
② 谢雪峰、刘俊梅、李芳、付晓芬、艾蕾蕾：《土家族"跳丧"文化传承与转型若干问题的探讨》，《体育科学》2011 年第 7 期。

视，利用优秀的民俗民族体育作为旅游吸引物，进行适度的生态旅游开发，建立起保护与发展的相对平衡，促进这些优秀文化的可持续发展。

民俗民族体育的依附性以及娱乐健身的基本功能，决定它是无法与孕育它的乡村、乡民、乡风剥离开的，否则它便成为无源之水、无本之木，最终落得消亡殆尽的地步。① 在新时代新农村建设中，民俗民族体育能发挥促进健身与文化塑造等重要作用。当地政府可充分利用区位和人文优势，做好新农村公共体育服务工作，倡导侨乡优秀民俗民族文化，改善基础健身设施，从而推动该地区全民健身。从社会生活的角度来看，民俗体育活动为人们创造了互动的机会，人们聚集在一起通过共同的参与，在一定程度上协调了人与人、人与社会的各种关系，使人们接受乡村社会基本价值观与道德标准，为乡村社会关系的和谐奠定基础。② 民俗民族体育通过保护、创新，最终应回归生活与体育的本质，立足于乡村乡民，服务于全民健身。只有顺应社会文化发展大潮，才能达到可持续发展。

**2. 传统体育项目应拓展市场运作，吸引民俗爱好者**

以广东特色项目"南狮"为例，这是一项极具中国民族特色的传统项目，之所以出现收益不等的情况，主要原因在于没有打开市场，关注"南狮"的人较少。以前每逢过年过节都有舞狮队在家家户户门前表演，人们便在自家门前放上"青"（里面放着吉祥之物），通过采青的方式体现其经济效益，同时也给人们带来了欢乐、吉祥、平安。

现在，舞狮者虽不再去家家户户门前表演，但每逢大型比赛开幕式、公司开张等，都有各种各样的"南狮"表演。与此同时，出现了许多以制作"南狮"服装、器材为主要谋生手段的能工巧匠，解决了一部分人的就业问题。据统计，佛山有近 15 家舞狮制作工厂，几百名器材制作工人。他们制作的成品不仅在当地销售，还远销省外、港澳地区和东南亚等国家。据不完全统计，在遂溪县，醒狮团每年演出有 900 多场，收入过 300 万元，与其相关的醒狮表演用具加工厂，每年创收近 5 万元③，促进了舞狮市场化、经济化。

---

① 王兴一：《日本"造乡运动"对我国民俗体育传承与开发的启示——以山西省为例》，《成都体育学院学报》2011 年第 1 期。

② 陈浩然、周波：《结构功能主义视角下乡村节庆体育文化的社会功能》，《武汉体育学院学报》2011 年第 9 期。

③ 苏雄：《国家非物质文化遗产之遂溪醒狮研究》，《体育文化导刊》2007 年第 4 期。

应该在举行大型舞狮比赛前，提前下发比赛规程通知，让各地区做好充分的准备；同时，在中国龙狮协会网站上公布，吸引更多的参赛队伍和观看"南狮"的朋友。在比赛时对创新动作的队伍进行奖励，提倡创新精神。离开了市场，就离开了观众，同时也就没有了经济效益。应该将"南狮"活动推向市场，依托社会力量，这样才有更大的生机和活力。

群众是一个项目发展好坏的最终决定者。没有群众的支持，任何一个项目都难以维持下去。应该充分调动广大群众的积极性，开拓"南狮"体育市场，增加其技术性、观赏性和趣味性。根据舞狮者年龄、爱好、身材等条件，制作符合"南狮"特色和适合时代潮流、款式独特、图案新颖的服装，根据不同的部门推出不同档次的器材、桩阵，扩大南狮在市场上的影响力，吸引众多目光。①

此外，还应该努力拓宽海外"南狮"市场，通过参加一些大赛与国际接轨，结交海外朋友。2004 年 11 月，第八届全国龙狮邀请赛有比利时、英国、德国、荷兰、马来西亚、新加坡、泰国等国外舞狮队参加。② 2005 年中国国际舞狮邀请赛在湛江举行，据《湛江晚报》报道，参加本次比赛的有意大利、加拿大、新加坡、马来西亚等国外舞狮队。通过这些大赛与国外"南狮"朋友交流技艺，有利于我国了解海外"舞狮"新动向，增进各国之间的交流。

3. 构建完整文化体系

（1）对民族传统体育进行专项普查，建立系统的档案；

（2）出版传统民间体育有关的书籍、图片资料、文集并全面宣传推广，加大社会和国际影响力；

（3）对传统民间体育传人实行保护、鼓励，建立传承机制；

（4）举办传统民间体育培训班；

（5）制订传统民间体育发源地的保护和发展规划以及推广基地建设；

（6）组织专家学者和各武术流派名家，对传统民间体育进行专题探讨研究，定期组织大型的国际武术交流活动，进一步提高传统民间体育的知名度和影响力等。

---

① 姜喜平：《"南狮"历史文化与发展现状的研究》，华南师范大学硕士学位论文，2007 年，第 44 页。
② 姜喜平：《"南狮"历史文化与发展现状的研究》，华南师范大学硕士学位论文，2007 年，第 45 页。

## 四、立足新农村，构建和谐乡村文化

我国长期以来都是一个农业大国。只有农村发展了，我国才是真正发展了；只有农民富裕了，我国才是真正富裕了。体育也一样，只有当占中国广袤土地和拥有全国近一半人口的农村体育发展了，我国体育才是真正发展了，才能真正成为体育大国和强国。但事实是城市体育与农村体育发展存在巨大差距。先天的"城市优势"使城市占尽了各种体育资源，如体育机构、优惠政策、体育人才、体育经费、体育场地设施等。而先天的"农村劣势"使得农村体育发展几十年来都举步维艰，严重缺乏各种体育资源。近几年来，党和中央对"三农"问题高度重视，随着经济发展和人民生活水平的提高，广东省农村地区的体育和休闲场所大幅度增加。据 2018 年广东省第三次全国农业普查，全省 86.5% 的乡镇有公园及休闲健身广场，比十年前提高 60.4 百分点；62.1% 的村有体育健身场所，提高 39.3 百分点。[1] 虽然农村体育发展进步良多，仍应努力追赶，与城市体育减小差距。

1. 农村体育工作既是体育事业的重要组成部分，也是农村精神文明建设的重要环节

农村体育与城市体育发展的严重不协调，是我国社会体育发展中的"跛足现象"之一。农村体育已成为我国社会体育发展的瓶颈。如何促进农村体育建设，形成城市体育与农村体育协调发展的格局，许多学者做了深刻的探讨和研究，提出了大量有益的对策和建议。归纳起来，主要有以下两方面：一是创造有利于农村体育发展的"硬环境"，如建立健全农村体育机构、加大经费投入和加强农村体育场地设施建设；二是创造有利于农村体育发展的"软环境"，如培养农村体育骨干、树立农民体育价值观念，大力发展农村传统体育项目等。而体育之乡恰好具备良好的农村体育发展的"软环境"和"硬环境"。

第一，"软环境"。体育之乡的运动项目一般都是当地的传统体育项目，如梅县足球、台山排球、佛山武术等，具有比较悠久的历史和扎实的群众基础。当

---

[1] 《广东省第三次全国农业普查主要数据公报（第三号）及解读》，广东统计信息网：http://stats.gd.gov.cn。

地人对该项目运动有很高的价值认同，有进行终身从事运动的先天思想准备，具备较高的体育素养和较好的体育运动意识，掌握了一定的体育知识和运动技能，具有较科学合理的体育价值观念和态度。这些都为推动农村体育发展营造了良好的"软环境"。第二，"硬环境"。由于体育之乡本身建设的多年积累，相比其他地区拥有比较充足的体育场地设施和器材，大部分体育之乡的农村都有自己的体育运动队伍、体育社团协会等组织，有固定的运动和训练场所，这些为推进农村体育发展创造了良好的"硬环境"。具备这两个有利环境，在体育之乡发展农村体育就可起到事半功倍的效果。①

2. 农村体育的发展应以传统体育项目为主

许多农村村民，尤其是青少年对体育运动的热情并不亚于城市市民。在各种体育项目中，传统体育项目始终对他们影响最大，最容易为农民所接受。所以，在农村发展体育，应重点发展当地或该村的传统体育项目。传统体育项目在当地喜闻乐见，有利于推广和普及，如台山农村重点发展排球、佛山农村重点发展武术、汕头农村重点发展游泳、东莞农村重点发展篮球等。广东体育的发展要充分挖掘体育之乡的潜力，发挥众多体育之乡的独特优势，以点带面，兴起燎原之势，让体育之乡在促进广东竞技体育和群众体育、城市体育和农村体育全面协调发展作出应有的贡献，为丰富广东体育文化内涵，发展广东体育产业添砖加瓦，最终加快广东体育强省的建设步伐。②

3. 扶持传统体育团体

截至 2008 年，广东省有 42% 的村庄有武术团、武馆、龙舟社、英歌等传统体育团体，6% 的部分地区还出现了以现代体育为主的农民体育团体，如梅州炳村、湛江雷州市部分农村的足球队，江门台山市、茂名化州市部分农村的排球队，三水、顺德等地区流行的篮球队等。但是由于缺乏资金和有效的组织管理、指导，部分地区体育社会出现萎缩的情况。特别是边远地区，大多体育社团都处于名存实亡的状态。如何通过政策上的扶持和技术指导，引导农村体育向正确方向发展，无论是对新农村文化建设还是促进农民健康来说都至关重要。③ 广东省

---

① 廖年忠、陈琦、吕树庭、龚建林：《广东体育之乡研究》，《体育文化导刊》2010 年第 1 期。

② 廖年忠、陈琦、吕树庭、龚建林：《广东体育之乡研究》，《体育文化导刊》2010 年第 1 期。

③ 肖建忠、郭裔、许丽、叶志兵、冯培明：《广东省农村体育开展现状与发展对策》，《上海体育学院学报》2008 年第 4 期。

体育局于 2018 年制定了《关于支持省级体育社会团体发展的指导意见》，2019
年编制了《广东省省级体育社会团体成立登记、变更和年检前置审查工作指南
（试行）》并广泛征求各界意见，进一步推动扶持传统体育团体。

4. 巩固和创建地方体育特色，促进体育发展

地方体育特色是指某项体育活动在特定区域的独特体育文化现象，是某项体
育在该地区经过长期发展过程而形成的。某项运动一旦在某些地方形成特色，不
仅会推动该项运动在该地区的发展，还会影响地区的整体体育活动水平。在实际
工作中，广东省侧重于体育强镇、体育先进社区等工作，但是对地方的特色重视
不够，农村体育缺乏文化底蕴，不利于体育的可持续发展。因此，在新的历史时
期，转变思路，加强特色建设是大力发展农村体育的重要途径。[1]

## 五、单一项目保护与集群品牌效应发挥

品牌作为一种象征性的产品文化，被广泛认可与重视。品牌能够体现产品深
层次的文化和个性。各地侨乡文化作为广东岭南文化的特色代表，其文化品牌与
形象影响深远。例如，对江门民俗体育的保护与开发可借势五邑侨乡文化的渗透
力传播，在全省乃至全国建立起知名度，使江门民俗体育成为五邑侨乡文化的子
品牌，逐步建立各个民俗体育之间的联系，提出侨乡民俗体育的集群策略。例
如，以荷塘纱龙为龙头，将江门市新会民间传统的蕉树龙、禾草龙、金（银）
布龙、火龙、纱龙等项目集群整合，发挥规模效应，进而使侨乡民俗体育获得普
遍认知与认可，促进民俗体育的保护与发展。要保护开发五邑侨乡民俗体育资
源，首先要对五邑地区民俗体育的现状进行摸底与调查，投入财力、人力，策划
出版相关文化制品。挖掘、整理、建立档案，确定传承人，确立示范地区，使得
民俗文化得到基本认定，五邑民俗体育文化及荷塘纱龙的传承与保护应该走此
道路。[2]

---

[1]　肖建忠、郭裔、许丽、叶志兵、冯培明：《广东省农村体育开展现状与发展对策》，《上海体育学
院学报》2008 年第 4 期。

[2]　王建文、王艳云、李锦洲：《民俗体育荷塘纱龙的特征、传承与保护》，《武汉体育学院学报》
2012 年第 2 期。

近几年台山排球昔日辉煌已不在，其发展出现了衰退的迹象。① 抛开中国排球发展的大环境因素，台山自身的因素也应引起人们的思考。海外华侨和港澳台侨胞对台山排球的资助是一把双刃剑，在推动台山排球发展的同时，在某种程度上也促成了台山体育管理部门"等、要、靠"的思想。在华侨华人资助台山排球发展的长期过程中忽视了对台山"排球之乡"的品牌建设和"台山排球"的文化挖掘，没有抓住台山排球发展的历史机遇（错过了把台山设为国家级排球训练基地的历史机遇），没有创造较好的政策环境把华侨华人的资助内化为更多本地企业团体的资助，以致台山排球在缺少华侨华人资助后，其发展吸引力不够，动力不足。

因此，不能让华侨华人为台山排球运动发展所付出的努力付诸流水，应采取以下几点措施把台山排球文化发扬光大，实现台山排球运动的振兴。

1. 抓住"中国第一侨乡"品牌，推动城市发展，创立良好的排球发展经济基础

台山是"中国第一侨乡"，海外华侨和港澳同胞有着浓厚的爱国思乡情结。台山的发展要抓住这个品牌，打造"侨乡文化"，提升城市文化形象和影响力，并以侨乡文化为平台，设立专门侨胞投资区，吸引海外华侨和港澳同胞投资于城市经济发展，带动和培育本地经济，为台山排球运动的发展创立良好的经济基础。

2. 擦亮"排球之乡"品牌，提高台山市的影响力和知名度

台山是享誉海内外的"排球之乡"，在老一代心目中享有较高的知名度，排球文化是台山人民重要的非物质文化遗产。因此台山的发展要擦亮这一品牌，借振兴三大球的时代契机，加强对台山"排球之乡"的宣传力度，加强"台山排球"非物质文化遗产的申报力度，提高台山城市的影响力和知名度，为城市发展服务，为台山民众谋福祉。

3. 挖掘台山排球的文化价值，与城市旅游发展相结合

现代旅游已不仅仅是游山玩水式的旅游，更是提升旅游品质的旅游——文化旅游。台山侨乡文化与排球文化有着悠久的历史渊源，蕴含着深厚的历史文化价

---

① 曹乃付、何培华：《台山排球百年"运动"不复当年之繁盛?》，http://www.jmnews.com.cn，2009 年 4 月 9 日。

值。因此，台山排球的发展要与城市旅游发展相结合，实现台山排球发展方式的转型。

4. 与庙会、民俗、节日庆典文化相结合，丰富排球赛事活动

台山庙会是台山不少乡镇沿袭已久、长盛不衰的特有传统节日，其驱邪救灾、祈求平安的文化内涵与早期台山排球运动所提倡的祛除恶习、强身健体的精神相统一；与庙会、民俗、节日庆典文化相结合也是海南文昌排球长盛不衰的重要原因。[1] 因此，台山排球运动的振兴与发展也可以借鉴文昌的经验，与庙会、民俗、节日庆典文化相结合，丰富排球赛事活动。

## 六、广东体育之乡发展有利于壮大广东体育市场，发展广东体育产业

充分利用和发挥广东众多体育之乡的优势，打造有特色的体育品牌，无疑是广东体育产业迅速发展的一条捷径。一方面，体育之乡的城市一般都具有较多的体育人口，消费群体相对较大，对体育产品和服务的需求也就较多，为体育产业提供了巨大市场。例如，据 2007 年的统计数据，广州羽毛球人口达到 280 万，根据国家体育总局发布的 2007 年中国城乡居民参加体育锻炼现状调查结果，全国人均体育消费为 593 元计，广州羽毛球人口的消费总金额就可达到 16 亿元之多；据"佛山市统计信息网"公布的数据，2003 年佛山仅禅城区的体育人口就高达 52.5%，如此众多的体育人口，必定为佛山体育产业创造了巨大的消费市场；"游泳之乡"汕头近年新建了 10 个大型海滨游泳场，形成别具特色的环汕头海湾游泳圈，每天可同时容纳近 10 万人游泳，每人消费 10 元，一天也就有 100 万元的市场。体育之乡拥有庞大的消费群体，为体育健身娱乐场所、体育用品、体育咨询培训业创造了巨大的消费市场，刺激着体育产业的蓬勃发展。另一方面，每个体育之乡都有自己的特色体育项目，根据自身的品牌优势，充分挖掘特色运动的潜在价值，精心打造独一无二的拳头产品，无疑会产生难以估量的经济效益。"武术之乡"佛山充分利用其武术文化品牌，挖掘佛山武术历史文物资源，发展武术培训业、武术竞技表演业、武术旅游业、武术影视业、武术广告业、武术器械、服装业等。"篮球之乡"东莞，通过打造篮球竞赛品牌，篮球竞

---

① 段兴军：《排球"海南现象"研究》，西北师范大学硕士学位论文，2010 年。

技表演业取得了巨大成功，创造了可观的经济效益。①

几乎每一个体育之乡都有悠久的历史和独特的传统文化，它们孕育了与当地生态环境相符的体育文化。广东体育之乡既有"西方从开放性海洋地理环境，发达的商品经济，宽泛的民主传统等方面演绎出了代表西方文化激进性、个体性、开放性、流变性为特征的'竞技体育文化'；中国从封闭的农业基础，自给自足，缺少更高文化竞争等方面产生了崇尚经验，注重伦理，看重礼仪教化，稳健为特征的农耕文化，也孕育出了'养生体育文化'"②。这种中西交融的体育文化特征，与广东自古就是我国与世界联系的窗口的历史相吻合。足球、羽毛球、篮球等许多现代西方体育运动都是通过华侨、驻华外使、外商、传教士等传入广东，而后发展壮大起来的。具有竞争性、娱乐性、规则性、激进性、个体性、开放性特征的西方体育文化的传入，正好弥补了我国传统民族体育竞争性和对抗性不强、娱乐性不足、团队精神较差的短板，丰富了广东乃至全国的体育文化。

具有众多不同特色项目的体育之乡，丰富了广东体育的内容，让率先富裕起来的对文化需求日益增长的广东城乡居民能有更多的运动选择，来消遣自己的闲暇时间，营造一个健康、积极、向上的业余生活格局。尤其是当前，部分比较富裕的广东地区存在一些与文明社会不相符的黄、赌、毒等不健康、低俗腐朽的社会丑恶现象。通过大力促进广东体育之乡的发展，引导更多的城乡居民投入到体育运动中来，陶冶情操，树立健康向上的生活方式，有利于净化城乡居民的生活环境。

## 七、分区域发展体育项目

### 1. 区域体育的发展要与其生态环境相适应

体育之乡的运动项目之所以能够发展成名，一个重要因素是其与当地的生态环境相适应，已融合进了当地的风俗传统中。因此，我们的体育部门在促进区域体育发展的实践中，选择发展的运动项目时，一定要遵循与该区域生态环境相一致的原则，对区域的生态特点进行充分的调查研究，打造可以在本土生根发芽并

---

① 廖年忠、陈琦、吕树庭、龚建林：《广东体育之乡研究》，《体育文化导刊》2010 年第 1 期。
② 王茂生：《试论体育文化的先进性》，《甘肃理论学刊》2002 年第 4 期。

持续发展壮大的体育项目；同时要避免因赶时髦和潮流而牵强附会地上马那些与自身实际不相符的运动项目，造成资源浪费。曾经有几年，全国各地不问青红皂白蜂拥而上地推广保龄球项目，但不久后便迅速消亡，这就是一个很好的佐证。

2. 坚持特色体育发展战略，能够评为体育之乡靠的就是独具特色的优势

各地区应根据自己的地域、传统特点等，努力发展特色运动项目，走出一条既有时代特征又有地方特色的发展路子。对已有成名项目的体育之乡，重点发展其优势项目；对虽不是体育之乡，但有明显传统体育项目的地区，重点发展传统体育项目；对既无典型的传统体育项目，又无地理优势的部分地区，政府通过调研，寻找比较有群众基础又符合区域实际的项目，在这一项目上重点投资，从而形成具有地方特色的体育项目。[①] 以大力发展特色体育项目为突破口，带动区域体育的整体发展。

3. 不同区域体育应错位发展

各地区应在全省一盘棋的框架下，找准区域体育的生态位，重点发展自身的特色和优势项目，"不搞'大而全'或'小而全'，而是根据当地特点，重点发展一两个或两三个项目"[②]，从而避免因简单的重复建设造成资源浪费，形成不了特色和强项，出不了精品的现象产生。各地区应结合自身实际，做到"人无我有，人有我强，人强我新"，实行错位发展。对于实效性不强，群众普及程度不高，竞争强度又大的项目可暂不发展。用有限的人力、物力、财力选准突破口，做到有的放矢，从而培养和打造自己的特色项目和精品项目。[③] 各地区应扬长避短、优势互补、错位发展，全省形成一个效率高、层次分明、项目内容丰富的整体，推动广东区域体育发展再上新台阶。

今天，中国在国际体育界的地位和声望与华侨华人的积极努力是分不开的。中国从"东亚病夫"到2008年举办国际最高规格体育赛事奥林匹克运动会，从在国际体育界处处受排挤的局面到中国在国际奥委会及其他国际单项联合会所拥有的合法席位、担任要职的变化，都体现了华侨华人对祖国体育事业的贡献。霍英东先生利用其担任亚洲足联副会长、国际足联执委的有利条件，在1974年第7届亚运会期间争取恢复我国在亚洲足联合法席位的斗争中起到了关键作用，并促

---

① 王英：《张家港市特色体育乡镇形成的研究》，苏州大学硕士学位论文，2006年，第15页。
② 陈剑昌、宋允清、张爱平：《广东省区域体育的协调发展》，《体育学刊》2005年第4期。
③ 陈剑昌、宋允清、张爱平：《广东省区域体育的协调发展》，《体育学刊》2005年第4期。

使其后召开的各个亚洲单项组织会议上，我国的各项合法席位全部恢复。1979年，在霍英东的努力下，国际足联恢复了中华人民共和国足协的合法席位，这一重大突破，为中国全面恢复在国际奥委会和其他国际单项体育联合会的合法席位广开通道，为确立我国在国际体育界的地位奠定了基础。1988年，霍英东先生以中国奥委会的名义向国际奥委会博物馆捐赠100万美元，这是仅有的对博物馆作巨额捐款的国家奥委会，提高了中国奥委会在国际奥委会的地位和声望。①

# 第二节　体育文化的传承与发展

## 一、运用现代信息手段实施对外传播

随着现代科学技术的飞速发展和市场经济的深入推进，现代信息手段如手机、互联网等以自身独特的优势，成为广大民众获取文化信息的又一重要载体，也对新形势下广东省侨乡文化及地方传统体育文化的传播和广大民众的文化认同提出了严峻的挑战。现代信息手段越来越发挥着不可替代的作用，党和国家也不断加强对如何利用和规范这些现代信息手段的关注和指导。要注重发挥现代信息手段在侨乡文化和传统体育文化传播中的桥梁纽带作用，应通过打造现代信息手段中正面舆论的强势、即时互动功能的有效发挥、专业化的现代传播队伍等，推动广大民众在潜移默化中实现对侨乡文化的认同。

## 二、利用全民健身活动形式深入民心

全民健身关系着人民群众身体健康和生活幸福，是综合国力和社会文明进步的重要标志，是社会主义精神文明建设的重要内容，是全面建设小康社会的重要组成部分。到2010年，《全民健身计划纲要（1995—2010年）》规定的目标任务已经完成。为进一步发展全民健身事业，广泛开展全民健身运动，根据《中华人民共和国体育法》《全民健身条例》和国家经济社会发展实际，制订全民健身计

---

① 钮力书、冯伟：《侨务工作对中国体育事业的促进与发展》，《运动》2011年第3期。

划（2011—2015 年），2015 年的总体目标是：城乡居民体育健身意识进一步增强，参加体育锻炼人数显著增加，身体素质明显提高，体育健身设施更加完善，形成覆盖城乡的全民健身服务体系。① 利用全民健身活动形式，使侨乡文化和传统体育文化得到继承、发展、保护和创新。

### 三、借助旅游资源的开发促进内涵发展

当今社会，旅游已经成为人们的一种生活方式，大众化旅游的浪潮席卷着世界的每一个角落，旅游业正以前所未有的势头迅猛发展。旅游业的发展给旅游地带来了巨大的经济效益，对当地的社会文化也带来了一系列潜移默化的影响。

侨乡蕴含着丰富的旅游资源，通过对旅游资源的开发，使广东省侨乡文化和地方传统体育文化得到创新与发展，更能适应新形势发展的需要，使侨乡文化和传统体育文化得到内涵与外延的拓展。

江门拥有广东省唯一的世界文化遗产开平碉楼与村落，拥有台山上下川岛等风景名胜区，在发展其文化与自然旅游的同时，亦注重体育人文旅游的发展，努力开发潮莲纱龙、新会龙舟等游玩项目。近年来粤港澳大湾区建设促使各市区、各侨乡间加紧互通互联，体育旅游既展现了本地特色文化，又丰富拓展了侨乡与体育文化，对全国其他地区也起到了示范作用。

一代大师费孝通说："文化是脆弱的，一旦脱离了其生存的文化圈就会走向衰亡；文化又是坚强的，走出去还能走回来，这种走回来就是需要一个族群的集体反思，集体觉悟，最后终于变成集体的出走，或是说集体的回归。"②

体育项目是体育文化现象主体，也是体育文化的载体，是体育文化的具体表现形态。每个区域都是以一个或多个体育项目为核心而组织开展体育活动。如：梅州以足球作为主要的体育项目；台山以排球作为主要的体育项目；佛山的体育项目也是以武术为中心的，既包括武术，也包括舞龙舞狮，甚至在粤剧中还有很多的武戏成分；而东莞则是以游泳、篮球、龙舟、龙狮等体育项目为中心来开

---

① 孔令建、李丽、潘兵：《五邑华侨文化对台山传统体育的影响研究》，《科技视界》2015 年第 15 期。

② 韩晗：《期待原生态回归》，《民族论坛》2007 年第 1 期。

展，石龙镇曾经一度以举重为体育活动的中心项目。①

任何文化形态中都具有象征符号，体育文化的发展也具有象征符号。在体育项目发展中，均与一定的人相联系，有一个或一批偶像级人物作为象征符号，就像宗教一样再造一个"神"，通过"神"来凝集大家，使大家保持对某一体育项目的热爱和支持。如梅州的球王李惠堂和一批国家队队员，东莞石龙举重的陈镜开家族，东莞篮球的朱芳雨、易建联等，佛山武术的李小龙、黄飞鸿以及梁赞等一批武术名家，等等。体育文化中的象征符号，如体育偶像，象征意义特别强，一旦失去了象征符号，这种体育文化的传统就可能会受到破坏或走向衰败。②

社会组织是人类社会逐步发展的产物，它对于合理有效地发挥人类群体的力量起着重要的作用。人类的集体活动和个体活动都离不开组织的作用。体育活动作为一种人类改造自身、促进社会进步的文化产物，各种社会组织是不可缺少的，如体育社团、体育俱乐部、体育群体、体育活动点等。一项体育活动能在一定区域内有序地进行并且稳定地传承，与当地社会组织的存在以及组织的权威和号召力有直接关系。如以前梅州足球、台山排球都有自己的竞赛体系，每个乡、每个村都有球队，如梅州的强民体育会、足球协会，台山的排球协会，佛山武术有庙会、武馆、祠堂祠会、香会活动等，还有佛山武术协会、精武体育会等社会组织。③ 传统体育文化发展至今主要得力于民间的社团组织，当然与政府的支持也有很大的关系。

---

① 龚建林：《体育文化生态系统的结构与特性》，《体育学刊》2011 年第 4 期。
② 张建会、钟秉枢：《高尔夫运动的符号消费》，《体育学刊》2009 年第 9 期。
③ 龚建林：《体育文化生态系统的结构与特性》，《体育学刊》2011 年第 4 期。

# 后　记

在撰写本书的过程中，笔者参阅并引用了有关专家编写的专著和资料，并得到广东省侨务办公室、江门五邑华侨华人博物馆、霍英东基金会、暨南大学华侨华人研究院、暨南大学港澳历史文化研究中心、暨南大学董事会、暨南大学校友会及暨南大学古籍研究所研究生刘婕的大力支持和帮助，在此一并致谢。

在编写过程中，笔者先后走访了中国香港、澳门、台湾及越南、泰国、印度、印度尼西亚、新加坡、美国等地区和国家，力求对健在的并作出贡献的华侨华人或者其后人及社团组织进行访谈，欲抢救性地留存影音、文字材料以进行口述史研究，但由于该群体多数人年岁已高，且居住地分散于世界各地，收效甚微。

由于收集资料难度大，开展实地调研工作量大，加之笔者水平有限，书中必有疏漏、片面和不足之处，敬请原谅和指正。

钮力书

2020 年 5 月